全国中等职业技术学校汽车类专业通用教材

Qiche Weixiu Biaozhun yu Guifan
汽车维修标准与规范

（第二版）

杨承明　主　编
许云珍　副主编

人民交通出版社股份有限公司
China Communications Press Co.,Ltd.

内 容 提 要

本书是全国中等职业技术学校汽车类专业通用教材,依据《中等职业学校专业教学标准(试行)》以及国家和交通行业相关职业标准编写而成。主要内容包括:汽车维修企业的开业与停业、汽车维修工时定额与收费、汽车维修合同、汽车技术管理、道路运输车辆综合性能要求和检验方法、汽车运行安全技术条件,共计6个单元。

本书供中等职业学校汽车类专业教学使用,亦可供汽车维修相关专业人员学习参考。

图书在版编目(CIP)数据

汽车维修标准与规范/杨承明主编. —2版. —北京:人民交通出版社股份有限公司,2017.8
全国中等职业技术学校汽车类专业通用教材
ISBN 978-7-114-13858-4

Ⅰ.①汽… Ⅱ.①杨… Ⅲ.①汽车—车辆修理—标准—中国—中等专业学校—教材 Ⅳ.①U472.4-65

中国版本图书馆 CIP 数据核字(2017)第 117511 号

全国中等职业技术学校汽车类专业通用教材

书　　名:	汽车维修标准与规范(第二版)
著 作 者:	杨承明
责任编辑:	闫东坡
出版发行:	人民交通出版社股份有限公司
地　　址:	(100011)北京市朝阳区安定门外外馆斜街3号
网　　址:	http://www.ccpress.com.cn
销售电话:	(010)59757973
总 经 销:	人民交通出版社股份有限公司发行部
经　　销:	各地新华书店
印　　刷:	北京市密东印刷有限公司
开　　本:	787×1092　1/16
印　　张:	12.5
字　　数:	287千
版　　次:	2007年7月　第1版
	2017年8月　第2版
印　　次:	2019年6月　第2版　第2次印刷　累计第7次印刷
书　　号:	ISBN 978-7-114-13858-4
定　　价:	28.00元

(有印刷、装订质量问题的图书由本公司负责调换)

第二版前言
FOREWORD

为适应社会经济发展和汽车运用与维修专业技能型紧缺人才培养的需要，交通职业教育教学指导委员会汽车(技工)专业指导委员会于2004年陆续组织编写了汽车维修、汽车电工、汽车检测等专业技工教材、高级技工教材及技师教材，受到广大中等职业学校师生的欢迎。

随着职业教育教学改革的不断深入，中等职业学校对课程结构、课程内容及教学模式提出了更高的要求。《教育部关于深化职业教育教学改革全面提高人才培养质量的若干意见》提出："对接最新职业标准、行业标准和岗位规范，紧贴岗位实际工作过程，调整课程结构，更新课程内容，深化多种模式的课程改革"。为此，人民交通出版社股份有限公司根据教育部文件精神，在整合已出版的技工教材、高级技工教材及技师教材的基础上，依据教育部颁布的《中等职业学校汽车运用与维修专业教学标准(试行)》，组织中等职业学校汽车专业教师再版修订了全国中等职业技术学校汽车类专业通用教材。

此次再版修订的教材总结了全国技工学校、高级技工学校及技师学院多年来的汽车专业教学经验，将职业岗位所需要的知识、技能和职业素养融入汽车专业教学中，体现了中等职业教育的特色。教材特点如下：

1."以服务发展为宗旨，以促进就业为导向"，加强文化基础教育，强化技术技能培养，符合汽车专业实用人才培养的需求；

2.教材修订符合中等职业学校学生的认知规律，注重知识的实际应用和对学生职业技能的训练，符合汽车类专业教学与培训的需要；

3.教材内容与汽车维修中级工、高级工及技师职业技能鉴定考核相吻合，便于学生毕业后适应岗位技能要求；

4.依据最新国家及行业标准，剔除第一版教材中陈旧过时的内容，教材修订量在20%以上，反映目前汽车的新知识、新技术、新工艺；

5.教材内容简洁，通俗易懂，图文并茂，易于培养学生的学习兴趣，提高学习效果。

《汽车维修标准与规范》是汽车运用与维修专业课之一,教材详细介绍了近十年来国家出台的一系列重要的汽车维修标准和法规性文件,主要内容包括:汽车维修企业的开业与停业、汽车维修工时定额与收费、汽车维修合同、汽车技术管理、道路运输车辆综合性能要求和检验方法、汽车运行安全技术条件,共计6个单元。本书由杭州技师学院杨承明担任主编(编写绪论、单元一、单元二、单元三、单元四),浙江交通技师学院许云珍任副主编(编写单元五、单元六)。

　　限于编者经历和水平,教材内容难以覆盖全国各地中等职业学校的实际情况,希望各学校在选用和推广本系列教材的同时,注重总结教学经验,及时提出修改意见和建议,以便再版修订时改正。

编　者

2017 年 3 月

目 录
CONTENTS

绪论 ··· 1
  课题一　汽车维修行业与行业管理概述 ··· 1
  课题二　汽车维修标准与规范概述 ·· 10
单元一　汽车维修企业的开业与停业 ·· 20
  课题一　机动车维修企业的类别及其经营范围 ·· 20
  课题二　汽车维修业开业条件 ·· 24
  课题三　汽车维修企业的开、停业审批程序 ··· 38
单元二　汽车维修工时定额与收费 ··· 44
  课题一　汽车维修工时定额与收费标准 ··· 44
  课题二　汽车维修费用的合理收取 ·· 48
单元三　汽车维修合同 ··· 57
  课题一　汽车维修合同概述 ··· 57
  课题二　汽车维修合同的使用 ·· 60
  课题三　汽车维修合同的管理 ·· 69
单元四　汽车技术管理 ··· 73
  课题一　汽车技术管理概述 ··· 73
  课题二　汽车技术档案 ·· 77
  课题三　汽车技术等级 ·· 83
  课题四　汽车维修业务的承接 ·· 85
  课题五　汽车改装与改造 ·· 88
  课题六　汽车报废 ·· 91
单元五　道路运输车辆综合性能要求和检验方法 ··· 95
  课题一　申请从事道路运输车辆的技术要求 ·· 95
  课题二　在用道路运输车辆的基本要求和检验方法 ································· 100
  课题三　在用道路运输车辆的性能要求和检验方法 ································· 112
  课题四　在用道路运输车辆的其他要求和检验方法 ································· 135
  课题五　在用道路运输车辆检验结果的判定与处理 ································· 139
单元六　汽车运行安全技术条件 ··· 141
  课题一　整车运行安全技术条件 ·· 141
  课题二　发动机运行安全技术条件 ·· 153
  课题三　底盘运行安全技术条件 ·· 155

课题四	电气设备运行安全技术条件	166
课题五	车身运行安全技术条件	171
课题六	其他装置安全技术条件	176

附录　机动车维修管理规定 …………………………………… 182
参考文献 ……………………………………………………………… 191

绪 论

 知识目标

1. 熟悉行业与汽车维修业的概念；
2. 熟悉汽车维修业发展概况和趋势；
3. 掌握汽车维修业的特点与作用；
4. 熟悉行业管理的概念；
5. 熟悉汽车维修行业管理的目的和作用及行业管理部门的主要职责；
6. 掌握标准的概念及分级；
7. 熟悉汽车维修标准体系及主要标准；
8. 了解国外汽车检测与维修标准概况。

课题一 汽车维修行业与行业管理概述

一、汽车维修行业概况

1. 汽车维修业的概念

（1）行业的概念。行业是一种客观存在的社会经济活动，是社会内部生产分工的产物。一般地说，行业是以专业化技术为基础，以该类专业化企业为主体的同类（服务）经营单位的集合体。

（2）汽车维修业的概念。汽车维修业是由汽车维护和修理厂点组成的、为在用汽车服务的、相对独立的行业。汽车维修业通过维护和修理来维持和恢复汽车技术状况，延长汽车使用寿命，是汽车流通领域中的重要组成部分。

汽车维护和汽车修理是两种性质不同的技术措施。汽车维修是汽车维护和修理的泛称。

汽车维护是为了维持汽车完好技术状况或工作能力而进行的作业。其目的是为了保持车容整洁，随时发现和消除故障隐患，防止车辆早期损坏，降低车辆的故障率和小修频率。汽车维护应贯彻预防为主、周期维护的原则。

汽车修理是为了恢复汽车完好技术状况或工作能力和寿命而进行的作业。其目的在于及时排除故障,恢复车辆的技术性能,节约运行消耗,延长车辆使用寿命。车辆修理应贯彻定期检测、视情修理的原则。

虽然,汽车维护和修理的任务不同、性质不同,但它们都是以保证汽车安全运行、降低使用成本、延长使用寿命、节约能源为目的的。从这一点讲,它们是统一的技术保障整体,二者不可偏废,既不能用维护代替修理,也不能用修理代替维护。

目前,我国汽车维护按作业范围深度,将维护分为日常维护、一级维护及二级维护。按修理对象和作业范围,将修理分为汽车大修、总成大修、汽车小修及零件修理。

2. 汽车维修业发展概况和趋势

1) 汽车维修业发展过程及特点

汽车维修是保证汽车正常使用,延长汽车使用寿命,使其发挥最大效益的技术保障。它是为汽车的使用者、为社会发展服务的。因此,汽车维修必然伴随着汽车工业的发展、公路的发展和汽车保有量的增加而发展。

新中国成立之初,全国仅有100多个汽车维修企业。当时,中央成立了全国废旧汽车整修委员会,在其统一领导下,通过拆、拼、接、改等工艺方法,共修复汽车5000多辆。通过这项工作,不仅恢复了公路运输,而且增加了汽车维修企业的活力,培训了一批人才,增添了汽车维修设备,建立了新中国汽车维修业的基础。随着国民经济建设的恢复和发展,汽车保有量逐渐增加,汽车维修业的生产能力也有了较大幅度的提高,到1957年,公路运输部门基本形成了一个多层次的汽车维修网络,年大修能力达到2万多辆,但汽车维修业仍处于手工操作、作坊式生产的落后状态,不仅生产效率低,而且维修质量差,加之路况不好,汽车大修后只能以40~50km/h的速度行驶。

进入20世纪60年代,各汽车维修企业大力开展技术革新和技术改造,开展文明生产活动,建立健全各种规章制度、技术标准,加强质量管理,充实人员和设备。通过几年的努力,汽车维修业的面貌有了较大的变化。除各专业运输部门具备了比较完善的汽车维修体系外,在社会上也相继建立了面向社会车辆服务的专业汽车维修企业。

到1979年,全国的汽车大修能力已达到10万余辆。但是,在汽车维修业发展过程中,除了部分交通部门独家经营的为社会车辆维修服务的企业外,大部分维修企业都依附在运输企业和车辆较多的单位中,主要是为内部车辆维修服务。这种一家独办的垄断经营方式,造成了我国长期存在的"修车难"问题无法解决。单一卖方市场,缺乏竞争机制,不仅使企业失去活力,阻碍汽车维修生产力的发展,而且使用户失去了选择的余地,车辆无法得到及时的维修,影响了运输生产的效率,也从另一个侧面证明了这种依附于运输业的汽车维修企业,已经不能适应公路运输的发展,更不能适应社会发展的需求。

进入20世纪80年代,全国城乡的汽车维修厂点如雨后春笋,迅猛增长,出现了国营、集体、个体一起上的势头。初步形成了一个分布广泛、门类齐全的汽车维修网络,基本解决了"修车难"问题。

特别是进入21世纪以来,我国汽车保有量快速增长。据统计,从2003年到2015年,全国民用汽车拥有量从2380万辆增长到1.72亿辆,城镇家庭每百户家用汽车拥有量从1.4辆跃升至31辆,我国已进入了汽车社会。目前,汽车维修业也从单纯的道路运输车辆维修保障行业发展为面向全社会的民生服务业,进入了一个全新的发展时期。截至2013年年底,全国共有机动车维修业户47万家、从业人员近300万人,完成年维修量3.3亿辆次,年产值达5000亿元以上。多种经济成分并存、多种业态模式互补、服务供给充足、社会保障有力的机动车维修市场体系已初步形成。汽车维修业在快速发展的同时,带动了整个汽车后市场服务能力的提升,拉动汽车配件、保险、职业教育等上下游产业经济的发展,有力支撑了汽车工业发展,成为汽车后市场的驱动引擎。

据预测,到2020年,我国汽车保有量将达2.5亿辆,维修市场需求规模将翻一番,维修产值有望超过1万亿元。

通过对整个汽车维修行业的发展进行分析,可以归纳出以下几个特点:

(1) 原有的交通部门独家经营的专业汽车修理厂,主要是一些规模较大的国营汽车修理专业厂。这些企业技术力量强,设备齐全,管理水平高,是行业的骨干力量。

(2) 各专业运输企业附属的汽车修理厂或维修车间,主要是为本企业的车辆维修服务,剩余力量为社会车辆维修服务。

(3) 社会上车辆较集中的各企事业单位、机关团体等原为自用车服务的汽车修理厂,改革开放后,这些维修厂基本上已脱离原单位,或者成为所谓三产,独立注册向社会开放,搞独立核算,或者实行经营承包,发展很快。

(4) 改革开放以后,出现了城乡新建的汽车修理厂点和中外合资、中外合作、外商独资的维修企业。

(5) 随着汽车维修市场需求的变化,汽车运输服务细化,主流客户群的转变,汽车维修连锁经营、汽车用品超市、汽车维修救援、汽车俱乐部、汽车保险、汽车金融等新生事物不断出现,使汽车维修市场不断完善。

(6) 中国汽车维修行业协会的成立和各省市汽车维修行业协会分会的逐步建立,作用越来越大,行业的自我管理、自我约束、自我发展的自律意识不断提高,并逐步向国际化靠拢。

2) 汽车维修业的不足之处

目前,我国汽车维修行业还存在一些不足之处:

(1) 服务模式有待改进,资源配置不尽合理,维修专业化、品牌化发展优势不足;

(2) 配件管理存在垄断,无法满足市场需求;

(3) 从业人员整体素质偏低,管理和技术人才匮乏;

(4) 信息化管理手段有待加强;

(5) 诚信经营机制尚不完善,违规经营现象时有发生;

(6) 在安全生产、节能环保等方面也需要进一步研究探讨。

3) 汽车维修业发展趋势

随着改革开放的深入,国民经济的发展,国内汽车保有量成倍地提高,汽车维修业从供不应求发展到现在供求基本平衡,甚至供大于求的市场状况。

目前,伴随着汽车工业的发展,交通道路的发展与改善,汽车维修业在维修观念、维修制度、维修力量、作业方式等方面都发生了巨大的变化。过去汽车报废是个很淡薄的概念,通过总成修理、换件修理、旧件修理等方式,使车辆无限期使用。后来随着车辆供求比例的变化以及人们观念的变化,例如对能源消耗的日益重视和从综合经济效益的角度考虑,从减少汽车尾气排放、降低大气污染出发,人们在车辆更新和车辆维修方面的观念也发生了变化。

同时配件供应的变化,维修配件精度要求的变化,也使从前以旧件修复为主的修理方式,发展成为今天以换件修理为主的修理方式。在维修制度上,也由以前的定期拆卸式转变为今天的"定期检测、周期维护、视情修理"。汽车维修行业主体,也由以前的交通部门所属维修企业为主,转变为今天全社会各行业多种所有制形式的维修企业同步发展,同时维修网点也由过去的大中城市相对集中,逐步转变到中小城市、县、乡、郊区,形成了比较合理的汽车维修网络。目前国内汽车维修业的发展趋势,归纳起来有如下几个方面:

(1) 汽车维修业朝着规模化的方向发展。改革开放后,汽车维修业基本呈粗放型发展,汽车维修业的发展必须由粗放型向集约型转变。目前,汽车维修业已成为一个新的经济增长点,正在吸引社会各方面的资金,上规模、上档次。它将会通过企业兼并、资产重组等形式扩大经营规模,建立企业集团,以不断提高汽车维修业的规模化程度和整体素质,提高市场占有率。

(2) 汽车维修业依靠提高科技含量,增强竞争能力。汽车维修业伴随着汽车制造技术的发展而发展,新工艺、新结构、新材料、新技术的采用,对现代汽车维修业提出了许多更新、更高的要求。我国汽车维修业在跟踪现代维修技术方面比制造业领先。因为,无论多么先进的汽车,一旦进入中国并投入使用,都存在维修的问题,这样世界汽车工业的发展就带动了汽车维修业技术的发展。特别是在今天,许多高新技术,诸如混合动力车技术、电动车技术等广泛应用于汽车;代用燃料汽车的发展;人们对汽车安全性能、环保性能要求,都对汽车维修业提出了更高的要求。追踪高新技术、掌握高新技术、提供高质量的维修服务,才能在市场竞争中占据有利的地位,已成为汽车维修企业的共识和追求的目标。

(3) 汽车维修业朝着专业化、工业化的方向发展。随着汽车维修市场逐步完善,通过激烈竞争,使汽车维修市场的分工越来越细化,并朝着专业化、工业化的方向发展。

①汽车维修企业承担单一车型或同类车型的汽车维修或者建立汽车三位一体、四位一体及连锁经营站,为汽车制造企业做售后维修服务等。

②汽车维修业户只承担专项维修,如专门维修汽车电子控制装置,专门维修自动变速器,专门维修转向助力系统,专门维修 ABS 系统,专门从事事故车维修,专门从事喷涂,专门从事动平衡、汽车美容,甚至已经开始有专门从事汽车故障诊断的单位等。

③汽车维修已开始朝着工业化流水作业发展,如发动机翻新,自动变速器翻新等。随着专业化、工业化程度的提高,使维修在厂车日减少,维修质量得到了提高。

(4) 采用先进的管理手段,向管理要效益。汽车维修企业通过采用现代化的管理手段,在企业管理上逐步实现规模化、科学化、现代化。汽车维修企业管理主要是在车辆进厂维修过程、客户群管理、出厂记录、材料管理、财务管理、劳动人事管理、技术信息管理等方面实现信息化管理,并在生产现场管理上逐步采用电视监控技术,不断提高企业管理水平。同时,汽车维修企业不断改善服务质量,通过实行四公开,即公开维修项目、公开收费标准、公开修理过程、公开服务承诺,积极创建文明行业等,不断实现以客户需求为导向的企业创新。

(5) 发展汽车维修救援是汽车维修业的一项新事业。汽车维修救援是为汽车提供紧急救援服务的新事业,是对汽车维修业服务功能的延伸。通过该系统,能够减少运输损失,提高运输效率,保障运输安全。今后一个时期,汽车维修救援将成为汽车维修业发展的一个新的经济增长点,并且是一项利国利民的事业。

(6)将二手车市场引进汽车维修企业。国外二手车交易大部分在汽车维修企业进行,同新车一样有展厅。这种形式得到了客户的认可。因为汽车维修企业在进行二手车交易时,一是经过政府批准;二是具有国家承认的持证经纪人与评估师;三是依托企业中的综合性能检测线,对二手车进行科学的检测、评估与适当的翻新。这样翻新的二手车在交易后,同新车一样具有保修期。因此,汽车维修企业引进这项业务是符合市场需求的。根据美国二手车交易市场调查,每发生1辆新车交易,同时会有7辆二手车交易。

3. 汽车维修业的特点与作用

1)汽车维修业的特点

汽车维修业的特点是由它的服务对象和生产特点决定的。汽车维修业是为在用车辆服务的。因此,它必然具备技术服务与广义车主服务双重特点。就汽车维修生产技术而言,其工艺复杂,特别是汽车大修、总成大修作业,工艺复杂、技术含量高。归纳起来,主要有以下几个方面:

(1)汽车维修作业的对象是在用汽车。汽车是一种结构复杂、技术密集的现代运输工具,也是一种对可靠性、安全性要求较高的行走机械。为了适应社会发展的需要,车辆的品种日益增加,新技术、新工艺、新材料不断被采用,使车辆的结构也越来越复杂,这就决定了汽车维修行业的技术复杂性。从汽车维修涉及的工种看,不仅需要发动机、底盘、电气、钣金、轮胎、喷涂等专业修理工种,而且需要车工、钳工、铆工、焊工等各种机械方面的通用工种。生产要求差异很大,使维修作业的作业内容、作业深度千差万别。因此,汽车维修行业已从一个劳动密集型及经验为主,演变成为强调个人专业技术、综合素质,以设备、技术为主的行业。

(2)社会分散性。汽车维修业是为在用车服务的。在用车的特点是流动分散,遍布城乡各地。因而,汽车维修业必然也分布在社会各个角落,具有很大的分散性。尤其是从事汽车综合小修和专项维修的业户,这种分散表现得更为突出。同时汽车维修生产的特点也决定了其企业的规模不可能过大。目前,我国汽车维修业是以中小型企业为主。

(3)市场的调节性。汽车维修行业是随着公路运输事业和汽车销售市场,或者是称为汽车后市场的发展而发展的。加之企业点多、面广及专业服务的特点,决定了该行业具有较强的市场调节属性。这就使一些不能随着市场变化而变化的汽车维修业户的稳定性很差。也就是说,根据市场的需要,维修业户开业、停业在动态变化中自行调节,使汽车维修市场的供求关系逐渐趋于平衡。

(4)隶属关系。汽车分布在千家万户,各行各业。在封闭的经济体制下,各自都有为自己服务的汽车维修企业。改革开放后,这些企业都纷纷向社会开放,进入维修市场,形成了一个社会化的行业。但是,这些企业大部分的隶属关系并未改变,仍为各部门和各单位所有。这一情况就决定了我国汽车维修行业的隶属关系错综复杂。

2)汽车维修业的作用

汽车是一种高性能的行走机械,是一种现代化的运输工具。其特点是结构复杂,使用条件苛刻且变化大。因此要求在运行中,必须具有高度的可靠性、安全性和经济性。

汽车与其他任何机械一样,在使用过程中由于磨损、变形、老化和意外损坏等原因,技术状况和性能不断下降,致使车辆在运行中可靠性和运行安全性得不到保证;动力性、经济性变坏,运行消耗增加;故障率上升,影响车辆的运行效率。因此,汽车在投入使用后到最后报废的整个寿命周期内,其动力性能、经济性能、安全性能及可靠性能等,与能否科学地、合理地进行维修密切相关。

随着国民经济的发展,我国汽车保有量将会以更快的速度增长。同时,由于技术的进步,生产水平和人民生活水平的提高,公路条件的改善,尤其是高速公路的迅速发展,对汽车在安全、环保、可靠、快速、舒适和经济等方面提出了更高的要求,促使汽车在品种、结构及性能方面越来越多样化。为适应这些变化,汽车的维修也必须相应地有一个较大的发展,以最大限度地满足社会发展的需要。

车辆在运行中,为保持其良好的技术状况,就要不断地对车辆实施各种类别的维修作业,必然要花费大量的人力、物力和财力。因此,如何适宜地、合理地安排和组织汽车维修生产,积极开发和采用维修新技术、新工艺、新材料,提高维修质量,是汽车维修企业发展的重要技术措施。

二、汽车维修行业管理

1. 行业管理的概念

划分行业的目的,是为了便于进行行业管理。所谓行业管理就是经济管理部门依照技术经济的同一原则,对社会经济活动进行的专业化分类管理,对行业的经济活动进行的专业化分类管理,以便对全行业的经济活动进行宏观的、间接的管理和调控,促使行业技术进步和发展。

我国自20世纪80年代开始,汽车维修业纳入行业管理。

2. 汽车维修行业管理的目的和作用

1)汽车维修行业管理的目的

汽车维修行业管理的目的是通过对汽车维修业的宏观调控,保证汽车维修市场经营秩序,保护汽车维修业户和车辆用户合法权益,促进汽车维修行业的发展和技术进步。并按照市场经济的客观要求建立统一开放、竞争有序的维修市场,引导和促进全汽车维修行业协调发展,争取最佳的经济效益,更好地为运输生产和人民生活服务,以满足经济社会发展的需要。

2)汽车维修行业管理的作用

行业管理的作用有以下几个方面:

(1)促进行业的发展。行业管理旨在提高全行业的经济效益。由于汽车维修的内外环境发生了深刻变化,行业结构也应随之进行调整。要逐步形成以汽车维修需求为导向,以城市为依托,以具有资金、设备、技术优势的维修企业为骨干,形成门类齐全、质量好、方便及时、供需基本平衡的市场格局,从而提高企业效益,使维修企业有能力去扩大生产规模,从而促进行业的整体发展。

(2)促进企业的技术进步。科技是第一生产力,贯穿于行业管理的全过程。维修企业的发展,固然有赖于规模的扩大和生产能力的提高,而更重要的则有赖于企业的技术进步,如组织结构的合理化,现代化管理技术的应用,新技术、新工艺和现代化诊断设备和诊断技术的采用,可改变汽车维修行业落后的面貌。而技术进步既提高维修质量又降低生产成本,降低物资消耗,是提高劳动生产率和资金使用效益的根本途径。

(3)为企业竞争创造公平的竞争环境。市场经济体制的确立,为维修业的发展创造了条件,使维修业呈现国有、集团、个体、私营、合资、合作等多种经济成分。尽管不同性质的企业参与行业经济活动,其作用和地位也有所不同,但都必须处于同一起跑线上,接受市场的考验。这就必须通过行业管理部门来制定市场规则,规范汽车维修者的行为,为汽车维修经营者创造一个公平竞争的环境,促进汽车维修市场健康有序的发展。

(4)合理配置市场资源。汽车维修业要适应道路运输业的发展需求,必须合理配置市场资源。行业管理就是通过价格机制、产业技术政策等宏观手段引导维修市场吸引社会资金、技术、装备等向维修业合理流动(投入),保证行业的健康发展和良性循环。

(5)建立完整的监督保障体系。行业的管理必须有一个健全的管理体制和市场监督体系,能够对汽车维修市场的动态做出灵活反应,并及时处理。尤其是在汽车维修质量管理方面,应建立起完整的监督保障体系。

(6)加强宏观调控。行业管理工作中,必须坚持"规划、协调、服务、监督"方针,促进行业内横向联合,走专业化生产道路。为此,对汽车维修市场的宏观调控,应按汽车维修行业的中长期发展规划,采用法律的、行政的、经济的手段,尽量做到汽车维修能力和维修需求的大体平衡,布局基本合理,使各种类型汽车维修业协调发展。

上述所提汽车维修行业管理的目的与作用是结合我国汽车维修行业的现状提出来的。有些是长期的努力方向,有些是近期应实现的目标,由于汽车维修市场形成的时间还不长,处于发育时期,还很不完善,无论在理论上还是在实践上,都需要不断研究和探索。

3. 汽车维修行业管理的建立

自20世纪80年代开始,全面实行汽车维修行业管理,交通主管部门出台了一系列规章、办法,明确了汽车维修行业管理部门的职责。

为保证汽车维修行业的健康发展,保护广大汽车维修业户和车主的正当权益,适应道路运输发展和人民生活日益提高的需要,政府部门加强了对汽车维修行业的管理和宏观调控。交通部根据中央关于转变政府职能的要求,对汽车维修实行全行业的管理。

1986年12月由交通部、国家经委、国家工商行政管理局正式联合发布了《汽车维修行业管理暂行办法》,这是汽车维修行业管理的第一个法规性文件。该办法对汽车维修行业管理的指导思想,汽车维修业户的开停业管理,汽车维修的质量管理、价格管理、结算凭证管理、经营行为管理等都作了明确的规定。各地也结合本地情况制定了实施细则,在全国范围内开始了全行业的清理整顿和管理工作。

经过几年的艰苦努力,汽车维修行业摸清了行业的基本情况,掌握了行业的变化规律,理顺了各种关系,初步实现了对汽车维修行业的宏观控制,保证了汽车维修行业健康发展。

2005年6月交通部发布了7号令《机动车维修管理规定》,自2005年8月1日起施行。2015年8月和2016年4月交通运输部对《机动车维修管理规定》先后作了两次修改,第二次修改后的《机动车维修管理规定》(交通运输部令2016年第37号)是机动车维修行业管理的现行法规性文件。

4. 汽车维修市场管理的对策

市场经济的发展,在于培育、健全汽车维修市场体系。汽车维修市场的相对独立性,决定了汽车维修行业对市场的依赖性和市场走向的必然性。因此,培育市场机制,建立市场体系,是维修管理部门的主要职责。

1) 市场主体方面

维修业是基础性主体,若企业不能进入市场或在市场中缺乏活力,就不会有真正意义上的市场经济。因此,一方面要帮助引导企业转换经营机制,深化配套改革,为企业走向市场创造条件;另一方面要政企分开,转变政府职能,为企业进入市场创造宽松的环境。

(1) 帮助国有企业进入市场发挥骨干作用。

(2) 加强市场主体总量投入的调控,强化市场的准入条件。

(3) 要严格执行各类企业的开业条件,走内涵发展的道路,促使一些老企业加强技术改造、上等级、上水平;扶持和鼓励建立专业化、单一车型的售后服务中心,鼓励和引导企业采用新设备、新技术、新工艺,促进企业技术进步。

2) 市场客体方面

市场是市场经济的载体,没有发育成熟、门类齐全的市场就没有实际意义的市场经济。因此,必须在市场建设和培育上下功夫。既要全面规划,又要因地制宜;既要有总体要求,又要从实际出发;既要积极推进,又要狠抓落实。

(1) 科学合理规划,防止盲目性。要从实际和行业发展趋势出发,科学论证,总体规划、合理布局,防止盲目投入,防止重复建设。

(2) 鼓励社会投入,防止多元性。既要积极扶持国有维修企业走出困境,完全进入市场,也要积极鼓励集体、个体、股份、私营、合资等多种经济形式和社会力量兴办汽车维修业。

(3) 要适应需求,发展专项性。要重视建立扶持专业化的汽车维修企业。主要是进口车、高档车、特种车、柴油车的维修企业,以及国产汽车如东风、解放系列车型的专业维修中心和网点。

(4) 服务配套,注重综合性。要在资源集散地、运力集中地建立功能齐全、服务配套的汽车维修有形市场。要扶持在国、省道公路干线的乡镇维修企业,以适应道路运输发展的需要。总之,要使维修市场门类齐全,服务配套,既有零星小型维修户,也有大修企业;既有专业化维修企业,也有汽车维修竣工检测企业;既有汽车配件销售,也有汽车售后服务、清洗、装潢等汽车服务业户。

3) 市场机制方面

(1) 进一步完善供求机制。

①要加强汽车维修市场的网络建设,逐步建成以乡镇为源点、以县(市、区)为基础、以地市为主干、以省会城市为中心的汽车维护、修理、检测及救援网络,为建立统一的维修市场创造条件。

②要积极发展汽车维修、汽车检测业、汽车配件销售业协会、质量仲裁机构等各类中介组织,为行业管理部门管理市场当好参谋和助手。

(2) 进一步健全竞争机制。

①要鼓励积极竞争。各种经济形式和经营方式,只要符合开业条件和经营资格均可进入市场参与竞争。

②要促使公开、公平竞争。进入市场的主体必须明确产权关系和独立的法人资格,必须

进行独立核算、自负盈亏。

③要改善外部竞争环境。努力建立健全各种市场规则消除无序状态,规范竞争行为规则,保护合法竞争。

(3)理顺价格机制。积极创造条件为全面放开汽车维修工时单价,使市场竞争更加充分和完全,促进优胜劣汰。

(4)市场调控方面。发展市场经济不仅需要一般的宏观调控,而且力求更有效地进行宏观调控。因此,必须加强对汽车维修市场的调控管理。

①要逐步建立以产业政策为中心的宏观调控体系,把直接管理和间接管理结合起来,对维修市场实施有效调控。

②制定汽车维修行业发展的中长期规划。

③严格执行开业审批程序和条件。

5. 汽车维修行业管理的基本原则

《机动车维修管理规定》(交通运输部令2016年第37号)中规定:"机动车维修管理,应当公平、公正、公开和便民。"这是汽车维修行业管理的指导思想,是在实行汽车维修行业管理工作中必须遵循的基本原则。具体含义如下:

(1)公平、公正的本意是统一准绳,没有偏私。法律制度上的公平、公正原则,要求行政机关在履行职责、行使权力时,不仅在实体上和程序上合法,而且合乎常理。道路运输管理机构及其工作人员实施行政许可、监督检查、行政处罚时,应当遵循公平、公正原则,平等地对待所有个人和组织,不能依经济地位、经济性质、地区条件的不同而规定不同的条件,不能给予歧视待遇。具体地说,申请从事机动车维修经营业务,只要符合规定的相应条件,就应当给予经营许可。道路运输管理机构的工作人员应当严格按照职责权限和程序,进行监督检查,不得乱收费、乱罚款。

(2)公开的本意是不加隐蔽。公开原则要求行政机关在实施行政管理时,除涉及国家机密、个人隐私、商业秘密外,必须向行政管理相对人和社会公众公开与行政职权有关的事项。其本质是保护公众的知情权、参与权和监督权。在机动车维修管理过程中,凡是有关经营许可的规定,都必须公开,否则不得作为实施行政许可的依据。实施机动车维修行政许可时,坚持公开原则的基本要求:一是实施的主体要公开,让公众周知;二是实施的条件应该明确、规范、公开,不允许搞"模糊战术";三是实施程序,包括申请、受理、审查、听证、决定、检查等,应当具体并公开;四是行政许可的实施期限要公开;五是行政许可的决定要公开,公众有权查阅。《机动车维修管理规定》(交通运输部令2016年第37号)按照上述原则,明确了机动车维修的许可条件、主体与程序。

(3)便民是我国法律制度的重要价值取向,是行政机关履行行政职责、行使行政权力应当恪守的基本准则。便民原则不仅在实施行政许可时应当遵循,而且要贯穿于道路运输管理全过程。所谓便民,就是在机动车维修过程中,道路运输管理机构采取措施,为公民、法人或其他组织提供方便、快捷、廉价的服务。在实施行政许可工作中,"一次性告知要求补充的材料"、"一站式审批"等制度都是便民原则的具体体现。

6. 汽车维修行业管理部门

《中华人民共和国道路运输条例》规定,交通运输部主管全国机动车维修管理工作;县级以上地方人民政府交通主管部门负责组织领导本行政区域的机动车维修管理工作;县级以上道路运输管理机构负责具体实施本行政区域内的机动车维修管理工作。

课题二　汽车维修标准与规范概述

一、标准的概念与分级

1. 标准的概念

标准是质量管理的基础,质量管理是贯彻执行标准的保证;所谓标准"是对重复性事物或概念所做的统一规定,它以科学、技术和实践经验的综合成果为基础,经有关方面协商一致,由主管机构批准,以特定形式发布,作为共同遵守的准则和依据"。因此,标准具有科学性和实践性,并具有法律的性质。汽车维修技术标准涉及人体健康和人身、财产安全、环境保护和能源消耗;属强制性范围,任何汽车维修企业不得擅自更改和降低标准,这就是标准的法律性。所以,汽车维修企业必须按有关标准进行汽车维修作业,托修方按标准对修竣汽车进行验收,各级道路运政管理机构按标准对维修汽车进行监督检测。

2. 标准的分级

根据标准的应用领域和有效范围,我国把标准分为四级,即国家标准、行业标准、地方标准和企业标准。国家标准权威性最高,行业标准不得与国家标准相抵触,地方标准不得与国家标准、行业标准相抵触。

（1）国家标准。国家标准是由国务院标准化行政主管部门(标准技术监督局)制定的全国范围内统一的标准;国家标准一经发布,全国各个单位都要严格执行;国家标准的代号"国标",用汉语拼音的第一字母"GB"表示,如《机动车运行安全技术条件》(GB 7258—2012),其中 GB 是表示国家标准,7258 是表示编号,2012 是表示发布年号。

（2）行业标准。行业标准是由国务院有关行业主管部门制定并报国务院标准化行政主管部门备案的标准。行业标准用于该行业范围内所有企事业单位以及使用该专业产品的其他企事业单位都应执行,交通运输部标准属于行业标准,其代号为 JT,如《机动车维修服务规范》(JT/T 816—2011)。

（3）地方标准。地方标准是由省、自治区、直辖市标准化行政主管部门制定和发布的,在本地区范围内统一使用的标准。如浙江省地方标准《机动车维修业开业条件》(DB 33/T608.1~.5—2015),仅在浙江省范围内适用。

（4）企业标准。企业标准是由企业制定的标准,并报当地标准化行政主管部门或行业主管部门备案,在本企业范围内使用;为了提高产品质量,企业可制定严于国家标准或行业的企业标准。

标准分为强制性和推荐性两种。安全、卫生,环境保护等方面的标准和法律、法规等有关规定是必须执行的强制性标准。

二、汽车维修制度的形成及标准编制过程

我国汽车维修制度的形成及标准编制过程是与国民经济和汽车运输业的发展紧密联系

在一起的。汽车维修制度的形成及标准编制分为以下三个过程。

第一是形成我国汽车维修制度的过程。1951年交通部召开了全国汽车运输技术工作会议,制定了《汽车运输企业暂行技术标准与定额》,于1952年7月下发到全国各运输企业试行,初步形成了车辆技术管理制度。1954年7月29日,交通部颁布了《汽车运输企业技术标准与技术经济定额》(简称"红皮书"),在全国各运输企业中施行。其中规定:汽车的技术保养分三级,即例行保养、一级保养、二级保养;汽车的修理分三类,即小修、中修和大修。当时的"红皮书"对保证车辆具有良好的技术状况,起到了重要作用。之后,我国不仅形成了一批有一定生产规模从属于大型汽车运输企业的修理厂(或修理车间),还出现了一些专业化的汽车修理厂。

第二是汽车维修实行三级技术保养和四类修理的过程。1963年,交通部召开了全国专门会议,对实行了近10年的"红皮书"进行讨论、研究和修改,并于12月颁布实行了《汽车运输企业技术管理制度》和《汽车运输技术规程》,以适应当时国民经济贯彻"调整、巩固、充实、提高"八字方针以及汽车运输业迅速发展的需要。1965年,交通部又颁布了《汽车运用规程》和《汽车修理规程》,将汽车保养分为四级,即例行保养、一级保养、二级保养和三级保养。各级保养的重点作业项目是:例行保养以清洁、检查、补给为中心;一级保养以紧固、润滑为中心;二级保养以检查、调整为中心;三级保养以部分总成解体消除隐患为中心。汽车修理分为四类,即汽车大修、总成大修、汽车小修和零件修理,取消了汽车中修。

第三是建立新的汽车维修制度的过程。交通部于1990年3月发布了第13号部令《汽车运输业车辆技术管理规定》,这是我国汽车维修历史上第一个革命性的改革。它第一次把汽车检测诊断技术的应用列入管理条款;同时,对原汽车保养制度的指导原则进行了重大改革,即把"定期保养、计划修理"改为"定期检测、强制维护、视情修理"。取消了大拆大卸的三、四级保养制,改为二级维护制。它还规定车辆必须按国家和行业有关规定的行驶里程或间隔时间,进行规定的检测和维护作业,达到规定的技术条件,接受质量监督。为便于维修企业实施汽车二级维护,1995年2月25日又颁布了交通行业标准《汽车维护工艺规范》(JT/T 201—1995)(以下简称"JT201规范"),并规定从1995年7月1日起,开始在全国交通运输行业实施。1997年5月中国道路运输协会汽车维修分会信息编辑部又参照了"JT201规范"组织编写了《汽车维护规范》,该书选择了客货轿、重中型、汽柴油等各种车型44种,具有一定的代表性,它作为"JT201规范"的补充,对进一步加快维修制度改革,促进行业技术进步起到了积极作用。

20世纪末,针对我国汽车保有量快速增加,车辆类型增加,道路状况不断改善,车辆行驶高速化,对车辆的安全性要求越来越高,同时对汽车排放要求日益严格的实际,1999年初交通部及时组织交通部公路科学研究所、南京市汽车维修行业管理处、天津市交通局、北京市汽车维修行业管理处、云南省交通厅、辽宁省交通厅运输管理局等有关单位,根据1999年交通标准化计划,对"JT201规范"进行研究、探讨、修改,制定了国家标准《汽车维护、检测、诊断技术规范》(GB/T 18344—2001)。

近年来,随着我国汽车消费快速增长,汽车维修行业得到蓬勃发展,市场规模不断扩大,法律法规基本健全,技术水平不断提高,人员素质逐步提升,服务质量取得长足进步。汽车维修标准,对规范行业管理、促进行业健康发展发挥了巨大的技术支撑作用。经过十几年的努力,已经发布实施了《汽车维护、检测、诊断技术规范》(GB/T 18344—2001)、《道路运输车辆综合性能要求和检验方法》(GB 18565—2016)、《汽车综合性能检测站能力的通用要求》(GB/T 17993—2005)、《汽车维修业开业条件》(GB/T 16739.1~.2—2014)、《机动车维修服务规范》(JT/T 816—2011)、《汽车售后服务客户满意度评价方法》(JT/T 900—2014)等一系列重要标准,形成了比较完整的汽车维修标准体系,同时出台了交通运输部等十部委联合印发的《关于促进汽车维修业转型升级、提升服务质量的指导意见》(交运发〔2014〕186号)、交通运输部等八部委联合印发的《汽车维修技术信息公开实施管理办法》(交运发〔2015〕146号)及《道路运输车辆技术管理规定》(交通运输部令2016年第1号)等法规性文件,在引导行业健康发展、保障广大人民群众的切身利益乃至生命安全等方面发挥了巨大作用。

三、汽车维修标准与规范概述

1. 汽车维修标准体系

随着汽车在我国逐步普及,直接带动了汽车维修业的繁荣,现在汽车维修业已成为一个庞大的产业。形成了一个国有、集体、个体、中外合资、中外合作、外商独资等多种经济成分共存、多渠道、多层次的汽车维修市场以及分布广泛、门类齐全的汽车维修网络。

自1986年起,国家和交通主管部门等先后制定发布了一系列有关汽车维修的政策法规和技术标准,对规范汽车维修行业起到了积极作用,为促进汽车维修行业发展,面对加入WTO的挑战,促进汽车维修领域的技术进步,使我国走向世界汽车维修标准先进行列,具有重要的意义。

由于汽车维修标准与规范很多,牵涉面也很广,为便于汽车维修企业及有关部门学习掌握数量众多的汽车维修标准与规范,全国汽车维修标准化技术委员会(SAC/TC 247)根据《交通运输"十二五"发展规划》提出的"制定与完善标准规范体系"的要求,为更好地贯彻落实《加强和改进交通运输标准化工作的意见》和国务院《深化标准化工作改革方案》提出的"加强技术标准体系建设"任务,围绕国务院办公厅《关于进一步促进道路运输行业健康稳定发展的通知》提出的构建"更安全、更高效、更便捷"的道路运输服务体系的工作目标,重点针对《关于促进汽车维修业转型升级、提升服务质量的指导意见》提出的重点工作任务,结合我国汽车维修业的发展现状,通过系统研究分析我国汽车维修领域的发展现状和行业需求,遵循"目标明确、全面成套、层次恰当、划分清楚"的原则,制定完善汽车维修标准体系。标准体系按《标准体系表编制原则和要求》(GB/T 13016—2009)的有关要求编制。汽车维修标准体系结构图如图0-1所示。

依据《标准体系表编制原则和要求》(GB/T 13016—2009),综合考虑汽车维修的特点、行业管理职能分工及标准化发展需求,汽车维修标准体系分为五个层次:基础标准、服务标准、技术标准、产品标准和相关标准,基本已涵盖了汽车维修的基础、管理、维修工艺、检测方法、维修检测设备等各个分支领域,形成了较为完整的汽车维修标准体系。

第一层是基础标准,包括术语、分类和编码等两方面基础通用性标准。

第二层是服务标准,包括企业条件、从业人员、服务质量三个方面。

第三层是技术标准,包含汽车修理、汽车维护、汽车检测与诊断、节能与环保、安全应急、信息化六个方面。

第四层是产品标准,包含维护与修理设备、检测与诊断设备、教学与培训设备及汽车用品四个方面。

第五层为相关标准,是与汽车维修相关的标准,由其他相应的专业技术标委会归口管理。

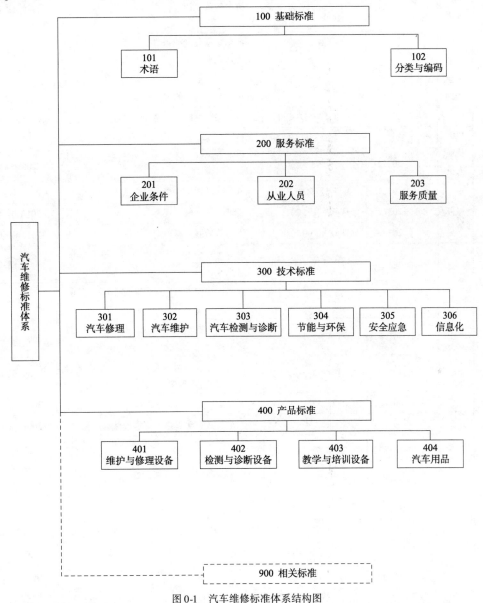

图 0-1　汽车维修标准体系结构图

2. 汽车维修标准明细

机动车维修经营者应当按照国家、行业或者地方的维修标准和规范进行维修。尚无标准或规范的,可参照机动车生产企业提供的维修手册、使用说明书和有关技术资料进行维修。

现行汽车维修标准明细表见表 0-1。

现行汽车维修标准明细表 表 0-1

层次	序号	标准体系编号	标准号	标准名称	实施日期
100 基础标准	101 术语	1	101.1	GB/T 5624—2005	汽车维修术语	2005-12-01
200 服务标准	201 企业条件	2	201.1	GB/T 16739.1—2014	汽车维修业开业条件 第1部分:汽车整车维修企业	2015-01-01
		3	201.2	GB/T 16739.2—2014	汽车维修业开业条件 第2部分:汽车综合小修及专项维修业户	2015-01-01
		4	201.3	GB/T 17993—2005	汽车综合性能检测站能力的通用要求	2005-12-01
	202 从业人员	5	202.1	GB/T 21338—2008	机动车维修从业人员从业资格条件	2008-07-01
		6	202.2	JT/T 698—2007	机动车维修技术人员从业资格培训技术要求	2008-04-01
	203 服务质量	7	203.1	GB/T 15746—2011	汽车修理质量检查评定方法	2011-12-01
		8	203.2	JT/T 816—2011	机动车维修服务规范	2012-01-10
		9	203.3	JT/T 900—2014	汽车售后服务客户满意度评价方法	2014-09-01
300 技术标准	301 汽车修理	10	301.1	GB/T 3798.1—2005	汽车大修竣工出厂技术条件 第1部分:载客汽车	2005-08-01
		11	301.2	GB/T 3798.2—2005	汽车大修竣工出厂技术条件 第2部分:载货汽车	2005-08-01
		12	301.3	GB/T 3799.1—2005	商用汽车发动机大修竣工出厂技术条件 第1部分:汽油发动机	2005-08-01
		13	301.4	GB/T 3799.2—2005	商用汽车发动机大修竣工出厂技术条件 第2部分:柴油发动机	2005-08-01
		14	301.5	GB/T 5336—2005	大客车车身修理技术条件	2005-08-01
		15	301.6	GB/T 18274—2000	汽车鼓式制动器修理技术条件	2001-09-01
		16	301.7	GB/T 18275.1—2000	汽车制动传动装置修理技术条件 气压制动	2001-09-01
		17	301.8	GB/T 18275.2—2000	汽车制动传动装置修理技术条件 液压制动	2001-09-01
		18	301.9	GB/T 18343—2001	汽车盘式制动器修理技术条件	2001-12-01
		19	301.10	GB/T 19910—2005	汽车发动机电子控制系统修理技术要求	2006-04-01
		20	301.11	JT/T 720—2008	汽车自动变速器维修通用技术条件	2008-11-01
		21	301.12	JT/T 774—2010	汽车空调制冷剂回收、净化、加注工艺规范	2010-07-01
		22	301.13	JT/T 795—2011	事故汽车修复技术规范	2011-05-08
	302 汽车维护	23	302.1	GB/T 18344—2001	汽车维护、检测、诊断技术规范	2001-12-01
		24	302.2	GB/T 25349—2010	使用乙醇汽油车辆检查、维护技术规范	2011-03-01
		25	302.3	GB/T 25350—2010	使用乙醇汽油车辆燃油供给系统清洗工艺规范	2011-03-01
		26	302.4	GB/T 27876—2011	压缩天然气汽车维护技术规范	2012-06-01

续上表

层次	序号	标准体系编号	标准号	标准名称	实施日期
302 汽车维护	27	302.5	GB/T 27877—2011	液化石油气汽车维护技术规范	2012-06-01
	28	302.6	JT/T 1009—2015	液化天然气汽车维护技术规范	2016-01-01
	39	302.7	JT/T 1010—2015	液化天然气汽车日常检查方法	2016-01-01
	30	302.8	JT/T 1011—2015	纯电动汽车日常检查方法	2016-01-01
303 汽车检测与诊断	31	303.1	GB/T 18276—2000	汽车动力性台架试验方法和评价指标	2001-09-01
	32	303.2	GB 18565—2016	道路运输车辆综合性能要求和检验方法	2017-01-01
304 节能与环保	33	304.1	GB/T 25351—2010	使用乙醇汽油车辆性能技术要求	2011-03-01
	34	304.2	JT/T 938—2014	汽车喷烤漆房能源消耗量限值及能源效率等级	2015-04-05
305 安全应急	35	305.1	JT/T 937—2014	在用汽车喷烤漆房安全评价规程	2015-04-05
306 信息化	36	306.1	JT/T 478—2002	汽车检测站计算机控制系统技术规范	2002-10-10
	37	306.2	JT/T 640—2005	汽车维修行业计算机管理信息系统技术规范	2006-01-01
400 产品标准	38	401.1	JT/T 115—2007	移动式气缸镗床	2007-10-01
	39	401.2	JT/T 122—2007	连杆轴瓦镗床	2007-10-01
	40	401.3	JT/T 123—2007	气缸体轴瓦镗床	2007-10-01
	41	401.4	JT/T 125—2007	气缸珩磨机	2007-10-01
	42	401.5	JT/T 126—2007	立式制动鼓镗床	2007-10-01
	43	401.6	JT/T 129—2007	磨气门机	2007-10-01
	44	401.7	JT/T 155—2004	汽车举升机	2004-07-15
	45	401.8	JT/T 324—2008	汽车喷烤漆房	2008-12-01
	46	401.9	JT/T 635—2005	轮胎拆装机	2006-01-01
	47	401.10	JT/T 636—2005	立轴缸体缸盖平面磨床	2006-01-01
	48	401.11	JT/T 637—2005	气门座镗床	2006-01-01
	49	401.12	JT/T 639—2005	汽车车体校正机	2006-01-01
	50	401.13	JT/T 783—2010	汽车空调制冷剂回收、净化、加注设备	2010-11-01
	51	402.1	GB/T 13563—2007	滚筒式汽车车速表检验台	2008-01-01
	52	402.2	GB/T 13564—2005	滚筒反力式汽车制动检验台	2005-08-01
402 检测与诊断设备	53	402.3	GB/T 28529—2012	平板制动检验台	2013-06-01
	54	402.4	JT/T 386—2004	汽车排气分析仪	2004-07-15
	55	402.5	JT/T 445—2008	汽车底盘测功机	2008-12-01
	56	402.6	JT/T 448—2001	汽车悬架装置检测台	2001-12-01
	57	402.7	JT/T 503—2004	汽车发动机综合检测仪	2004-07-15

续上表

层次	序号	标准体系编号	标准号	标准名称	实施日期
400 产品标准	58	402.8	JT/T 504—2004	前轮定位仪	2004-07-15
	59	402.9	JT/T 505—2004	四轮定位仪	2004-07-15
	60	402.10	JT/T 506—2004	不透光烟度计	2004-07-15
	61	402.11	JT/T 507—2004	汽车侧滑检验台	2004-07-15
	62	402.12	JT/T 508—2015	机动车前照灯检测仪	2015-11-01
	63	402.13	JT/T 510—2004	汽车防抱制动系统检测技术条件	2004-07-15
	64	402.14	JT/T 632—2005	汽车故障电脑诊断仪	2006-01-01
	65	402.15	JT/T 633—2005	汽车悬架转向系间隙检查仪	2006-01-01
	66	402.16	JT/T 634—2005	汽车前轮转向角检验台	2006-01-01
	67	402.17	JT/T 638—2005	汽车发动机电喷嘴清洗检测仪	2006-01-01
	68	402.18	JT/T 649—2006	多功能汽车制动性能检验台	2006-05-01
	69	402.19	JT/T 1012—2015	汽车外廓尺寸检测仪	2016-01-01
	70	402.20	JT/T 1013—2015	碳平衡法汽车燃料消耗量检测仪	2016-01-01
	71	404.1	GB/T 23435—2009	电喷汽车喷油嘴清洗液	2009-11-01
	72	404.2	GB/T 23436—2009	汽车风窗玻璃清洗液	2009-11-01
	73	404.3	GB/T 23437—2009	汽车上光蜡	2009-11-01
404 汽车用品	74	404.4	GB 29743—2013	机动车发动机冷却液	2014-05-01
	75	404.5	GB/T31025—2014	机动车发动机外表面清洗液	2015-05-01
	76	404.6	GB/T31026—2014	机动车发动机润滑系统清洗液	2015-05-01
	77	404.7	GB/T31027—2014	机动车发动机冷却系统内部清洗剂	2015-05-01
	78	404.8	JT/T 224—2008	中负荷车辆齿轮油	2008-11-01
900 相关标准	79	900.1	GB 3847—2005	车用压燃式发动机和压燃式发动机汽车排气烟度排放限值及测量方法	2005-07-01
	80	900.2	GB 7258—2012	机动车运行安全技术条件	2012-09-01
	81	900.3	GB/T 7607—2010	柴油机油换油指标	2011-05-01
	82	900.4	GB/T 8028—2010	汽油机油换油指标	2011-05-01
	83	900.5	GB 18285—2005	点燃式发动机汽车排气污染物排放限值及测量方法（双急速法及简易工况法）	2005-07-01
	84	900.6	GB/T 18566—2011	道路运输车辆燃料消耗量检测评价方法	2012-03-01
	85	900.7	GB 26877—2011	汽车维修业水污染物排放标准	2012-01-01

汽车维修国家标准、行业标准及相关技术标准很多，本书着重介绍《汽车维修业开业条件》（GB/T 16739.1～.2—2014）、《道路运输车辆综合性能要求和检验方法》（GB 18565—2016）及《机动车运行安全技术条件》（GB 7258—2012）等国家标准。

四、国外汽车检测与维修标准概述

1. 美国维修标准的主要组成和简要分析

美国的汽车维修检测标准和法规主要包括：美国联邦机动车安全标准（运输篇）的第396部分（检查、修理和维护）、各州汽车维修检测标准和法规、美国第107次国会会议H.R.2735法案、相关的SAE标准。

美国联邦机动车安全标准（运输篇）中除第396部分外的其他标准、SAE标准，主要与汽车及相关零部件的生产、制造有关，对汽车维修检测标准的制定有技术指标的参考作用。

汽车维修检测、售后服务，不在美国消费者产品安全委员会（独立的联邦机构）的管辖之内。

（1）美国联邦机动车安全标准（运输篇）的第396部分——检查、修理和维护，主要包括"适用范围""检查、修理和维护""润滑""严禁不安全操作""机动车操作检查""驾驶员车辆检查报告""驾驶员检查""厂方驾驶——牵引交车操作、检查"几个方面。但标准的内容比较简洁，都是原则性规定，不涉及具体的维修检测项目过程和技术参数。

（2）美国各州的维修检测标准中的适用范围和技术参数有很大不同，主要原因是各州的经济、人口、地域面积、汽车保有量等社会环境不同，对经济发展、环境保护要求的追求程度不一致。加利福尼亚州的相关标准和法规最为严厉。

在"标准条款的引用"中列举了以下有关内容：明尼苏达州汽车零件技术分类说明、明尼苏达州汽车维修督导分类说明、明尼苏达州汽车维修领导分类说明、明尼苏达州汽车驾驶员分类说明、汽车机械工叙述、见习期相关讲解、车身机械工叙述；见习期相关讲解、空调/冷却设备机械工叙述。

（3）为保护美国消费者在本国享有对车辆诊断、服务及维修的权利及其他目的，根据美国第107次国会会议H.R.2735文件，制定了"2001年汽车所有者享有的车辆维修权利"法案。

制定该法案的主要目的是：

①要求联邦贸易委员会制定和执行法规，来确保消费者在车辆诊断、维修中享有知情权。

②为了确保所有汽车消费者的安全，要求维修者提供所有对车辆及时、可信赖的和消费者能够承受的诊断、服务与维修行为的相关信息。

③促进维修业在汽车诊断、维修服务中的良性竞争。

2. 德国汽车检测和维修标准体系

（1）最高层。在德国汽车检测和维修的最高层次是德国国家法律StVZO，它是其他标准如汽车维修和汽车检测的标准以及规则、规范、细则和条例的基础。其作用类似我国的《机动车运行安全技术条件》（GB 7258—2012）。

（2）第二层次。主要是等效引用ISO标准，汽车维修的有关概念、内容和工时定额等有关维修基础进行规范。例如：

DIN31051 1985—01《汽车维修概念和措施》；

DIN31051 2001—01《维修基础》；

DIN31052 1981—06《修理；修理指南的内容和组成》；

DIN31054 1987—09《修理:制定工时定额体系的原则》。

(3)第三层次。这些标准主要涉及较为具体的规定、细则。它们主要是关于车辆、安全(包括车辆结构与设计、事故预防、修理方法、修理作业安全、修理厂规则、汽车清洗设备、修理工作中的安全与健康保护、焊接作业规则以及安全防护、汽车评估方法与专家评估、汽车损坏评估规则、汽车前照灯检测、轿车腐蚀损坏与修理、维修场所规范、人员资格要求等)。主要有如下联邦标准、行业标准和协会标准、规则、细则如下:

VBG12《机动车辆》;
UVV5.1 1997—01《事故预防条例5.1:车辆》;
BGR157 1999—11BG《规范:汽车修理》;
BGI550 1999—02《车辆修理安全概要》,原ZH1/98;
BGI703 1997—04《车辆修理厂》,原ZH1/643;
ZH1/543 1986—10《车辆清洗设备技术规范》;
DVS—2501—2505,2514《汽车维修焊接法规及规则(DVS德国焊接联合会)》;
GUV17.1 2000—02《车辆修理过程中的安全和健康保护的规范》;
GUV50.11.01 2000—01《车辆修理危险和精神压力分类》;
BGG916 1991—04《高级(专家)汽车测试原理》;
IfS 规范 汽车损坏 1992《汽车损坏鉴定和评估的指导原则》;
联邦物理技术管理局测试规范 PTB 第9卷 1973《前照灯检测设备》;
Ral 细则 Ral-Gz2000—01《环境标志说明基础:循环水式汽车清洗设备》;
VdTüV—细则 VdTüV MB728 1989—04《乘用车腐蚀损坏及其修理的评定》;
VDV 规范 VDV800 1995—04《汽车修理企业维修人员的职业资格与继续教育》;
VDV822 1997—05《大客车维修场的建筑规范》;
ZDK 细则《ZDK 汽车技师企业检测规划》。

(4)第四层次。汽车检测和维修行业标准,是对德国国家标准的细化。主要有:

BMW B 3601 根据 StVZO§29 执行汽车主要项目检测以及由主要项目检测确定汽车缺陷的技术规范;

BGG915 1991—04《普通(技工)汽车测试原理》,它对 VBG12§36 进行了细化,规定普通汽车测试原理;

汽车定期检测的专家检测鉴定根据 VBG12§57 第1款 UVV"车辆"制定的细则。

五、国内现有标准与国外标准的差距、薄弱环节和今后的主攻方向

当前世界上汽车工业发达的国家,如美国、日本、德国等国家已经在汽车修理、检测方面各自形成体系。它们在汽车修理、检测标准的制定主要侧重以下几个方面:

(1)涉及新技术领域,如微电子技术、计算机技术以及通信技术在汽车检测维修领域的应用。

(2)汽车安全设施与技术方面,如乘员安全、维修人员安全、环境影响。这两个方面与汽车标准整个体系融为一体。

(3)环境保护,如汽车排放、噪声、电磁干扰、清洗等,其中大部分作为国家标准或国际标准。

(4)汽车检测与维修技术要求的细化,如汽车维修的焊接技术要求、人员安全、环境保护;检测与维修人员的划分、培训、继续教育以及资质要求;普通层次的标准如计算机、通信、电子技术、焊接技术、安全技术、环境保护在汽车维修与检测领域的细化,特别是针对计算机、电子、传感器、汽车车载或专用诊断监视器类的标准中,都详细规定如关键字、关键字格式化、ECU等的电子规范,力求实现检测诊断仪器设备关键技术参数的统一。

(5)有的国家如日本、美国将涉及汽车安全、环境以及注册的有关要求以国家法的形式予以颁布,如日本的《道路运送车辆法》及《指定自动车整备事业规则》,美国的美国第107次国会会议 H. R. 2735 法案,其他细节由标准化组织、行业、企业和协会具体制定。

(6)有的国家标准工作由标准化协会直接规划、组织、协调制定、修订和出版,国家或标准化协会仅负责带有普遍性的根本性法规。例如,列入德国标准化协会(DIN)标准汇编的 StVZO,就是以国家法的形式颁布的,并按照标准实施的机动车安全运行的基础性法规。它像我国《机动车运行安全技术条件》(GB 7258—2012)。在德国,其他较为具体的技术要求由行业、企业或协会以标准、规范、细则,或者直接引用 ISO 标准以及欧洲标准(EN)。值得注意的是,在德国由行业、企业或协会的标准、规范、细则也视为德国标准,统一汇编在德国标准化协会 DIN 的国家标准汇编内。

(7)国际标准化机构(ISO)国际道路车辆标准化专业委员会 ISO/TC22 制定的有关道路车辆互换性和安全性是制定汽车维修检测标准的基础,各国的其他相关标准是以其作为基础,进行细化和补充。

(8)今后一段时期,我国需要加大力量开展以下几方面的标准化工作,促进汽车维修业规范、健康、可持续发展。

①目前,国外标准中针对具体的某一类汽车检测设备的技术标准、测试标准和维修设备技术标准还很少,可以说这些恰好将是我国制定相关标准的重要领域,但也不要片面追求制定标准的大而全,力争做到基本标准层次、领域和下一层次具体技术、仪器设备标准之间的合理匹配。同时,在我国提出和制定这些标准,对国内汽车检测和维修标准化有相当重要的意义,我国应在制定检测、维修设备的技术标准和测试规范方面有所建树。

②加强新能源汽车维修服务能力建设。制定和完善电动汽车、天然气汽车等新能源汽车的出厂技术条件、维修人员资格条件等标准规范。

③树立绿色维修理念,促进行业可持续发展。制定汽车排放系统性能检测与维护规范、维修节能评价规则等标准,形成维修废弃物和有害排放少、资源利用率高的成套工艺规范。

④加强维修行业标准化建设,提升维修服务质量。建立健全汽车检测和维护政策标准体系,明确服务质量评价指标体系、上门维修服务能力要求等。

⑤促进维修行业安全发展,规范行业管理。建立健全安全操作规程,加强对车轮动平衡机、发动机冷却液等维修装备和用品的维护管理。

⑥建立健全汽车维修救援体系,提供有效出行保障。制定救援企业开业条件、服务规范等标准。

⑦维护消费者合法权益,加强汽车维修信息化建设。建立推广汽车电子健康档案,破除维修配件渠道垄断,保证配件供应渠道公开、透明,实现维修配件可追溯、可追踪,消费者合法权益受损害时可追偿、可追责。

单元一
汽车维修企业的开业与停业

知识目标

1. 掌握机动车维修经营的概念及经营基本准则；
2. 熟练掌握机动车维修经营业务类别及其经营范围；
3. 熟悉各类汽车维修企业开业条件；
4. 熟练掌握汽车维修企业的开、停业审批程序。

技能目标

1. 会分析各类汽车维修企业开业条件的差异；
2. 会办理汽车维修企业的开、停业审批手续。

课题一　机动车维修企业的类别及其经营范围

机动车维修与汽车产业、人民生活等社会经济活动紧密相连，并且是技术含量高的服务类行业，企业的规模、服务经营的项目相差非常悬殊。

《中华人民共和国道路运输条例》、《机动车维修管理规定》(交通运输部令2016年第37号)、《汽车维修业开业条件》(GB/T 16739—2014)对机动车维修经营者的经营基本准则、机动车维修企业的类别和经营范围、机动车维修行业管理部门等均作出了明确规定。

一、机动车维修经营者的经营基本准则

1. 机动车维修经营的概念

机动车维修经营，是指以维持或者恢复机动车技术状况和正常功能，延长机动车使用寿命为作业任务所进行的维护、修理以及维修救援等相关经营活动。

这里所说的机动车包括各种汽车、电车、电瓶车、摩托车、拖拉机、轮式专用机械车等。

2. 机动车维修经营者的经营基本准则

机动车维修经营者应当依法经营，诚实信用，公平竞争，优质服务，落实安全生产主体责任和维修质量主体责任。

(1) 依法经营。市场经济是法制经济，要求一切经济活动必须用具有普遍性、强制性的法予以调整和规范。这里所说的"依法经营"既要求经营者主体资格合法，取得相应的经营

许可,还要求经营者取得经营许可证后,严格按照法定的市场规则,开展经营活动。

《机动车维修管理规定》(交通运输部令2016年第37号)对于《中华人民共和国道路运输条例》中有关机动车维修经营者应当遵循的市场规则进行了全面细化,如要求企业公布机动车维修工时定额和收费标准,合理收取费用;使用规定的结算票据,并向托修方交付维修结算清单;严格按照与机动车维修相关的国家、行业或者地方标准维修车辆;对机动车进行二级维护、总成修理、整车修理的,应当实施维修前诊断检验、维修过程检验和竣工质量检验制度;实行竣工出厂质量保证期制度等,并且明确了不遵守法定义务必须承担的法律责任。

(2)诚实信用。诚实信用是民事法律中的一项基本原则。世界各国普遍强调在民事活动中,当事人应当遵守诚实信用的原则。其基本要求是当事人在签订合同(协议)、约定民事权利义务时,意思表示真实,如实陈述情况,不能以坑害对方来谋取不正当利益;在履行合同时,应当严格按照合同约定的时间、地点、条件、数量、质量等事项,全面认真地履行义务。遇有特殊情况不能按期履行合同的,应当遵守法律规定,及时告知对方,签订补充合同,承担相应损失。

诚实信用对于机动车维修行业来说尤为重要,因为机动车维修是交通行业面向社会服务的窗口,诚信与否直接关系到服务质量与行业声誉。维修经营者冒用他人服务标识,夸大服务能力,使用假冒伪劣配件,擅自增减作业项目,欺诈蒙骗用户等行为,均与诚实信用原则相悖。因此,《机动车维修管理规定》(交通运输部令2016年第37号)明确要求机动车维修经营者明示企业标识,公布机动车维修工时定额和收费标准,正确使用结算票据和结算清单,按规定向道路运输管理机构报送统计资料,按照标准和规范维修车辆,建立采购配件登记制度,认真组织竣工质量检验,依法签发维修竣工出厂合格证,建立机动车维修档案,实施质量保证期制度;不擅自改装机动车,不承修报废机动车,不使用假冒伪劣配件维修机动车。上述规定的实施,有利于提高机动车维修行业的诚信度。

(3)公平竞争。这是市场经济条件下经营活动的基本原则。经营者应当遵循同一规则行事,以公平竞争为动力,通过自己的努力,提高服务水平和管理水平,取得市场优势,获得良好的经济效益。然而,不正当竞争行为在机动车维修行业有所表现,比如,冒用他人品牌、在账外暗中给予回扣、利用广告或者其他方法作引人误解的虚假宣传等。为此,《机动车维修管理规定》(交通运输部令2016年第37号)规定,任何单位和个人不得封锁或者垄断机动车维修市场,还专门设定条款,为推进连锁经营,消除壁垒,以加速机动车服务网络建设。

公平竞争的市场环境的形成,不仅仅要求经营者依法经营,同样需要管理部门依法管理,不得滥用行政权力,限制其他经营者不正当的经营活动,以维护市场公平竞争。

(4)优质服务。机动车维修属于服务行业的范畴。完善服务功能,提高服务质量是行业发展的永恒主题。《机动车维修管理规定》(交通运输部令2016年第37号)从维修经营与质量管理两个方面细化了监督管理方面的内容,健全了机动车维修经营者保证作业质量和服务质量的措施。在完善服务功能方面,提出了引导性意见,鼓励推进救援维修网络化建设,提高机动车维修行业整体素质,满足社会需要。

(5)落实安全生产主体责任和维修质量主体责任。机动车维修企业是安全生产的责任主体,应当对本企业的安全生产承担主体责任,并对未履行安全生产主体责任导致的后果负责。企业主要负责人是安全生产的第一责任人,对落实本企业安全生产主体责任全面负责。

企业的安全生产主体责任主要体现在：安全责任到位、安全投入到位、安全培训到位、安全管理到位、应急救援到位。

机动车维修企业落实机动车维修质量主体责任，既是国家法律法规的基本要求，也是保障维修质量安全的重要举措。必须紧紧抓住企业这一根本，建立健全社会质量共治机制，重点发挥好企业的主力军作用和道路运输管理机构的作用，确保企业维修质量主体责任的落实。

从广义上讲，《机动车维修管理规定》(交通运输部令2016年第37号)对道路运输管理机构的服务也提出了要求，要求道路运输管理机构及时受理纠纷，积极组织调解，建立机动车维修企业诚信信息，并依法公开，供公众查阅。

二、机动车维修企业的类别及其经营范围

1. 机动车维修的概念

机动车维修是机动车维护、修理和维修救援的泛称，具体包括整车修理、总成修理、整车维护、小修、专项修理、维修救援和维修竣工检验等。

(1) 整车修理。整车修理是指用修理或更换汽车任何零部件(包括基础件)的方法，恢复机动车的完好技术状况和完全(或接近完全)恢复整车寿命的恢复性修理。

(2) 总成修理。总成修理是指为恢复汽车总成完好技术状况、工作能力和延长使用寿命而进行的作业。

(3) 整车维护。整车维护是指为维持汽车完好技术状况或工作能力而进行的作业。

(4) 小修。小修是指通过修理或更换个别零件，消除车辆在运行过程或维护过程中发生或发现的故障或隐患，恢复汽车工作能力的作业。

(5) 专项修理。专项修理是指用更换或修理个别零部件的方法，保证或恢复汽车某项工作能力所进行的专业化维护和修理。

(6) 维修救援。维修救援是新型业态，尚无规范的解释，从一般意义上说，就是机动车维修经营者对于中途抛锚车辆所实施的各种形式(可以包括技术咨询、车辆配件或消耗材料供应、现场维修、将车辆拖离抛锚地点送往维修企业)的救助作业。

(7) 维修竣工检验。维修竣工检验是指对于整车修理、总成修理、整车维护的车辆或者总成在维修竣工后，在维修企业或综合性能检测站内，采用不解体检测仪器设备对维修车辆进行的技术检验。

(8) 汽车维修连锁经营。汽车维修连锁经营服务，一般以一个技术力量及资金较为雄厚的企业作为后盾，在其自建及加盟的连锁维修点统一技术要求、服务水平等，较好地保证了维修质量，在车主中具有较高的信誉。汽车维修连锁经营作为一种新的汽车维修服务形式，在国际上得到了快速发展。我国的汽车维修连锁经营主要集中在汽车用品方面，如润滑油、汽车维护用品等生产企业，企业通过发展维修连锁经营，达到其产品的品牌发展战略计划。从汽车维修意义上看，这些连锁经营点从事的是多个专项维修的组合，仅是汽车维修企业的一种先进工作方式。

2. 机动车维修企业的类别及其经营范围

对机动车维修经营实施分类有利于引导机动车维修的专业化。现代意义上的汽车维修

已经延伸到各种机动车辆;机动车维修涵盖了汽车维修、摩托车维修,以及其他机动车维修。从人员选聘、设备配置、配件选购、资料收集上讲,难以想象一个企业能够胜任维修所有车辆的工作。倘若如此,也不利于企业的高效运转与资源节约。"综合"型的维修企业面临专业化与连锁经营模式的巨大挑战。专业化可以拉动企业向自己的特长方向发展,最大限度地发挥设备效能和技术潜力,减少配件储备,加速技工培养,提高工作效率,确保维修质量,实现社会的合理分工和资源的优化配置。为了满足不同车辆用户和不同作业项目的维修需求,并引导机动车维修向有利于实现现代化生产的专业化发展,《机动车维修管理规定》(交通运输部令2016年第37号)运用机动车维修的最新理念,规定对机动车维修经营实行分类。

1)机动车维修企业的类别

根据维修车型种类,将机动车维修经营业务分为四类,即汽车维修经营业务、危险货物运输车辆维修经营业务、摩托车维修经营业务和其他机动车维修经营业务。其中,汽车维修经营业务、其他机动车维修经营业务根据经营项目和服务能力各自分为三类,即分别为一类维修经营业务、二类维修经营业务和三类维修经营业务。摩托车维修经营业务根据经营项目和服务能力则分为两类,即一类维修经营业务和二类维修经营业务。

需要指出的是,这里所指的其他机动车是除汽车(含危险品运输车辆)、摩托车以外的机动车,主要包括装载机械、施工机械等进行工程专项作业的车辆,以及拖拉机等机动车。

机动车维修经营业务类别见表1-1。

机动车维修经营业务类别及其经营范围 表1-1

序号	机动车维修经营业务类别		经营范围	备注
1	汽车维修经营业务	一、二类维修经营业务	可以从事相应车型的整车修理、总成修理、整车维护、小修、维修救援、专项修理和维修竣工检验工作	也称汽车整车维修企业
		三类维修经营业务	可以分别从事汽车综合小修或者发动机维修、车身维修、电气系统维修、自动变速器维修、轮胎动平衡及修补、四轮定位检测调整、汽车润滑与养护、喷油泵和喷油器维修、曲轴修磨、汽缸镗磨、散热器维修、空调维修、汽车美容装潢、汽车玻璃安装及修复等汽车专项维修工作	也称汽车综合小修及专项维修业户
2	危险货物运输车辆维修经营业务		除可以从事危险货物运输车辆维修经营业务外,还可以从事一类汽车维修经营业务	危险货物运输车辆维修,是指对运输易燃、易爆、腐蚀、放射性、剧毒等性质货物的机动车维修,不包含对危险货物运输车辆罐体的维修

续上表

序号	机动车维修经营业务类别		经营范围	备注
3	摩托车维修经营业务	一类维修经营业务	可以从事摩托车整车修理、总成修理、整车维护、小修、专项修理和竣工检验工作	
		二类维修经营业务	可以从事摩托车维护、小修和专项修理工作	
4	其他机动车维修经营业务	一、二类维修经营业务	可以从事相应车型的整车修理、总成修理、整车维护、小修、维修救援、专项修理和维修竣工检验工作	其他机动车指的是除汽车(含危险品运输车辆)、摩托车以外的机动车,主要包括装载机械、施工机械等进行工程专项作业的车辆,以及拖拉机等机动车
		三类维修经营业务	可以分别从事车辆综合小修或者发动机维修、车身维修、电气系统维修、自动变速器维修、轮胎动平衡及修补、四轮定位检测调整、汽车润滑与养护、喷油泵和喷油器维修、曲轴修磨、汽缸镗磨、散热器维修、空调维修、车辆美容装潢、车辆玻璃安装及修复等专项维修工作	

注:1. 汽车整车维修企业:有能力对所维修车型的整车、各个总成及主要零部件进行各级维护、修理及更换,使汽车的技术状况和运行性能完全(或接近完全)恢复到原车的技术要求,并符合相应国家标准和行业标准规定的汽车维修企业。按规模大小分为一类汽车整车维修企业和二类汽车整车维修企业。

2. 汽车综合小修业户:从事汽车故障诊断和通过修理或更换个别零件,消除车辆在运行过程或维护过程中发生或发现的故障或隐患,恢复汽车工作能力的维修业户(三类)。

2) 机动车维修经营者的经营范围

《机动车维修管理规定》(交通运输部令2016年第37号)规定了不同类别的机动车维修经营者的经营范围,见表1-1。

需要说明的是,在功能上一类维修企业包容了二类维修企业,但在具体维修车型上,一、二类没有直接的包容关系,我们不能认为对某一具体车型一类维修企业维修能力就比二类维修企业维修能力强,也不能认为二类维修企业就比一类维修企业技术差。汽车综合小修及专项维修中也有总成修理,如发动机、车身、电气系统及自动变速器等的维修;一、二类维修企业可以从事与其许可车型相适应的三类专项修理作业;三类汽车维修经营者之间没有相互的包容关系,其规模不一定比一、二类维修企业规模小,其技术水平也不一定比一、二类维修企业差。

课题二 汽车维修业开业条件

为了使汽车维修市场建立良好的运行机制,提高汽车维修质量和维护汽车用户的合法权益,引导汽车维修企业走高起点、高质量和高效益的发展道路,国家对汽车维修业设置准入门槛,即国家标准《汽车维修业开业条件》(GB/T 16739.1~.2—2014),对汽车维修业开业条件做出了规定要求,是交通行政主管部门对汽车维修业开业审批和日常管理的依据。

国家标准《汽车维修业开业条件》(GB/T 16739.1~.2—2014),于 2015 年 1 月 1 日起实施,它由两项标准组成,标准号分别为:

《汽车维修业开业条件 第 1 部分:汽车整车维修企业》(GB/T 16739.1—2014);

《汽车维修业开业条件 第 2 部分:汽车综合小修及专项维修业户》(GB/T 16739.2—2014)。

另外,《机动车维修管理规定》(交通运输部令 2016 年第 37 号)对汽车维修业开业条件也提出了有关规定要求。

一、汽车整车维修企业的开业条件

开业条件是指进行各类汽车维修作业必须具备的人员、组织管理、安全生产、环境保护、设施和设备等条件。

国家标准《汽车维修业开业条件 第 1 部分:汽车整车维修企业》(GB/T 16739.1—2014)是交通主管部门对汽车整车维修企业(一、二类)开业审批和日常管理的依据。该标准规定,汽车整车维修企业必须具备的人员、组织管理、安全生产、环境保护、设施和设备等条件如下。

1. 人员条件

汽车整车维修企业(一、二类)应具有维修企业负责人、维修技术负责人、维修质量检验员、维修业务员、维修价格结算员、机修人员、电器维修人员、钣金(车身修复)人员和涂漆(车身涂装)人员。从业人员资格条件应符合《机动车维修从业人员从业资格条件》(GB/T 21338—2008)的规定,并取得行业主管部门及相关部门颁发的从业资格证书,持证上岗。

汽车整车维修企业(一、二类)人员结构及数量要求见表 1-2。

汽车整车维修企业(一、二类)人员构成及数量要求　　　　　　　　　　表 1-2

序号	人　员　构　成	数　量　(名)
1	企业负责人	1
2	技术负责人	1
3	质量检验员	至少配备 2 名
4	业务接待员	1
5	价格结算员	1
6	维修人员(机修、电器、钣金、涂漆等)	一类企业至少应各配备 2 人,二类企业应至少各配备 1 人
7	其他岗位从业人员(工种设置应覆盖维修业务中涉及的各专业)	一类企业应至少配备 1 人,不能兼职。二类企业允许一人二岗,可兼任一职

另外,从事燃气汽车维修的企业,至少应配备 1 名熟悉燃料供给系统专业技术的专职作业、检验人员,并经培训合格,持证上岗。

2. 组织管理条件

1)基本要求

应建立健全组织管理机构,设置经营、技术、业务、质量、配件、检验、档案、设备、生产和安全环保等管理部门并落实责任人;应建立完善的质量管理体系;应有现行有效的汽车维修相关的法律、法规、规章和标准等文件资料。

(1)应具有与汽车维修相关的法规等文件资料。汽车维修作为一种经济活动,其一切行为应遵守我国的法律和规章,才能保障我国汽车维修行业的健康发展。目前我国颁布的与汽车维修有关的法规等文件主要有以下几个,汽车维修企业应注意收集并学习了解。

①《中华人民共和国安全生产法》;
②《中华人民共和国消防法》;
③《中华人民共和国环境保护法》;
④《中华人民共和国消费者权益保护法》;
⑤《中华人民共和国合同法》;
⑥《中华人民共和国标准化法》;
⑦《中华人民共和国产品质量法》;
⑧《中华人民共和国计量法》;
⑨《中华人民共和国道路运输条例》;
⑩《机动车维修管理规定》;
⑪《促进汽车维修业转型升级　提升服务质量的指导意见》;
⑫《道路运输车辆技术管理规定》。

(2)应具有现行有效的汽车维修国家标准和行业标准以及相关技术标准。维修企业应该收集并掌握的标准,见本书绪论课题二。

2)经营管理

(1)应具有规范的业务工作流程,公开业务受理程序、服务承诺、用户抱怨受理程序等,并明示经营许可证、标志牌、配件价格、工时定额和价格标准等。维修企业具有规范的业务工作流程有利于工作的规范化、标准化,有利于提高企业的素质,改善企业在社会中的形象。麦当劳快餐在全球范围内获得巨大成功,其统一、规范的服务标准是其主要原因之一。维修企业应该从其成功经验中学习其精髓,促进自身的发展。维修企业明示业务受理程序、服务承诺、用户抱怨受理程序等,可以方便客户、提醒自身,并时刻接受来自客户的监督。

(2)应具有健全的经营管理体系,设置技术负责、业务受理、质量检验、文件资料管理、材料管理、仪器设备管理、价格结算等岗位并落实责任人。规范的业务工作流程需要有健全的经营管理体系来保障,这些管理实际上是企业质量管理体系的一部分。我国大部分企业的质量管理一直处于较低的水平。维修企业的管理工作要上台阶,应认真学习和研究先进的管理模式和方法,自觉向管理工作做得好的企业学习取经,探讨ISO 9000族标准在企业中的应用等。

(3)应建立并执行价格备案及公示、汽车维修合同、汽车维修费用结算清单、汽车维修记录、统计信息报送和安全生产管理等制度。

(4)应实现电子化管理。维修过程、配件管理、费用结算和维修档案等应实现电子化管理。

3)质量管理

(1)应建立并执行汽车维修质量承诺、进出厂登记、检验、竣工出厂合格证管理、汽车维修档案管理、标准和计量管理、设备管理、配件管理、文件资料有效控制和人员培训等制度。汽车维修档案应包括维修合同,进厂、过程、竣工检验记录,竣工出厂合格证存根,维修结算清单,材料清单等。这是行业管理的具体要求。

(2)应具有所维修车型的维修技术资料及工艺文件,确保完整有效并及时更新。目前我国汽车工业和汽车技术发展迅猛,车型日新月异,维修企业应确保及时更新所维修车型的维修技术资料,并保持其完整性。

(3)配件管理制度应规定配件采购、检查验收、库房管理、信息追溯、配件登记及台账、索赔等要求。

3. 安全生产条件

(1)安全管理制度。企业应具有与其维修作业内容相适应的安全管理制度,建立并实施安全生产责任制。安全管理制度包括安全生产和消防两大方面。要建立包括维修车间、停车场、库房、重要工位等的安全管理制度。

(2)安全保护措施。

①企业应具有与其维修作业内容相适应的安全保护措施。安全保护设施、消防设施等应符合有关规定。安全保护措施是执行安全管理制度的有效保障,只有措施到位,各种管理制度才能得到有效落实。因此,维修企业应根据本企业的实际情况,在安全生产和消防两大方面采取必要的安全保护措施,且安全保护、消防设施等符合有关规定。

②使用与存储有毒、易燃、易爆物品和粉尘、腐蚀剂、污染物、压力容器等,均应有相应的安全防护措施和设施。安全防护设施应有明显的警示、禁令标志。存储有毒、易燃、易爆物品和粉尘、腐蚀剂、污染物、压力容器等均存在较大的危险性,一旦发生不测,将造成巨大的危害,因此维修企业应予重点关注。

③生产厂房和停车场应符合安全、环保和消防等各项要求。这是企业安全生产最基本的要求。

(3)安全操作规程。

①企业应有各工种、各类机电设备的安全操作规程。安全操作规程是依据各工种、各类机电设备的特点制定的正确的操作方法。用操作规程来约束操作者的行为,使其操作规范化,减少了操作者操作的随意性。

②安全操作规程明示在相应的工位或设备处。安全、消防设施的设置地点应明示管理要求和操作规程。这是宣贯安全操作规程的有效方法,不但能指导操作者的行为,而且还能时刻提醒操作者,增强安全意识。

(4)安全生产事故应急预案。企业应制定安全生产事故应急预案,应急预案包括报告程序、应急指挥以及处置措施等内容,其目的是快速、有序、高效地控制紧急事件的发展,将事故损失减小到最低程度。

4. 环境保护条件

(1)环境保护管理制度。维修企业生产中产生的废油、废液、废气、废水(以下简称"四废")、废蓄电池、废轮胎、含石棉废料及有害垃圾等物质,会对环境产生较大的污染,企业应具有对这些有害物质集中收集、有效处理和保持环境整洁的环境保护管理制度。

(2)环境保护措施。维修企业对有害物质存储区域应界定清楚,必要时应有隔离、控制措施;作业环境以及按生产工艺配置的处理"四废"、采光、通风、吸尘、净化、消声等设施,均应符合环境保护的有关规定;涂漆车间应设有专用的废水排放及处理设施,采用干打磨工艺的,应有粉尘收集装置和除尘设备,应设有通风设备;调试车间或调试工位应设置汽车尾气收集净化装置。

5. 设施条件

(1)接待室(含客户休息室)。

①企业应设有接待室,一类企业的面积不小于$80m^2$,二类企业的面积不小于$20m^2$。

②接待室应整洁明亮,明示各类证、照、主修车型、作业项目、工时定额及单价等,并应有客户休息的设施。

(2)停车场。

①企业应有与承修车型、经营规模相适应的合法停车场地,并保证车辆行驶通畅。一类企业的面积不小于$200m^2$,二类企业的面积不小于$150m^2$。

②企业租赁的停车场地,应具有合法的书面合同书,且租赁期限不得少于1年。

③停车场地面平整坚实,区域界定标志明显。

(3)生产厂房及场地。

①生产厂房地面应平整坚实,面积应能满足维修设备的工位布置、生产工艺和正常作业,一类企业的面积不小于$800m^2$,二类企业的面积不小于$200m^2$。

②租赁的生产厂房应具有合法的书面合同书,且租赁期限不得小于1年。

③生产厂房内应设有总成维修间和预检工位。一类企业总成维修间面积不小于$30m^2$,二类企业总成维修间面积不小于$20m^2$,并设置总成维修所需的工作台、拆装工具、计量器具等。预检工位应有相应的故障诊断、检测设备。

④从事燃气汽车维修的企业,应有专用维修厂房,厂房应为永久性建筑,不得使用易燃建筑材料,面积应与生产规模相适应。厂房内通风良好,不得堆放可能危及安全的物品。厂房周围5m内不得有任何可能危及安全的设施。还应设有密封性检查、卸压操作的专用场地,可以设在室外;应远离火源,应明示防明火、防静电的标志。

表1-3为汽车整车维修企业的最低设施要求。

汽车整车维修企业的最低设施要求(单位:m^2)   表1-3

企业类别	接待室面积	停车场面积	生产厂房面积	总成维修间面积
一类	80	200	800	30
二类	20	150	200	20

6. 设备条件

(1)设备配备及要求。维修企业应配备与其所承修车型相适应的仪表工具、专用设备、检测设备和通用设备,其规格和数量应与其生产规模和生产工艺相适应。整车维修企业应配备的仪表工具、专用设备、检测设备和通用设备分别见表1-4~表1-7。允许外协的设备,应具有合法的合同书,并能证明其技术状况符合要求。从事营运车辆二级维护的企业,应配置满足《汽车维护、检测、诊断技术规范》(GB/T 18344—2001)规定的所有出厂检验项目的检测设备。各种设备应符合相应的产品技术条件等国家标准和行业标准的要求,技术状况良好。

单元一　汽车维修企业的开业与停业

汽车整车维修企业应配备的仪表工具　　　　　　　　　　　　　　　　表1-4

序号	设备名称	序号	设备名称
1	万用表	8	外径千分尺
2	汽缸压力表	9	内径千分尺
3	燃油压力表	10	量缸表
4	液压油压力表	11	游标卡尺
5	真空表	12	扭力扳手
6	空调检漏设备	13	气体压力及流量检测仪（针对燃气汽车维修企业）
7	轮胎气压表	14	便携式气体检漏仪（针对燃气汽车维修企业）

汽车整车维修企业应配备的专用设备　　　　　　　　　　　　　　　　表1-5

序号	设备名称	大中型客车	大型货车	小型车	附加说明
1	废油收集设备		√		
2	齿轮油加注设备		√		
3	液压油加注设备		√		
4	制动液更换加注器		√		
5	脂类加注器		√		
6	轮胎轮辋拆装设备		√		
7	轮胎螺母拆装机	√	√	—	
8	车轮动平衡机		√		
9	四轮定位仪	—	—	√	二类允许外协
10	四轮定位仪或转向轮定位仪	√	√	—	二类允许外协
11	制动鼓和制动盘维修设备	√	√	—	
12	汽车空调制冷剂回收净化加注设备		√		大货车允许外协
13	总成吊装设备或变速器等总成顶举设备		√		
14	汽车举升设备		√		一类应不少于5个，二类应不少于2个。汽车举升机或具有安全逃生通道的地沟
15	汽车故障电脑诊断仪		√		
16	制冷剂鉴别仪		√		
17	蓄电池检查、充电设备		√		
18	无损探伤设备	√	—		
19	车身清洗设备		√		
20	打磨抛光设备	√	—	√	
21	除尘除垢设备	√	—	√	
22	车身整形设备		√		
23	车身校正设备	—	—	√	二类允许外协

续上表

序号	设 备 名 称	大中型客车	大型货车	小型车	附 加 说 明
24	车架校正设备	√	√	—	二类允许外协
25	悬架试验台	—	—	√	允许外协
26	喷烤漆房及设备	√	—	√	大中型客车允许外协
27	喷油泵试验设备(针对柴油车)		√		允许外协
28	喷油器试验设备		√		
29	调漆设备			√	允许外协
30	自动变速器维修设备 (见 GB/T 16739.2—2014 中 5.5.4)			√	允许外协
31	氦气置换装置(针对燃气汽车维修企业)	√	√		
32	气瓶支架强度校验装置(针对燃气汽车维修企业)	√	√		允许外协

注:√——要求具备,———不要求具备。

汽车整车维修企业应配备的检测设备　　表 1-6

序号	设 备 名 称	附 加 说 明
1	尾气分析仪或不透光烟度计	
2	汽车前照灯检测设备	可用手动灯光仪或投影板检测
3	侧滑试验台	可用单板侧滑台
4	制动性能检验设备	可用制动力、制动距离、制动减速度的检验设备之一

汽车整车维修企业应配备的通用设备　　表 1-7

序号	设 备 名 称	序号	设 备 名 称
1	计算机	5	气体保护焊设备
2	砂轮机	6	压床
3	台钻(含台钳)	7	空气压缩机
4	电焊设备(大中型客车、大型货车维修)	8	抢修服务车

(2)计量器具及检测设备的定期检定。《中华人民共和国计量法》第九条规定:"县级以上人民政府计量行政部门对社会公用计量标准器具,部门和企业、事业单位使用的最高计量标准器具,以及用于贸易结算、安全防护、医疗卫生、环境监测方面的列入强制检定目录的工作计量器具,实行强制检定。未按照规定申请检定或者检定不合格的,不得使用……对前款规定以外的其他计量标准器具和工作计量器具,使用单位应当自行定期检定或者送其他计量检定机构检定,县级以上人民政府计量行政部门应当进行监督检查。"

①汽车维修检测设备的检定规程。汽车维修企业使用的计量器具和检测设备较多。对于汽车维修企业,无论是从执行国家法律角度,还是从保持仪器使用精度的角度来看,维修用的主要检测设备应进行定期检定。国家已制定的汽车维修检测设备的检定规程列举如下:

JJG(交通)007　汽车转向盘转向力—转向角检验仪检定规程；
JJG(交通)008　汽车制动踏板力计检定规程；
JJG(交通)009　四活塞联动式油耗仪检定规程；
JJG(交通)010　车轮动平衡机检定规程；
JJG(交通)011　就车式车轮动平衡机检定规程；
JJG(交通)012　汽车发动机曲轴箱窜气量测量仪检定规程；
JJG(交通)013　汽车发动机检测仪检定规程；
JJG688　汽车排放气体测试仪检定规程；
JJG745　汽车前照灯检测仪检定规程；
JJG847　滤纸式烟度计检定规程；
JJG865　汽车底盘测功机检定规程；
JJG906　滚筒反力式汽车制动检验台检定规程；
JJG907　汽车轴重动态检测仪检定规程；
JJG908　滑板式汽车侧滑检验台检定规程；
JJG909　滚筒式汽车车速表检验台检定规程。

②主要检测设备的型式认定。汽车维修检测设备是指汽车维护及修理作业设备、检测诊断设备、汽车综合性能检测站使用的设备。从市场调查和用户的反映意见来看，由于缺乏必要的管理指导和措施，一些产品存在较严重的产品缺陷和安全隐患。如：检测设备检测重复性差，不同产品检测数值没有可比性，检测结果缺乏公正性等。为提高汽车维修质量和检测诊断的准确性，保障车辆运行安全性、经济性和排放性能，通过实施有效的行业自律手段和规范管理，保障维修作业安全性、检测诊断结果的准确性和可比性，提高产品技术水平和质量水平，从硬件条件保障汽车维修与检测相关政策、制度措施的有效落实，促进汽车检测与维修行业的健康发展。因此，开业条件对维修企业涉及安全、环保的主要检测设备，规定了型式认定的要求。

(3)汽车举升机、喷烤漆房及设备等涉及安全的产品应通过交通产品认证。

二、汽车综合小修及专项维修业户的开业条件

国家标准《汽车维修业开业条件　第2部分：汽车综合小修及专项维修业户》(GB/T 16739.2—2014)是交通主管部门对汽车专项维修业户开业审批和日常管理的依据。

汽车综合小修及专项维修业户应具备的通用条件，及其经营范围、人员、设施、设备等条件如下。

1. 通用条件

(1)从事综合小修或专项维修关键岗位的从业人员数量应能满足生产的需要，从业人员资格条件应符合《机动车维修从业人员从业资格条件》(GB/T 21338—2008)的规定，并取得行业主管及相关部门颁发的从业资格证书，持证上岗。

(2)应具有相关的法规、标准、规章等文件以及相关的维修技术资料和工艺文件等，并确保完整有效、及时更新。

(3)应具有规范的业务工作流程，公开业务受理程序、服务承诺、用户抱怨受理程序等，

并明示各类证、照、作业项目及计费工时定额等。

（4）生产厂房的面积、结构及设施应满足专项维修作业设备的工位布置、生产工艺和正常作业要求。停车场地界定标志明显，不得占用道路和公共场所进行作业和停车，地面应平整坚实，面积应不小于 $30m^2$。租赁的生产厂房、停车场地应具有合法的书面合同书，且租赁期限不得少于1年。应符合安全生产、环保和消防等各项要求。

（5）配备的设备应与其生产作业规模及生产工艺相适应，其技术状况应完好，符合相应的产品技术条件等国家标准或行业标准的要求，并能满足加工、检测精度的要求和使用要求。检测设备及量具应按规定经有资质的计量检定机构检定合格。

（6）应配备安全生产管理人员，熟知国家安全生产法律法规，并具有汽车维修安全生产作业知识和安全生产管理能力。应有所需工种和所配机电设备的安全操作规程，并将安全操作规程明示在相应的工位或设备处。

（7）使用、存储有毒、易燃、易爆物品，粉尘、腐蚀剂、污染物、压力容器等均应有安全防护措施和设施。作业环境以及按生产工艺安装、配置的处理"四废"、采光、通风、吸尘、净化、消声等设施，均应符合环境保护的有关规定。

2. 人员条件

汽车综合小修及专项维修业户（三类）人员构成及数量要求见表1-8。

表1-8 汽车综合小修及专项维修业户（三类）人员构成及数量要求

业户 人员（个）	汽车综合小修	发动机维修	车身维修	电气系统维修	自动变速器维修	轮胎动平衡及修补	四轮定位检测调整	汽车润滑与养护	喷油泵和喷油器维修	曲轴修磨	汽缸镗磨	散热器维修	空调维修	汽车美容装潢	汽车玻璃安装及修复
企业负责人	1	1	1	1	1										
技术负责人	1	1	1	1	1										
质量检验	1	2	1	1	1										
主修	2														
发动机主修		2													
车身主修			2												
涂漆			2												
电子电器主修				2											
自动变速器专业主修					2										
轮胎维修						1									
汽车维修							1	1							
高压油泵维修									1						
曲轴修磨										1					
汽缸镗磨											1				

续上表

人员(个) \ 业户	汽车综合小修	发动机维修	车身维修	电气系统维修	自动变速器维修	轮胎动平衡及修补	四轮定位检测调整	汽车润滑与养护	喷油泵和喷油器维修	曲轴修磨	汽缸镗磨	散热器维修	空调维修	汽车美容装潢	汽车玻璃安装及修复
散热器维修												1			
汽车空调维修													1		
维修														1	1
车身清洁														2	

注:上表为最低要求人数,关键岗位的实际人员数量应能满足生产的需要。

3. 组织管理

(1)汽车综合小修及专项维修业户应具有健全的经营管理体系,设置必要的岗位并落实责任人。

(2)汽车综合小修及专项维修业户应具有汽车维修质量承诺、进出厂登记、检验记录及技术档案管理、标准和计量管理、设备管理、人员技术培训等制度并严格实施。

(3)维修过程、配件管理、费用结算、维修档案等应实现电子化管理。

4. 设施条件

汽车综合小修及专项维修业户设施条件主要指接待室、生产厂房及停车场,表1-9为汽车综合小修及专项维修业户的最低设施要求。

汽车综合小修及专项维修业户(三类)的最低设施要求(单位:m²)　　表1-9

业户 \ 设施	接待室面积	生产厂房面积	停车场面积
汽车综合小修	10	100	30
发动机维修	20	100	30
车身维修	20	120	30
电气系统维修	20	120	30
自动变速器维修	20	200	30
轮胎动平衡及修补	—	15	30
四轮定位检测调整	—	40	30
汽车润滑与养护	20	40	30
喷油泵、喷油器维修	—	30	30
曲轴修磨	—	60	30
汽缸镗磨	—	60	30
散热器维修	—	30	30

续上表

业户 \ 设施	接待室面积	生产厂房面积	停车场面积
空调维修	—	40	30
汽车美容装潢	—	40	30
汽车玻璃安装及修复	—	30	30

5. 设备条件

（1）汽车综合小修业户的设备条件。汽车综合小修业户应配备的主要设备见表1-10。

汽车综合小修业户应配备的主要设备　　　　　表1-10

序号	设备名称	序号	设备名称
1	压床	14	车轮动平衡机
2	空气压缩机	15	汽车空调制冷剂回收净化加注设备
3	汽车故障电脑诊断仪	16	空调专用检测设备
4	温度计、湿度计	17	空调专用检漏设备
5	万用表	18	不解体油路清洗设备；
6	汽缸压力表	19	举升设备或地沟
7	真空表	20	废油收集设备
8	燃油压力表	21	齿轮油加注设备
9	尾气分析仪或不透光烟度计	22	液压油加注设备
10	轮胎漏气试验设备	23	制动液更换加注器
11	轮胎气压表	24	脂类加注器
12	千斤顶	25	汽车前照灯检测设备（可用手动灯光仪或投影板检测）
13	轮胎轮辋拆装、除锈设备或专用工具	26	制动减速度检验等制动性能检验设备

（2）发动机维修业户的设备条件。发动机维修业户应配备的主要设备见表1-11。

发动机维修业户应配备的主要设备　　　　　表1-11

序号	设备名称	序号	设备名称
1	压床	13	汽油喷油器清洗及流量测量仪
2	空气压缩机	14	燃油压力表
3	发动机解体清洗设备	15	喷油泵试验设备（允许外协）
4	发动机等总成吊装设备	16	喷油器试验设备（允许外协）
5	发动机翻转设备	17	连杆校正器
6	发动机诊断仪	18	无损探伤设备
7	废油收集设备	19	立式精镗床
8	万用表	20	立式珩磨机
9	汽缸压力表	21	曲轴磨床
10	真空表	22	曲轴校正设备
11	量缸表	23	凸轮轴磨床
12	正时仪	24	曲轴、飞轮与离合器总成动平衡机

(3) 车身维修业户的设备条件。车身维修业户应配备的主要设备见表1-12。

车身维修业户应配备的主要设备　　　　　　　表1-12

序号	设备名称	序号	设备名称
1	电焊及气体保护焊设备	11	车架校正设备
2	切割设备	12	车身尺寸测量设备
3	压床	13	喷烤漆房及设备
4	空气压缩机	14	调漆设备
5	汽车外部清洗设备	15	砂轮机和角磨机
6	打磨抛光设备	16	举升设备
7	除尘除垢设备	17	除锈设备
8	型材切割机	18	吸尘、采光、通风设备
9	车身整形设备	19	洗枪设备或溶剂收集设备
10	车身校正设备		

(4) 电气系统维修业户的设备条件。电气系统维修业户应配备的主要设备见表1-13。

电气系统维修业户应配备的主要设备　　　　　　　表1-13

序号	设备名称	序号	设备名称
1	空气压缩机	6	高频放电叉
2	汽车故障电脑诊断仪	7	汽车前照灯检测设备
3	万用表	8	电路检测设备
4	充电机	9	蓄电池检测、充电设备
5	电解液密度计		

(5) 自动变速器维修业户的设备条件。自动变速器维修业户应配备的主要设备见表1-14。

自动变速器维修业户应配备的主要设备　　　　　　　表1-14

序号	设备名称	序号	设备名称
1	自动变速器翻转设备	9	油路总成测试机
2	自动变速器拆卸设备	10	液压油压力表
3	变矩器维修设备	11	自动变速器总成测试机
4	变矩器切割设备	12	自动变速器专用测量器具
5	变矩器焊接设备	13	空气压缩机
6	变矩器检测(漏)设备	14	万用表
7	零件清洗设备	15	废油收集设备
8	电控变速器测试仪		

(6) 轮胎动平衡及修补业户的设备条件。轮胎动平衡及修补业户应配备的主要设备见表1-15。

轮胎动平衡及修补业户应配备的主要设备　　　　　表 1-15

序号	设备名称	序号	设备名称
1	空气压缩机	5	轮胎螺母拆装机或专用拆装工具
2	漏气试验设备	6	轮胎轮辋拆装、除锈设备或专用工具
3	轮胎气压表	7	轮胎修补设备
4	千斤顶	8	车轮动平衡机

（7）四轮定位检测调整业户的设备条件。四轮定位检测调整业户应配备的主要设备见表 1-16。

四轮定位检测调整业户应配备的主要设备　　　　　表 1-16

序号	设备名称	序号	设备名称
1	举升设备	3	空气压缩机
2	四轮定位仪	4	轮胎气压表

（8）汽车润滑与养护业户的设备条件。汽车润滑与养护业户应配备的主要设备见表 1-17。

汽车润滑与养护业户应配备的主要设备　　　　　表 1-17

序号	设备名称	序号	设备名称
1	不解体油路清洗设备	5	制动液更换加注器
2	废油收集设备	6	脂类加注器
3	齿轮油加注设备	7	举升设备或地沟
4	液压油加注设备	8	空气压缩机

（9）喷油泵、喷油器维修业户的设备条件。喷油泵、喷油器维修业户应配备的主要设备见表 1-18。

喷油泵、喷油器维修业户应配备的主要设备　　　　　表 1-18

序号	设备名称	序号	设备名称
1	喷油泵、喷油器清洗和试验设备	6	电控喷油泵、喷油器检测台
2	喷油泵、喷油器密封性试验设备	7	电控喷油泵、喷油器专用拆装工具
3	弹簧试验仪	8	电控柴油机故障诊断仪
4	千分尺	9	超声波清洗仪
5	塞尺	10	专用工作台

注：表中 6～10 项设备为从事电控喷油泵、喷油器维修应附加配备的设备。

（10）曲轴修磨业户的设备条件。曲轴修磨业户应配备的主要设备见表 1-19。

曲轴修磨业户应配备的主要设备　　　　　表 1-19

序号	设备名称	序号	设备名称
1	曲轴磨床	6	百分表及磁力表座
2	曲轴校正设备	7	外径千分尺
3	曲轴动平衡设备	8	无损探伤设备
4	平板	9	吊装设备
5	V 形块		

（11）汽缸镗磨业户的设备条件。汽缸镗磨业户应配备的主要设备见表 1-20。

汽缸镗磨业户应配备的主要设备　　　　　　　　　　　　表1-20

序号	设备名称	序号	设备名称
1	立式精镗床	6	量缸表
2	立式珩磨机	7	外径千分尺
3	压床	8	塞尺
4	吊装起重设备	9	激光淬火设备（从事激光淬火必备）
5	汽缸体水压试验设备	10	平板

（12）散热器维修业户的设备条件。散热器维修业户应配备的主要设备见表1-21。

散热器维修业户应配备的主要设备　　　　　　　　　　　　表1-21

序号	设备名称	序号	设备名称
1	清洗及管道疏通设备	4	空气压缩机
2	气焊设备	5	喷漆设备
3	钎焊设备	6	散热器密封试验设备

（13）空调维修业户的设备条件。空调维修业户应配备的主要设备见表1-22。

空调维修业户应配备的主要设备表　　　　　　　　　　　　表1-22

序号	设备名称	序号	设备名称
1	空调电器检测设备	5	空调检漏设备
2	空调专用检测设备	6	数字式温度计
3	万用表	7	汽车故障电脑诊断仪
4	制冷剂鉴别设备		

（14）汽车美容装潢业户的设备条件。汽车美容装潢业户应配备的主要设备见表1-23。

汽车美容装潢业户应配备的主要设备　　　　　　　　　　　　表1-23

序号	设备名称	序号	设备名称
1	汽车外部清洗设备	4	打蜡设备
2	吸尘设备	5	抛光设备
3	除尘、除垢设备	6	贴膜专业工具

（15）汽车玻璃安装及修复业户的设备条件。汽车玻璃安装及修复业户应配备的主要设备见表1-24。

汽车玻璃安装及修复业户应配备的主要设备　　　　　　　　　　　　表1-24

序号	设备名称	序号	设备名称
1	工作台	5	直尺、弯尺
2	玻璃切割工具	6	玻璃拆装工具
3	注胶工具	7	吸尘器
4	玻璃固定工具		

三、关于《汽车维修业开业条件》的地方标准

国家标准《汽车维修业开业条件》(GB/T 16739.1~.2—2014)规定的条件，是必须具备

的最起码的条件,而不是全部条件。由于我国地域辽阔,东西部经济社会发展速度又不平衡,国家标准尽力兼顾了各地区的差异。在发达地区,科技含量较高的汽车越来越普及,为了满足客户的要求,汽车维修企业纷纷加大投资和技术改造,不断提高企业的技术水平和管理能力,使之进一步适应经济社会发展的需要。

随着汽车质量的提高,零件价格开始降低和维修人员费用的相对提高,汽车维修的理念和方法在不断地发生变化,从以零件修复为主转变到以零件更换为主。因此,从实情出发,很多厂家已不愿意购买那些用处不大的零件加工修复设备,更感兴趣的是购买一些高科技的故障诊断仪器设备,如解码仪、故障诊断仪和示波器等。许多地方的汽车维修行业管理部门大都注意到了上述变化,为了提高汽车维修企业的科技含量和维修质量,从地方实际出发,制定了开业条件的地方标准。

综上所述,对于经济较发达的地区,可以根据当地的实际情况,进一步提高汽车维修业的开业条件,引导汽车维修企业走专业化、连锁经营的发展道路。已经颁布了《汽车维修业开业条件》的地方标准的地区,由于地方标准都高于国家标准,在开业审批时,应按地方标准进行审核。

课题三　汽车维修企业的开、停业审批程序

为了加强汽车维修质量管理和规范经营,《中华人民共和国道路运输条例》《机动车维修管理规定》(交通运输部令 2016 年第 37 号)规定,凡申请从事汽车维修经营的,必须经过审批,并实施分类许可制度,对达到了相应类别标准的维修企业发给《道路运输经营许可证》,并办理好有关手续后,方可经营。只有凭证经营才受到法律的保护,否则被视为无证经营,是非法的。

一、汽车维修企业和经营业户筹建、立项程序

(1)县级道路运输管理机构受理筹建汽车维修企业和经营业户的筹建立项申请,市辖区不设道路运输管理机构的,由市道路运输管理机构受理。

(2)县级道路运输管理机构在受理筹建立项申请时,申请人应提交的材料:

①《交通行政许可申请书》及营业执照。

②经营场地(含生产厂房和业务接待室)、停车场面积材料、土地使用权及产权证明复印件。

③技术人员汇总表,以及各相关人员的学历、技术职称或职业资格证明等文件原件和复印件。

④维修检测设备、计量设备明细表及来源证明(发票或租赁协议),以及设备检定合格证明原件和复印件。

⑤按照申请的经营类别,提供开业条件规定的相应的其他相关材料。

(3)道路运输管理机构自受理申请之日起,在 15 日内作出许可或者不予许可的决定。

(4)道路运输管理机构审批筹建立项申请的原则是该项申请是否符合本县或本地区汽车维修行业发展规划,是否符合社会需要和开业条件。

二、汽车维修企业和经营业户开业审批程序

申请从事汽车维修经营的,开业审批程序如下。

(1)向所在地的县级道路运输管理机构提出申请,并提交下列材料:

①提供《交通行政许可申请书》、有关维修经营申请者的营业执照原件和复印件。

②有相应的汽车维修经营场地。提供经营场地(含生产厂房和业务接待室)、停车场面积材料、土地使用权及产权证明原件和复印件。

③厂址方位图、作业工间布置图并注明主要尺寸。

④有必要的技术人员和管理人员。提供技术人员汇总表,以及各相关人员的学历、技术职称或职业资格证明等文件原件和复印件。

⑤有必要的设备、设施。提供维修检测设备及计量设备检定合格证明原件和复印件。

⑥有健全的维修管理制度。包括质量管理制度、安全生产管理制度、车辆维修档案管理制度、人员培训制度、设备管理制度及配件管理制度。

⑦有必要的环境保护措施。如处理"四废"、采光、通风、吸尘、净化、消声等设施,废水排放及处理设施,粉尘收集装置和除尘设备,通风设备,汽车尾气收集净化装置等。

⑧申请从事危险货物运输车辆维修的,除具备汽车维修经营一类维修经营业务的开业条件外,还应有与其作业内容相适应的专用维修车间和设备、设施,并设置明显的指示性标志;有完善的突发事件应急预案,应急预案包括报告程序、应急指挥以及处置措施等内容;有相应的安全管理人员;有齐全的安全操作规程。

(2)受理开业申请的县级道路运输管理机构在接到开业申请后,应对申请材料进行审核,申请材料齐全、符合要求的,道路运输管理机构出具书面受理凭证,正式予以受理。对申请材料不齐全、不符合要求的,道路运输管理机构必须当场或5日内一次性告知申请人需要补齐的全部内容。

(3)道路运输管理机构在自受理申请之日起15日内对申请人的申请作出许可或者不予许可的决定。期间,道路运输管理机构按开业条件的要求,一是审核申请材料,二是指派2名以上工作人员进行现场踏勘审核。根据审核结果作出是否予以许可决定。对符合法定条件的,予以许可,向申请人出具《交通行政许可决定书》,并在作出许可决定的10日内向被许可人颁发《道路运输经营许可证》,明确许可事项;同时向被许可人提供统一的机动车维修企业标志牌式样(见附件1-1)。

不符合法定条件的,道路运输管理机构作出不予许可的决定,向申请人出具《不予交通行政许可决定书》,说明理由,并告知申请人享有依法申请行政复议或者提起行政诉讼的权利。

(4)申请人凭道路运输管理机构颁发的《道路运输经营许可证》和营业执照到税务部门办理税务登记手续。

申请人办妥上述手续后,即可开业经营。

附件1-1:机动车维修标志牌式样

1. "一、二类汽车及其他机动车维修企业标志牌"式样

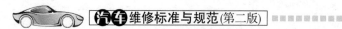

$$
\begin{aligned}
&\text{No.}×××××× \\
&\text{经营项目} \quad (B) \\
&\text{许可部门} \quad ×××××× \\
&\text{监督电话} \quad ×××××××× \\
&\qquad ××××× \quad \text{监制}
\end{aligned}
$$

注:1.外轮廓尺寸为750mm×500mm×25mm;"汽车维修企业"用55mm×40mm长黑体;蓝色徽标直径为85mm;No.××××××用高20mm黑体;"经营项目、许可部门、监督电话"用32mm×27mm长黑体;材质:铜牌材。

2. A处根据许可项目,分别填写一类或二类。

3. B处根据许可项目,分别填写大中型客车、大中型货车或者小型车辆维修。危险品运输车辆维修企业,还应增加危险品运输车辆维修。用23mm×30mm扁体。

2. "专项(三类)汽车及其他机动车维修企业标志牌"式样

$$
\begin{aligned}
&\text{No.}×××××× \\
&\text{经营项目} \quad (A) \\
&\text{许可部门} \quad ×××××× \\
&\text{监督电话} \quad ×××××××× \\
&\qquad ××××× \quad \text{监制}
\end{aligned}
$$

注:1.外轮廓尺寸为750mm×500mm×25mm;"专项(三类)汽车维修企业(业户)"用55mm×40mm长黑体;蓝色徽标直径为85mm;No.××××××用高20mm黑体;"经营项目、许可部门、监督电话"用32mm×27mm长黑体;材质:铜牌材。

2. A处根据许可项目,分别填写汽车综合小修或者发动机维修、车身维修、电气系统维修、自动变速器维修、轮胎动平衡及修补、四轮定位检测调整、汽车润滑与养护、喷油泵和喷油器维修、曲轴修磨、汽缸镗磨、散热器维修、空调维修、汽车美容装潢、汽车玻璃安装及修复等。用23mm×30mm扁黑体。

三、机动车维修连锁经营服务网点的申请

申请机动车维修连锁经营服务网点的,可由机动车维修连锁经营企业总部向连锁经营服务网点所在地县级道路运输管理机构提出申请,提交下列材料,并对材料真实性承担相应的法律责任:

(1)机动车维修连锁经营企业总部机动车维修经营许可证件复印件。

(2)连锁经营协议书副本。

(3)连锁经营的作业标准和管理手册。
(4)连锁经营服务网点符合机动车维修经营相应开业条件的承诺书。

道路运输管理机构在查验申请资料齐全有效后,应当场或在5日内予以许可,并发给相应许可证件。连锁经营服务网点的经营许可项目应当在机动车维修连锁经营企业总部许可项目的范围内。

四、中外合资、中外合作、独资形式汽车维修企业开业审批程序

《机动车维修管理规定》(交通运输部令2016年第37号)第五十五条规定:"外商在中华人民共和国境内申请中外合资、中外合作、独资形式投资机动车维修经营的,应同时遵守《外商投资道路运输业管理规定》及相关法律、法规的规定。"

1. 审批依据

《中华人民共和国道路运输条例》第七十九条规定:"外商可以依照有关法律、行政法规和国家有关规定,在中华人民共和国境内采用中外合资、中外合作、独资形式投资有关道路运输经营以及道路运输相关业务。"

2. 承办机构

根据交通部、对外贸易经济合作部〔2001〕9号令,外商投资道路运输业管理规定第四条规定:"外商投资道路运输业的立项及相关事项应当经国务院交通主管部门批准。"

3. 受理条件

外商投资道路运输业应当符合国务院交通主管部门制定的道路运输发展政策和企业自治条件,并符合拟设立外商投资道路运输企业所在地的交通主管部门制定的道路运输发展规划的要求。投资各方以自由资产投资并具有良好的信誉。

4. 办理程序

根据交通部、对外贸易经济合作部〔2001〕9号令第九条规定,交通主管部门按下列程序对外商投资道路运输业立项和变更申请进行审核和审批:

(1)市级交通主管部门自收到申请材料之日起15个工作日内,依据本规定提出初审意见,并将初审意见和申请材料报省级交通主管部门。

(2)省级交通主管部门自收到上报申请材料之日起15个工作日内,依据本规定提出审核意见,并将审核意见和申请材料报国务院交通主管部门审批。

(3)国务院交通主管部门自收到前项材料之日起30个工作日内,对申请材料进行审核。符合规定颁发立项批件或者变更批件;不符合规定的退回申请,书面通知申请人并说明理由。

五、汽车维修企业和经营业户变更申请、审批程序

1. 汽车维修企业或经营业户异动变更

(1)名称变更。

①因合并、分立、联营或隶属关系等改变时,由经营者提交上级主管部门的批文或有关的联营协议等。

②因住所或营业场所变动,由经营者说明变动原因,提交有关文件。

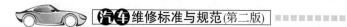

③因扩大或缩小经营范围,应要求经营者提交原经营情况。

(2)经营权的变更。

①转让或出售企业的汽车维修经营者,出让方按歇业程序办理,受让方持转让证明,根据具体情况分别按"名称变更"、"经营范围变更"等程序办理。

②向非经营者转让或出售企业的汽车维修经营者,出卖方按歇业、停业程序办理手续,受让方按开业程序办理手续。

(3)租赁或承包经营权的变更。

个人租赁或承包经营者及因财产纠纷抵押等,引发产权和经营权的变更,由租赁或承包者持租赁或承包抵押协议书到企业所在地道路运输管理机构备案。道路运输管理机构对于经营者的变更应认真审查,重新核定其经营范围、经济性质,确定税费缴纳方式和管理办法。

2. 经营范围的变更

汽车维修企业或经营业户因故变更其经营范围的,由原批准开业的机构受理。汽车维修经营范围的变更主要是同类变更,属于扩大经营范围的企业按开业条件程序办理,属于缩小经营范围的企业应由经营者填报变更表。经审核同意的,换发经营证件,必要时向社会通告。

3. 汽车维修企业和经营业户终止经营(停业)审批程序

机动车维修经营者因各种原因需要终止经营的,应在终止经营前30日告知做出原许可决定的道路运输管理机构办理注销手续,收缴许可证件。

停业者应做好在修车辆的善后处理工作,同时负责清理债权债务,并向工商行政管理机关申请办理注销手续,缴销营业执照,撤销银行账户。到国家税务机关按规定办理有关税务事项。

六、机动车维修经营的有关规定

(1)机动车维修经营许可证件实行有效期制。从事一、二类汽车维修业务的证件有效期为6年;从事三类汽车维修业务及其他机动车维修业务的证件有效期为3年。

机动车维修经营许可证件由各省、自治区、直辖市道路运输管理机构统一印制并编号,县级道路运输管理机构按照规定发放和管理。机动车维修经营者应当在许可证件有效期届满前30日到作出原许可决定的道路运输管理机构办理换证手续。

(2)机动车维修经营者应当按照经批准的行政许可事项开展维修服务。

(3)机动车维修经营者应当将机动车维修经营许可证件和《机动车维修标志牌》(参见附件1-1)悬挂在经营场所的醒目位置。

《机动车维修标志牌》由机动车维修经营者按照统一式样和要求自行制作。

(4)机动车维修经营者应当公布机动车维修工时定额和收费标准,合理收取费用。

(5)机动车维修经营者应当使用规定的结算票据,并向托修方交付维修结算清单。机动车维修经营者不出具规定的结算票据和结算清单的,托修方有权拒绝支付费用。

(6)机动车维修实行竣工出厂质量保证期制度。汽车和危险货物运输车辆整车修理或总成修理质量保证期为车辆行驶20000km或者100日;二级维护质量保证期为车辆行驶

5000km 或者 30 日；一级维护、小修及专项修理质量保证期为车辆行驶 2000km 或者 10 日。

质量保证期中行驶里程和日期指标，以先达到者为准。机动车维修质量保证期，从维修竣工出厂之日起计算。

（7）机动车维修经营者应当公示承诺的机动车维修质量保证期。

（8）发生机动车维修质量纠纷时，双方当事人均有保护当事车辆原始状态的义务。必要时可拆检车辆有关部位，但双方当事人应同时在场，共同认可拆检情况。

单元二
汽车维修工时定额与收费

 知识目标

1. 掌握汽车维修工时定额的概念；
2. 熟悉制定汽车维修工时定额和收费标准的意义；
3. 掌握汽车维修工时定额的种类；
4. 熟悉制定汽车维修工时定额的原则与要求；
5. 熟悉汽车维修工时定额的制定方法；
6. 熟练掌握执行汽车维修工时定额与收费标准的方法；
7. 熟悉汽车维修收费方式；
8. 掌握汽车维修费用的构成；
9. 掌握汽车维修工时费、材料费的计算；
10. 掌握汽车维修费用的合理收取；
11. 熟悉汽车维修费用结算的常用单据。

 技能目标

1. 会制定汽车维修工时定额；
2. 会正确计算汽车维修费用。

课题一 汽车维修工时定额与收费标准

汽车维修收费一直是社会关注的热点问题，也是市场竞争的一个主要方面。规范汽车维修价格行为是行业诚信建设的一个主要环节，也是保护广大消费者和经营者的合法权益，促进汽车维修行业健康发展的重要内容。

《机动车维修管理规定》(交通运输部令2016年第37号)第二十六条对机动车维修经营收费作出了明确规定：机动车维修经营者应当公布机动车维修工时定额和收费标准，合理收取费用。机动车维修工时定额可按各省机动车维修协会等行业中介组织统一制定的标准执行，也可按机动车维修经营者报所在地道路运输管理机构备案后的标准执行，也可按机动车生产厂家公布的标准执行。当上述标准不一致时，优先适用机动车维修经营者备案的标准。机动车维修经营者应当将其执行的机动车维修工时单价标准报所在地道路运输管理机构备案。

上述规定,一是明确了机动车维修经营收费的基本原则,也就是公布机动车维修工时定额和收费标准,合理收取费用,以切实维护机动车维修各方当事人的合法权益。二是提出了执行工时定额的方法,考虑到各地经济发展水平、劳动力价格、消费指数不同,没有对机动车维修工时定额作出硬性规定,而是按照国家有关规定提供了三种方式。

一、制定汽车维修工时定额与收费标准的意义

1. 制定汽车维修工时定额的意义

所谓定额,就是人们根据各种不同的需要,对某一事物所规定的数量标准。

在汽车维修作业中,定额就是在一定的作业条件下,利用科学的方法制定出来的完成质量合格的单位作业量,所需要消耗的人力、物力、机械台班或资金的数量标准。汽车维修工时定额是指汽车维修诸多技术经济定额中的一种,是在一定生产技术条件下进行维修作业所消耗的劳动时间标准(它是劳动定额主要表现形式中的一种以时间表现形式,通常称工时定额),它不是具体的作业时间,而是一个劳动时间标准。它是管理部门考核企业经营水平和管理水平的主要标志之一,也是制定汽车维修价格的依据。因此,制定先进合理的工时定额有着重要的意义。

2. 制定汽车维修收费标准的意义

制定汽车维修的收费标准是直接关系到维修业户的经济效益和广大用户的利益,也是汽车维修市场最敏感的问题。为便于汽车维修行业管理,使维修业户有一个平等竞争的环境,维修协会等行业中介组织、机动车维修经营者及机动车生产厂家必须制定合理的收费标准,杜绝汽车维修行业长期存在的乱收费、收受回扣等不正当的经营行为,以促进汽车维修行业的健康发展。

二、汽车维修工时定额的种类

汽车维修工时定额按汽车维修类别和作业项目以及汽车的不同类型分别制定。汽车维修工时定额的类型包括汽车大修工时定额、汽车总成大修工时定额、汽车维护工时定额、汽车小修工时定额、汽车专项作业工时定额及汽车检测工时定额。

(1)汽车大修工时定额。汽车大修工时定额是指大修一辆汽车所需全部工时的限额。它是考核汽车维修企业进行汽车大修作业的技术水平和管理水平的重要指标。汽车大修工时定额应包括整车、各总成的拆卸、修理、装配、调试和整车总装、调试、检测、验收等作业的工时。汽车大修工时定额应分别按车辆类别、车辆型号,并参考车辆厂牌制定。

(2)汽车总成大修工时定额。汽车总成大修工时定额是指汽车某一总成大修时所需全部工时的限额。总成大修工时定额应包括总成解体、零部件修理或更换、装配、调试、检验等作业工时。总成大修工时定额应分别按车辆类别、车辆型号,并参考车辆厂牌的总成制定。

(3)汽车维护工时定额。汽车维护工时定额是指汽车进行某级维护时所需全部工时的限额。汽车维护工时定额应分别按车辆类别、车辆型号,并参考车辆厂牌的维护级别制定。

(4)汽车小修工时定额。汽车小修工时定额是指对汽车进行每项小修作业所需要的工时限额。汽车小修工时定额分别按车辆类别、车辆型号,并参考车辆厂牌的每项具体作业

制定。

(5)汽车专项作业工时定额。汽车专项作业工时定额是指发动机维修、车身维修、电气系统维修、自动变速器维修、轮胎动平衡及修补、四轮定位检测调整、汽车润滑与养护、喷油泵和喷油器维修、曲轴修磨、汽缸镗磨、散热器维修、空调维修、汽车美容装潢、汽车玻璃安装及修复等汽车专项作业所需的工时限额,按不同的作业项目分别制定。

(6)汽车检测工时定额。汽车检测工时定额是指汽车进行检测作业时所需的工时限额。

三、汽车维修工时定额的制定方法

1. 制定汽车维修工时定额的原则和要求

(1)要求定额内水平相对先进合理。制定工时定额,要从行业管理和汽车维修企业的生产管理水平以及设备、材料、配件条件、职工的平均技术水平出发,并考虑行业发展、企业挖潜、革新、改造的前景,经过综合平衡,按行业平均先进水平划定。这个水平就是在现实情况下,各维修企业经过认真努力,绝大多数维修企业都能在短期内达到的定额水平。

(2)要求不同车型之间、不同工种之间的定额水平保持相对平衡,并使其定额的实现水平和超额比例大体接近,避免相差悬殊,宽严要求不等,以保证各类维修业户的接受,能正确评价其技术水平和管理水平。

(3)在制定工时定额时,必须实行专家和群众相结合的原则。各有关单位和部门除组织有经验的专家进行充分研究论证外,还必须组织广大维修企业的管理人员、操作人员反复听取各方面的意见,再进一步的去验证,使工时定额更接近实际。

(4)在制定工时定额时,既要强调统一性,也要注意特殊性。即在同一条件下作业的就应采取统一的定额,而作业条件不同的应加以区别。

2. 汽车维修工时定额的制定方法

工时定额的制定方法一般有经验估计(估工)法、统计分析法、比较类推法(典型推算法)、技术测定法、幅度控制法。

(1)经验估计(估工)法。这是由定额管理人员、技术人员、有经验的维修技术工人组成估工小组,共同根据他们对修理作业的实践经验、参照有关技术文件和实物,并考虑设备和生产条件,直接估算定额的方法。此法具有简单易行,省、快等特点。缺点是技术依据不充分,对组成定额的各种因素缺乏仔细的分析和计算,技术依据不足,受估计人员主观因素的影响,易出现定额偏差。

(2)统计分析法。这种方法是根据以往维修同种车辆或零部件的实际消耗工时的统计资料,结合当前的组织技术状况和生产条件的变化,进行对比分析来确定定额的方法。此法优点是在统计资料齐全的条件下制定的定额,准确性较高,能够比较客观地反映实际情况,只要生产任务和生产条件稳定,原始记录、统计资料比较健全,可以用此法制定定额。其缺点是统计工作量大,原始资料收集困难,一般适宜于制定重要零部件的工时定额。

(3)比较类推法(典型推算法)。是通过与同类车型或同类型零部件的维修工时定额进行分析比较后制定工时定额的方法。运用这种方法,要求在同类型零部件中选择几个有代表性的典型,采取经验估计、统计分析和技术测定等方法制定出工时定额,再依次推算同类型零部件的维修工时定额。

（4）技术测定法。它是根据对生产技术组织条件分析、总结经验，挖掘生产潜力、确定合理的工序结构和操作方法，再对工时定额的各部分时间的组成，进行分析计算和测定来确定工时定额的方法。用这种方法有较好的准确性和技术依据，比较科学。但过程复杂，工作难度较大，对选择的测定点有一定的生产条件要求，选择不当将影响确定工时定额的准确性。

（5）幅度控制法。幅度控制法是由部门或企业参照历史资料和先进企业同类车型，或同类作业工位的维修定额，结合提高生产率的可能性，充分估计现有潜力，结合实际情况提出工时定额的方法。

上述方法各有优缺点和适用范围，但是，在实际使用中，往往是几种方法的综合运用。各有关单位和部门在制定汽车维修工时定额时，必须结合本地区或本企业实际情况，从实际出发，制定出基本合理的工时定额。

四、汽车维修工时定额的修订

汽车维修工时定额应保持一定的稳定性。但是，工时定额的合理性是相对的、暂时的。随着生产力的发展，汽车维修行业技术的进步，人员素质、劳动熟练程度和操作技术水平的提高，维修设备的日臻先进，汽车检测诊断技术的广泛应用，在用车型的不断变化，原来先进合理的工时定额时常成为落后、不合理的定额。因此，汽车维修工时定额应定期或及时修订。

汽车维修工时定额的修订包括整体修订和临时局部修改。实际工作中常常遇到维修工时定额临时性的局部修改。

（1）工时定额的临时性局部修改。工时定额的临时性局部修改，是指未达到修改期，而在执行过程中遇到某些情况、对维修工作安排有较大影响时，对工时定额及时进行局部调整或修改的情形。

（2）影响工时定额进行局部修改的因素。
①工艺规程改变。
②车型结构改变。
③设备、工艺装备和工具改变。
④劳动组织改变。
⑤对工时定额有重大影响的其他因素。

汽车维修工时定额是劳动管理中一项十分重要的工作，所以工时定额必须具有相对的稳定性，不能经常变动，尤其修改不能过于频繁。

五、汽车维修工时定额标准

《机动车维修管理规定》（交通运输部令2016年第37号）规定，汽车维修工时定额标准可按机动车维修协会等行业中介组织统一制定的标准执行，也可按经营者报所在地维修行业管理部门备案后的标准执行，也可按机动车生产厂家公布的标准执行。

当上述标准不一致时，优先适用经营者报所在地维修行业管理部门备案的标准执行。

无上述所列执行标准的，可按照同类企业标准执行，但必须明示并报所在地维修行业管理部门备案后，方可执行。

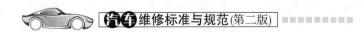

六、汽车维修工时单价标准

汽车维修工时单价标准一般是根据维修企业的性质、维修车辆的类型及地区的差异,可按机动车维修协会等行业中介组织统一制定的标准执行,也可按经营者报所在地维修行业管理部门备案后的标准执行,也可按机动车生产厂家公布的标准执行。

当上述标准不一致时,优先适用经营者报所在地维修行业管理部门备案的标准执行。

无上述所列执行标准的,可按照同类企业标准执行,但必须明示,并报所在地维修行业管理部门备案后,方可执行。

课题二 汽车维修费用的合理收取

一、汽车维修收费方式

经营者制定机动车维修服务价格可采用综合价格或分类价格的计价方式。

1. 综合价格

综合价格是指经营者在机动车维修服务中,对某项维修作业所需的工时费和材料费(含管理费)等各项费用实行包干计价而形成的价格。实行综合价格计价方式的,经营者不得收取除综合价格以外的任何费用。

实行综合收费的汽车维修企业,收费方式比较明确,在此不作详细说明。

2. 分类价格

分类价格是指经营者在机动车维修服务中,对维修作业的工时费、材料费(含管理费)及其他费用分别计价而形成的价格。

分类价格收费的汽车维修企业可按机动车维修协会等行业中介组织统一制定的标准执行,也可按经营者报所在地维修行业管理部门备案后的标准执行,也可按机动车生产厂家公布的标准执行。

当上述标准不一致时,优先适用经营者报所在地维修行业管理部门备案的标准执行。

无上述所列执行标准的,可按照同类企业标准执行,但必须明示,并报所在地维修行业管理部门备案后,方可执行。

分类收费汽车维修总费用的计价公式为:

$$维修费 = 工时费 + 材料费 + 其他费用$$

二、汽车维修费用的计算

1. 汽车维修工时费的计算

汽车维修工时费的收入,表现在汽车维修业务中,主要是汽车维修工时费的收入。汽车维修工时费是按照汽车维修行业的工时定额和工时单价作为计算价格的依据,这是与其他行业不同的一个显著特点。

工时费的基本计算公式为:

$$汽车维修工时费 = 工时定额 \times 工时单价$$

2. 汽车维修材料费的计算

汽车维修材料费是指汽车维修过程中实际消耗的外购件费(包括汽车配件、辅助材料、漆料、油料等)和自制配件费(其中漆料、油料按实际消耗结算)。

1)汽车维修材料提供方式

汽车维修所需的原材料和零配件,原则上应由承修方负责提供,但机动车维修经营者应当建立采购配件登记制度,记录购买日期、供应商名称、地址、产品名称及规格型号等,并查验产品合格证等相关证明。企业的结算员应掌握主要材料的名称、型号、规格和品种,对不同材料的价格要做到心中有数,要了解它们之间的差别,同型号不同规格,同名称不同品种,同品种不同产地和进货渠道的配件材料,它们的价格往往不同。在结算材料费用时,不得张冠李戴,必须按照明示或合同价格进行结算。

对没有明示的材料价格,在结算时,要注意以下几种情况。一是材料从汽车制造厂或配件生产厂进货的,往往是以出厂价或批发价给了维修企业,在向用户收取材料费时,应按出厂价或批发价的实际价格进行结算,不得按当地可加价的市场价进行结算。二是以较低的零售价进库的配件材料,也应按零售的实际进价进行结算,不能按较高的市场价结算。三是维修企业设立的配件门市部,配件材料先是经过门市部加价后再进入企业的材料库,企业再加价采取双重计价获取高额利润,这也是违规的。材料在内部多环节周转,只会增加配件材料的服务费,给用户加重经济负担,降低了企业信誉,从长远看实在是得不偿失。四是迁就用户,采取虚造材料清单,增加配件材料数量,弄虚作假,收取超额配件材料费,以迎合公费修车用户的私利,以获得回扣和日用品等,这是与结算员职业道德相违背的违法乱纪行为。

若托修方坚持要自己提供部分原材料或零配件,则托修方必须按合同规定的品种、规格、数量、质量、时间提供,承修方对托修方提供的原材料或零配件应及时检验,不符合要求的即通知托修方调换或补齐。因托修方责任延误维修期限由托修方负责。承修方对托修方提供的原材料和零配件不得擅自调换,不得偷换车辆原有的零配件。擅自调换托修方提供材料、零配件或车辆原有的零配件,托修方有权拒收竣工车辆,承修方应当赔偿托修方因此蒙受的损失。以上内容必须在合同中以文字的形式体现出来,并签字认可。

2)汽车维修材料费计算范围

(1)外购配件。外购配件必须是本车在本次修理中实际所发生的向外部门购入的配件。外购配件必须入库建账,建账时必须分项分次按供货单位提供清单如实填写。库内要有进出账目,领用要有领料单。对于每次修理记账定期付款的车辆,也要分项记清,便于查实,减少矛盾。

(2)自制配件。是指汽车零件,而不是标准件,自制配件必须通过技术检验合格。装车前,应征得托修方同意认可。例如,某汽车右转向节螺母螺纹损坏不能继续使用,但换总成需一大笔费用,因此修理厂为该车自制了一只螺母并进行了热处理。该螺母是标准件因此不能作自制配件处理,而只能按加工费用结算。维修企业在材料费结算清单上应注明是自制配件。按实际制造成本价结算或按用户同意的价格结算。

实际制造成本价包括:加工工时费,材料费,材料损耗费、热处理费、检验费等。其中也包含了材料服务费和利润,所以自制配件费在按制造成本价收取后,不得再收取配件材料的服务费。最高不超过同类新件现行市场零售价的50%。

(3)修旧件。是指造成部件损坏后完全失去功能,经修复后符合质量标准的基础件、总成件(不包括标准件)。对修旧件只能是基础件、总成件。修旧件价格不能超过当地同类新件零售价的50%收费,不准收取材料服务费。修旧件的使用必须征得托修方同意后方可使用。

例如,某汽车变速器壳输出轴承孔磨损,导致轴承外圆松动,经镗孔、镶套修复后可以使用。虽然变速器壳为基础件,但镗孔、镶套属于正常修理,因此不能按修旧件费结算。但如果是变速器壳破裂后失去功能,通过焊接、热处理、机加工加固等作业后符合质量标准,可按修旧件费结算。

(4)漆料。漆料用量在费用结算中必须按实际消耗量进行计算。不同类别的维修企业,由于技术条件、装备条件不同,用漆的量也会不同。在维修中由于车型不一,因此其用漆料品牌、漆的质量也会不同。汽车本身的表面损坏程度也有很大的差别,因此,全车涂喷漆的消耗应按实际消耗量结算。

油漆质量必须达到有关技术标准的要求,达不到要求的,不能结算涂喷漆费。

这里要特别注意,补漆已包含材料费,所以不得再向用户收取漆料费用。目前,全车喷漆、补漆费用多为维修企业和车主协商确定价格,直接进行货币结算。确定油漆费用时,主要考虑汽车车型、汽车车身表面的损坏程度、采用的漆料品牌、漆的质量及油漆工艺等因素来确定。

(5)油料。油料在该车额定容量范围内按实际消耗量结算。额定容量是指该车说明书中所规定的容量。

这里指的油料是指在车辆为保证其使用技术状态更换或添加的汽油、柴油、机油、制动液、齿轮油等,同辅料中清洗用油要严格区别,不得混为一谈。同时材料清单必须规范并填写真实,字迹清楚,数量准确,维修一次结算一次,一辆车填写一份清单,与维修无关的任何其他费用不得列入清单中。使用假冒伪劣产品,虚报多开材料费,以次充好等,都是损害消费者利益的违规行为,承修企业将受到处罚。

(6)辅助材料。辅助材料是汽车维修过程中使用的那些低值易耗材料。辅助材料无法在每辆汽车的维修中进行单车核算。一般采用两种方法,一是在汽车大修和维护等固定作业项目的维修作业中直接确定固定的辅助材料费;二是在作业项目不固定的维修作业中,列入工时费内,把辅助材料费均摊在工时单价中,提高工时单价。

汽车维修中常用的辅助材料见表2-1。

汽车维修辅助材料 表2-1

油、液类	清洗用汽油、柴油、煤油、酒精、烧碱、硫酸、盐酸、润滑用黄油、蒸馏水
铁片类	卡扣、钢丝、铁丝、铜皮、锯条、$\phi10mm$以下的标准弹簧垫圈、平垫圈
螺栓类	木螺钉、圆钉、扣吊、插销、开口销、$\phi10mm$以下的标准螺栓、螺母、螺钉
其他	合页、焊条、焊膏、毛毡、石棉纸、棉纱、线卡子、凡尔砂、透明胶带

3. 其他费用的计算

其他费用是指配件材料的服务费、外加工费、汽车专项维修费、车辆综合性能检测费、事故车修复费等。

(1)材料服务费。材料服务费是由材料的采购、运输、损耗、保管、占用资金的利息及利润等费用所构成,材料服务费的收取标准是按材料费比例提取,具体标准由各地或企业根据当地实际情况确定,明示执行。如某省汽车维修企业材料服务费的收取标准为:材料配件从本县(市、区)内购进的,按不超过实际购进价的5%结算;省内购进的,按不超过实际购进价的10%结算;省外购进的,按不超过实际购进价的15%结算;特殊情况或紧缺材料,也可由双方协商确定,并在维修合同中详细规定。凡维修企业所属的配件门市部购入的材料配件,不得再加收材料服务费,因为配件门市部的零售价已收取了材料服务费。维修厂再重复收取,加重了用户的负担,同时也会影响企业自己的信誉。

(2)外加工费。外加工费是指承修单位加工不了,需要委托外单位加工而发生的费用。这里要特别说明,在维修企业开业条件中,规定允许进行外加工的才可委托外加工,这在维修企业开业条件中有详细的规定。这是因为这些设备投资大,利用率低,维修企业无力购置,或者虽有此设备而无工装夹具,加工精度和技术要求难以达到等。在维修企业开业条件中,规定企业必须拥有的设备而没有配备,委托外单位进行外加工的,不能按外加工费进行结算。即使发生外加工,也只能在企业内部总费用中自行消化,而不能再向客户进行结算。

(3)汽车专项维修费。汽车专项维修费主要适用于三类维修业户。

对一、二类维修企业,在修车时发生专项维修项目时,要根据该车的维修级别而定,如该车是全车大修,则其篷垫、套、窗帘的制作;风窗玻璃安装;空调、采暖维修(轿车美容装潢除外)都不得另立专项维修项目进行收费,因为大修分项工时定额中都包括了这些项目。对二级维护的车辆,可另收专项维修项目的费用。

在一、二类维修企业中,完成了专项维修作业项目,其工时单价按企业的级别所确定的工时单价计算工时费,并按规定计收辅料费。

三类维修业户在进行专项维修时,只能按三类维修业户的基准工时单价计算工时费,同时不可计算其辅料费,因为工时单价中已包含了有关的辅料费。

汽车美容装潢专项工时定额中已包含了工时费、材料费和材料服务费及税金。因此工时乘以工时单价就是汽车美容装潢的总费用,而工时单价是按维修企业明示价格执行的。全车大修的汽车,不允许再收取汽车美容装潢费用,这是大修车辆应达到的质量标准。在小修、维护、大修作业时,电、气焊加工工时已包含在各分项工时之中,所以不能再另行收费。目前,汽车美容装潢企业主要执行的是综合报价。

(4)车辆综合性能检测费。车辆综合性能检测分项收费标准主要是满足《汽车维护工艺规范》和车辆综合性能检测的需要而制定的。它包括了二级维护前的检测项目;整车技术等级评定检测项目;维修质量抽查检测项目;二级维护竣工检测项目;大修竣工出厂检测项目。因此,在结算费用时,一定要按收费标准检测一项收取一项费用,在结算清单中也要分列清楚。

二级维护及车辆大修竣工后,必须经综合性能检测线进行质量监督检测,其检测费用没有包含在维修工时的费用中,所以,该检测费用应由车主承担,一般由车主直接根据发票上的金额以现金结算。对检测不合格项目的调试和重新检测的费用,必须由维修单位承担。

(5)事故车修复费。事故车修理最高费用不得超过车价的50%。零部件修复费用在该件零售价的50%~60%,超过时必须换新件,这样才能保证车辆恢复原有技术状况,确保维修质量。

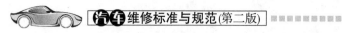

只有一、二类维修企业才有资格承担事故车的修理工作。

4. 汽车维修总费用的计算

汽车维修总费用由工时费、材料费及其他费用构成,其计算公式如下:

$$汽车维修总费用 = 工时费 + 材料费 + 其他费用$$

按汽车维修行业管理部门的规定,车辆维修竣工后,维修企业必须出具有效发票,其工时费、材料费、材料服务费、外加工费等,必须开列清楚。并附有工时清单、材料清单,其中一份交托修方。工时清单应标明维修项目、工时单价、分项工时费用和总工时费用。材料清单应标明材料名称、型号、规格、数量、单价、材料总费用。

三、汽车维修费用的折让与折扣

汽车维修企业在生产经营活动中经常发生维修折扣与折让。按照企业财务通则和会计准则规定,应该冲减当期的汽车维修收入。

汽车维修收入折让是指在汽车维修过程中,由于质量等问题客户要求对汽车配件的价格或汽车维修工时费给予一定的折让。其折让额的多少视具体情况与托修方协商确定,以双方均能接受为原则。

汽车维修收入折扣是指企业为了鼓励客户及时付款所规定的信用期限和一定的折扣率。只要客户能在规定的期限内支付款项将可享受一定的现金折扣。其折扣额的多少取决于信用期限和折扣率。

汽车维修费用的折让与折扣的核算通常采用两种方法,一种是总额法,即汽车维修收入按照全额反映,实际发生的现金折扣单独反映,汽车维修的全额收入减去现金折扣之后得到汽车维修净收入;另一种是净额法,即汽车维修收入直接按照净收入进行反映,不单独核算现金折扣,汽车维修收入扣除折扣再进行收入核算。

四、汽车维修费用结算的常用单据

为了加强汽车维修费用结算工作的管理,规范汽车维修费结算行为,保护汽车维修承托双方的合法权益,在进行维修费用结算工作时,把以下单据作为结算工作的依据:

(1)汽车维修合同文本。

(2)维修检验单及《机动车维修竣工出厂合格证》。

(3)施工单(或称派工单)。

(4)汽车维修结算清单。

(5)工时定额收费标准。

(6)《××省汽车摩托车维修业户通用机打发票》(小规模纳税人用)。

(7)《××省增值税专用发票》(增值税一般纳税人用)。

1. 汽车维修合同文本

汽车维修合同文本式样参见单元三相关内容。

2. 维修检验单及《机动车维修竣工出厂合格证》

(1)维修检验单。维修检验单是签订汽车维修合同和填写施工单或派工单的重要依据。样式见表2-2。

单元二 汽车维修工时定额与收费

汽车维修检验单 表2-2

单位(章):		合同号:			厂编号:		
单位			联系人		联系电话		
车牌号		车类		厂牌车型	进厂	年 月	日 时
里程		维修类别		维修小组	出厂	年 月	日 时
维修车辆进出厂交接内容							
名　　称	进厂	出厂	名　　称	进厂	出厂	名　　称	进厂 出厂
1. 驾驶证			10. 喇叭			19. 坐垫	
2. 道路运输证			11. 收放音机			20. 备胎	
3. 车辆技术档案			12. 冷热风机			21. 备胎架	
4. 车牌			13. 空调装置			22. 挂钩	
5. 空气滤清器			14. 门锁及钥匙			23. 保险杠	
6. 蓄电池			15. 门把			24. 轮胎装饰盖	
7. 散热器盖			16. 遮阳板			25. 工具箱	
8. 加油口盖			17. 后视镜			26. 油箱存油	
9. 刮水器			18. 座椅靠背及套			27. 灭火器	
检查点符号:有(√)　缺(0)　无(×)							
车辆进厂方式:开进( )　拖进( )　装进( )　事故( )							
车辆出厂方式:接走( )　送达( )							
车辆检测及出厂手续签发记录							
检测报告单	上线检测次数		初检不合格项		竣工出厂合格证号		签发人
维修发票号	工时费(元)		材料费(元)		合计维修费用(元)		接车人

(2)《机动车维修竣工出厂合格证》。《机动车维修竣工出厂合格证》见附件2-1。
机动车维修竣工质量检验合格的,维修质量检验人员应当签发《机动车维修竣工出厂合格证》,未签发机动车维修竣工出厂合格证的机动车,不得交付使用,车主可以拒绝缴费或接车。

附件2-1：机动车维修竣工出厂合格证式样

(1) "机动车维修竣工出厂合格证"式样(正面)

×××省交通厅监制　　　　　　　　　×××省交通厅监制

剪开线　　　空白　　　中折线

(2) "机动车维修竣工出证"内容

No.00000000	No.00000000	No.00000000
存根	车属单位保管	质量保证卡
托　修　方_____	托　修　方_____	该车按维修合同进行维修，本厂对维修竣工的车辆实行质量保证，质量保证期为车辆行驶_____万km或者_____日。在托修单位严格执行走合期规定、合理使用、正常维护的情况下，出现的维修质量问题凭此卡随竣工出厂合格证，由本厂负责包修，免返修工料费和工时费，在原维修类别期限内修竣交托修方。返修情况记录：
车牌号码_____	车牌号码_____	
车　　　型_____	车　　　型_____	
发动机型号/编号_____	发动机型号/编号_____	
底盘(车身)号_____	底盘(车身)号_____	
维　修　类　别_____	维　修　类　别_____	
维修合同编号_____	维修合同编号_____	
该车按维修合同维修。经检验合格，准予出厂。	该车按维修合同维修。经检验合格，准予出厂。	
质量检验员：(盖章)	质量检验员：(盖章)	
承修单位：(盖章)	承修单位：(盖章)	
进厂日期：　出厂日期：	进厂日期：　出厂日期：	
托修方接车人：(签字)	托修方接车人：(签字)	
接车日期：	接车日期：	
(对应正面合格证面)	(对应正面合格证面)	

次数	返修项目	返修日期	返修竣日期	送修人	质检员

维修发票号：

(对应正面白底)

注：1. 外廓尺寸为 260mm×184mm。　"存根""车属单位保管"字体为四号仿宋；"质量保证卡"字体为五号仿宋。
　　2. 材质：157g铜版纸。

3. 施工单(或称派工单)

汽车维修施工单样式见表2-3。

由业务部门根据维修合同中的"维修类别与项目"一栏中的内容开出实施维修作业的单据，是维修车间进行维修作业的依据。

业务人员填写施工单时，必须依据维修合同的"维修类别与项目"进行。施工单中的维修项目必须符合维修合同的"维修类别与项目"，不能超越维修合同所规定的维修范围。

在车辆维修过程中,施工单在维修车间应随车一起流动。维修人员若在维修过程中发现新的问题需要增加维修项目,必须反映给接车的业务人员。新增维修项目,由业务人员与车主取得联系,经车主同意后方可增加,否则,进行该项目所发生的工时费、材料费等一切费用在结算时无法律效力,即未经车主同意增加的维修项目不能进行结算计费。

汽车维修施工单　　　　　　　　　　　　表2-3

工作单号		车主电话				
车主		接车日期				
车牌		预约交车日期				
车型		交车日期				
派工		工时费合计				
序号	说明	作业项目	工时	单价(元)	工时费(元)	修理工(签名)	备注

随着车辆维修竣工,施工单最后交回业务部门。价格结算员进行工时费计算时,按施工单和维修合同,对照施工单中的维修项目是否超出维修合同中"维修类别与项目"一栏中所列出的范围,做出工时结算。

施工单应包含的内容及填写要求:

(1)工作单号。填写本次承、托修合同编号。

(2)车主。填写车主姓名或单位名称。

(3)车主电话。填写车主联系电话号码。

(4)车牌。填写托修车辆号牌号码。

(5)车型。填写托修车辆型号。

(6)接车日期。填写车主接收修竣车辆日期。

(7)预约交车日期。填写承修、托修双方约定的修竣车辆交车日期。

(8)完工交车日期。

(9)维修类别。指大修、总成大修、维护和小修。

(10)作业项目。填写具体作业项目。

(11)修理工。填写修理工完成作业项目后签名。

(12)定额工时。指该维修类别与作业项目的定额工时。

(13)工时费。指该维修类别与项目的工时费。

(14)工时单价。填写企业明示的工时单价。

(15)增加作业项目。增加项目、工时数、工时单价、修理工签名、客户签名和备注等栏目。

(16)序号。填写本施工单顺序号。

4.汽车维修结算清单

汽车维修竣工,价格结算员进行工时费、材料费计算时,必须依据汽车维修结算清单,式样见表2-4。

汽车维修结算清单

表2-4

托修方		进厂日期		车牌号	
维修合同号		工单号码		维修类别	
序 号	项 目	维 修 项 目	结算工时	工时单价(元/工时)	工时费(元)
1	工时费				
		备注:			
2	材料费	配件名称	价格	配件名称	价格
		备注:			
		材料服务费　　　%		材料费合计(元):	
3	代收代缴				
4	合计(元)				
备注					

承 修 单 位：　　　　　　　　　　　　　　　　地　　　　址：
结算人(签字)：　　　　　　　　　　　　　　　联 系 电 话：
账　　　　号：　　　　　　　　　　　　　　　税　　　　号：
结 算 日 期：　　　　　　　　　　　　　　　客户确认签字：

说明:此单一式二联,第一联存档联,第二联客户联。

单元三
汽车维修合同

 知识目标

1. 掌握合同、承揽合同、汽车维修合同的概念；
2. 掌握汽车维修合同的特征与作用；
3. 掌握汽车维修合同的主要内容；
4. 掌握汽车维修合同签订的原则、范围及形式；
5. 掌握汽车维修合同的履行；
6. 掌握汽车维修合同的变更和解除；
7. 熟悉汽车维修合同的担保；
8. 掌握汽车维修合同文本的编制；
9. 掌握汽车维修合同的填写规范；
10. 熟悉汽车维修合同行政管理机构及其职责；
11. 掌握汽车维修合同的鉴证；
12. 掌握汽车维修合同纠纷的调解和仲裁。

 技能目标

1. 会编制汽车维修合同文本与任务委托书；
2. 会签订汽车维修承修合同。

课题一 汽车维修合同概述

一、合同

1. 合同的概念

从法理学意义上讲，合同也称契约。根据一些学者的考证，在我国，合同一词早在 2000 多年前就已存在，但一直未被广泛采用。新中国建立以前，民法著述中都使用"契约"而不使用"合同"一词。但自 20 世纪 50 年代初期至现在(除台湾省之外)，我国的民事立法和司法实践主要采用的是"合同"而不是"契约"的概念。

《中华人民共和国合同法》(以下简称《合同法》)第二条规定："合同是平等主体的自然

人、法人其他组织之间设立、变更、终止民事权利义务的协议"。

合同成立在《合同法》中是十分重要的,其意义表现在:第一,合同的成立旨在解决合同是否存在的问题。如果合同关系不存在,也就谈不上合同的履行、终止、变更、解释的问题。同时,合同的成立也是认定合同效力的前提条件,如果合同根本没成立,那么确认合同的有效和无效问题也就无从谈起。第二,合同的成立和生效是区分违约责任与缔约过失责任的根本标志。合同的成立意味着合同关系的存在。在合同成立以前,因合同关系不存在,则因一方的过失而造成另一方利益的损失属于缔约过失责任而不属于违约责任范畴。只有在合同成立以后,一方违反义务才构成对合同义务的违反并应负违约责任。第三,尽管合同的成立与合同的生效是两个不同的概念,但它们密切联系在一起,《合同法》第四十四条规定,依法成立的合同,自成立时生效。可见,在一般情况下,合法的合同一经成立便生效,合同的成立时间也就是合同生效的时间。

2. 合同的主要内容

当事人依程序订立合同,意思表示一致,便形成合同条款,构成作为法律行为上的合同内容。合同条款规定了当事人双方的权利与义务,成为法律关系上的合同内容。为了示范较完备的合同条款,《合同法》第十二条对合同内容条款作出了规定,合同的内容由当事人约定,一般包括以下条款:

(1) 当事人的名称或者姓名和住所。
(2) 标的。
(3) 数量。
(4) 质量。
(5) 价款或者报酬。
(6) 履行期限、地点和方式。
(7) 违约责任。
(8) 解决争议的方法。

二、承揽合同

1. 承揽合同的概念

《合同法》第二百五十一条规定,承揽合同是承揽人按照定作人的要求完成工作,交付工作成果,定作人给付报酬的合同。承揽包括加工、定作、修理、测试、检验等工作。

承揽合同的内容包括承揽的标的、数量、质量、报酬、承揽方式、材料的提供、履行期限、验收标准和方法等条款。

汽车使用一定时间后,必然会造成某些零件的自然磨损、老化、尺寸链发生变化,因此,就要对车辆进行维修,以保持或恢复汽车良好的技术状况。在汽车维修过程中,车主是托修方,汽车维修企业是承修方。为了保证把汽车维修好,托修方与承修方有必要签订汽车维修合同,将双方的权利和义务用合同的形式固定下来,即汽车维修合同。汽车维修合同属于加工承揽合同。

2. 承揽合同的特征

承揽合同具有以下特征:

(1)承揽合同以完成一定工作为目的。承揽合同中承揽方应当按照与定作方约定的标准和要求完成工作;承揽方主要目的是取得承揽方完成工作成果。承揽合同的这一特征决定了其标的只能是作为行为,否则定作方将无法实现其合同目的。

(2)承揽方完成工作的独立性。定作方与承揽方之间订立维修合同,一般是建立在对承揽方的能力、条件等信任的基础上。只有承揽方自己完成工作符合定作方的要求。承揽方如其主要义务交由他人来完成,属于债务不履行,应负违约责任。

(3)承修物的特定性。承揽合同多属个别商订的合同,承修物往往具有一定的特定性。无论承修物的最终成果以何种形式体现,它都必须符合托修方提出的要求,否则交付的工作成果就不合格。

(4)承揽合同为实践合同。双方当事人意思表示一致,承揽合同即可成立,必须交付承修物或加工物,因此承揽合同为实践合同。

(5)承揽合同为有偿合同。承揽方要付出自己的劳动,将承修物按照托修方的要求进行维修,定作方取得承修方完成的符合合同约定的工作成果,要向承揽方支付约定的报酬。

因此从以上几点来看,承揽合同为有偿合同。双方当事人依法订立合同,具有法律约束力,双方当事人都有应当按照约定履行自己的义务,不得擅自变更或者解除合同。

三、汽车维修合同

1. 汽车维修合同的概念

汽车维修合同是承修、托修双方当事人之间设立、变更、终止民事法律关系的协议,它属于加工承揽合同。加工承揽合同是承揽方按照定作方提出的要求完成一定工作,定作方接受承揽方完成的工作成果并给予约定报酬的协议。

2. 汽车维修合同的特征

汽车维修合同是一种法律文书,其目的在于明确承修、托修双方设定、变更和终止权利义务的一种法律关系。通过合同条款来确定当事人之间的权利义务,而所发生的法律后果,是当事人所要求的。同时签订汽车维修合同是承修、托修双方意思表示一致的法律行为。"意思表示一致"是合同成立的条件,意思表示不一致,合同不能成立。在合同关系中,承修、托修双方当事人的地位是独立的、平等的、有偿的、互利的。

汽车维修合同受法律的保护。

3. 汽车维修合同的作用

(1)维护汽车维修市场的正常秩序。合同明确了承修、托修双方的权利义务,可以保障当事人的权益。因为依法订立的合同受法律保护,使当事人维修活动行为纳入法制轨道,使合法的维修活动受法律保护,并防止或制裁了不法维修活动,从而维护汽车维修市场的正常秩序。

(2)促进汽车维修企业向专业化、联合化方向发展。实行合同制,使各部门、各环节、各单位通过合同明确相互的权利义务和责任,便于相互监督、相互协作,从而有利于企业发挥各自的优势,实行专业化,促进横向经济联合。

(3)有利于汽车维修企业改进经营管理。实行合同制,企业要按照合同要求来组织生产经营活动,企业的生产经营状况与合同的订立和履行情况紧密联系在一起。企业只有改进经营管理,努力提高维修质量,才能保证履行合同。只有这样,企业才能有信用,也才能有市场。不断改善经营条件,才能获得更好的经济效益和社会效益。

4. 汽车维修合同的主要内容

根据汽车维修行业的特点及修理作业方式,汽车维修合同主要有以下内容:

(1)承修、托修双方名称。

(2)签订日期及地点。

(3)合同编号。

(4)送修车辆的车种车型、号牌、发动机号、底盘号。

(5)维修类别及项目。

(6)预计维修费用。

(7)质量保证期。

(8)送修日期、地点、方式。

(9)交车日期、地点、方式。

(10)托修方所提供材料的规格、数量、质量及费用结算原则。

(11)验收标准和方式。

(12)结算方式及期限。

(13)违约责任和金额。

(14)解决合同纠纷的方式。

(15)双方商定的其他条款。

课题二　汽车维修合同的使用

一、汽车维修合同的签订

1. 汽车维修合同签订的原则

汽车维修合同必须按照平等互利、协商一致、等价有偿的原则依法签订,承修、托修双方签章后生效。

2. 汽车维修合同签订的范围

凡属下列汽车维修作业范围,承修、托修双方必须签订维修合同:

(1)汽车大修。

(2)汽车主要总成大修。

(3)汽车二级维护。

(4)汽车维修预算费用达到一定数额(具体由承修、托修双方商定)的作业项目。

3. 汽车维修合同签订的形式

汽车维修合同的签订形式常见的有长期合同和即时合同两种。

长期合同是指最长在一年之内使用的合同;即时合同是指一次使用的合同。承修、托修双方根据需要,也可签订单车或成批车辆的维修合同,也可签订一定期限的包修合同。如果是代签合同,必须要有委托单位的证明,根据授权范围,以委托单位的名义签订,对委托单位直接产生权利和义务。

二、汽车维修合同的履行

汽车维修合同的履行是指承修、托修双方按照合同的规定内容全面完成各自承担的义务,实现合同规定的权利。维修合同的履行是双方的法律行为。但是若双方当事人中有一方没有履行自己的义务在前,另一方有权拒绝履行其义务。

维修合同签订后,承修、托修双方应严格按合同要求履行各自的义务。

托修方的义务:

(1)按合同规定的时间送修车辆和接收竣工车辆。

(2)提供送修车辆的有关情况(包括送修车辆的基础技术资料、技术档案等)。

(3)如果提供原材料,必须是质量合格的原材料。

(4)按合同规定的方式和期限缴纳维修费用。

承修方的义务:

(1)按合同规定的时间交付修竣车辆。

(2)按照有关汽车维修技术标准(条件)维修车辆,保证维修质量,向托修方提供竣工出厂合格证,在保证期内应尽保修义务。

(3)建立承修车辆维修技术档案,并向托修方提供维修车辆的有关资料及使用的注意事项。

(4)按规定收取维修费用,并向托修方提供票据及维修工时、材料明细表等。

三、汽车维修合同的变更和解除

1. 汽车维修合同变更和解除的含义

(1)变更。是指合同未履行或完全履行之前,由双方当事人依照法律规定的条件和程序,对原合同条款进行修改或补充。

(2)解除。是指合同在没有履行或完全没有履行之前,当事人依照法律规定的条件和程序,解除合同确定的权利义务关系,终止合同的法律效力。

2. 汽车维修合同变更、解除的条件

(1)双方协定变更、解除维修合同的条件。

①必须双方当事人协商同意。

②必须不因此损害国家或集体利益,或影响国家指令性计划的执行。

(2)单方协定变更、解除维修合同的条件。

①发生不可抗力。

②企业关闭、停业、转产、破产。

③双方严重违约。

除双方协商和单方决定变更、解除合同的法定条件之外,任何一方不得擅自变更或解除合同。发生承办人或法定代表人的变动,当事人一方发生合并或分立,违约方已承担违约责任的情况,均不得变更或解除维修合同。

3. 变更、解除维修合同的程序及法律后果

汽车维修合同签订后,当事人一方要求变更或解除合同时,应及时以书面形式通知对方,提出变更或解除合同的建议,并取得对方的答复,同时协商签订变更或解除合同的协议。例如:承修方在维修过程中发现其他故障需增加维修项目及延长维修期限时,应征得托修方同意后,达成协议方可承修。

因一方未按程序变更或解除合同,使另一方遭受损失的,除一方可以免除责任外,责任方应负责赔偿。

四、汽车维修合同的担保

汽车维修合同的担保是合同双方当事人为保证合同切实履行,经协商一致采取的具有法律效力的保证措施。其担保的目的在于当事人在未受损失之前即可保障其权利的实现。

汽车维修合同一般采取的是定金担保形式。它是一方当事人在合同未履行前,先行支付给对方一定数额的货币。这种形式是在没有第三方参加的情况下,由合同双方当事人采取的保证合同履行的措施。定金是合同成立的证明。托修方预付定金违约后,无权要求返还定金;接受定金的承修方违约应加倍返还定金。定金的制裁作用,可以补偿因不履行合同而造成的损失,促使双方为避免制裁而认真履行合同。

汽车维修合同的担保也可以另立担保书作为维修合同的附本。内容包括抵押担保、名义担保和留置担保等。

不履行或不完全履行合同义务的结果是承担违约责任。承修、托修双方中一方不履行或不完全履行义务时,就发生了违约责任问题。对违约责任处理的方式,一般为支付违约金和赔偿金两种。

五、汽车维修合同文本与填写规范

1. 汽车维修合同文本

汽车维修合同是规范维修市场经营行为,保护承修、托修双方合法权益的法律措施,是汽车维修行业管理部门处理汽车维修质量和价格纠纷的依据。汽车维修合同参考文本见表3-1。

××省汽车维修合同　　　　　　　　　　表3-1

```
托修方(甲方):_____合同编号_____
住所地:_____
联系人:_____电话:_____传真:_____手机:_____
承修方(乙方):_____
住所地:_____
电话:_____传真:_____
```

根据《中华人民共和国合同法》、《中华人民共和国消费者权益保护法》、《中华人民共和国道路运输条例》、《浙江省道路运输条例》、《机动车维修管理规定》等法律法规规章,甲乙双方在平等、公平、自愿、诚信的基础上,经双方协商就汽车维修事宜达成协议如下:

一、汽车交接
1. 交车日期:□合同签订日　□_____年_____月_____日
2. 送修方式:□开进　□拖进　□装进　□事故
3. 交车地点:_____

续上表

二、汽车基本信息

汽车所有人	车牌号码	车辆类型	车身颜色	发动机号码	VIN 代码/车架号	注册登记日期	里程表示值

三、维修类别与项目

1. 乙方应对承修车辆进行维修前诊断检验，提出相应的维修方案，确定维修类别。
2. 乙方预定的维修项目、内容，预计的维修费用，甲方应认可。
3. 维修过程中确需追加作业项目和费用的，应征得甲方认可。
4. 实际维修项目和费用以维修结算清单为准。

四、维修配件与材料

1. 乙方提供的维修配件材料，应符合国家规定，标示配件性质并明码标价，供甲方选择。
2. 经甲方选择认可的维修配件材料，乙方应提供维修材料清单，明确材料名称、规格、型号、产地、类别、数量、提供方式、单价、金额、购买日期。
3. 换下配件处理方式：
□甲方自行处理
□委托乙方处理
□属污染环境或系危险废物的，乙方按有关规定统一处理

五、维修竣工检验及检验质量标准

1. 检验质量标准：
□国家标准　　□行业标准　　□地方标准　　□制造厂维修要求
检验方式为＿＿＿＿＿＿＿＿＿＿＿＿＿＿＿＿＿＿＿
检验合格，甲方按本合同约定结清费用后接收车辆。
2. 维修竣工质量检验合格后，向甲方签发统一样式的《机动车维修竣工出厂合格证》。车辆进行二级维护、总成修理、整车修理的，乙方应建立维修档案。

六、维修费用及结算方式

1. 收费标准
□按向所在地县级以上道路运输管理机构备案并公布的工时单价标准执行
□双方约定
工时单价：＿＿＿＿＿元/工时
2. 维修费用计算按照以下方式计算：
维修费用＝工时费(工时单价×工时定额)＋配件与材料费＋外加工费
3. 预算费用为＿＿＿＿＿元，实际费用以出具的维修结算清单为准。
4. 结算方式
□现金结算　　□转账　　□支票结算　　□其他方式

七、汽车交付

汽车维修竣工预计交付日期为＿＿＿＿年＿＿＿＿月＿＿＿＿日前，因不可抗力原因导致延期除外。汽车维修竣工后，乙方应通知甲方提取车辆，甲方在接到通知后＿＿＿＿＿日到＿＿＿＿＿验收车辆，结清费用(双方另有约定除外)，提取车辆。

八、维修质量保证期

维修质量保证期为＿＿＿＿＿km 或＿＿＿＿＿日，自竣工出厂之日起算。质量保证期从维修竣工并交付给甲方之日起计算，保证期以行驶里程或日期指标先达到者为准。因维修质量问题返修的，保证期从返修后甲方验收的当日重新算起。
本合同约定的质量保证期不得低于有关法规、规章规定的汽车维修竣工出厂质量保证期。

九、合同变更及解除

1. 在车辆维修过程中，双方可对本合同内容进行变更。变更内容经双方同意，变更事项双方约定按照以下方式确认：

续上表

□书面　□短信　□传真　□电话　□其他
2. 变更的内容与本合同具有同等法律效力，与本合同内容相冲突的，以变更后内容为准。
3. 双方可协商解除合同。非因本合同约定或法定事由外，任何一方不得擅自解除合同。

十、违约责任
1. 甲方未按约定支付维修费用的，按未付金额同期银行贷款利率的两倍支付违约金。
2. 甲方超过_____日迟延提取车辆的，给乙方造成的损失由甲方承担，损失计算标准为_____元/日×迟延天数。
3. 乙方迟延交车的，向甲方支付迟延履行违约金_____元/日。
4. 违约责任法律法规有规定的，按照其规定执行。

十一、争议及纠纷处理
本合同履行过程中产生争议、纠纷的，由甲乙双方协商解决；协商不成的，双方同意按以下方式解决本合同争议：
□向县级以上道路运输管理机构申请调解
□向_____仲裁委员会申请仲裁
□向有管辖权的人民法院起诉

十二、其他
1. 本合同经双方签字盖章后生效。合同一式两份，双方各执一份。
2. 进厂维修委托书(检验单)、维修结算清单、竣工出厂合格证经甲方签字确认，作为本合同附件，与本合同具有同等法律效力。
3. 甲方或乙方委托代理人签订合同或甲方委托接车的，应出具授权委托书。委托人为单位的，须加盖公章；自然人的，须本人亲笔签名，并附身份证明。

请在签字前充分了解有关事宜，认真填写表格内容，仔细阅读并认可背书合同条款。	
托修方(签章)：	承修方(签章)：
法定代表人：	法定代表人：
委托代理人(签字)：	委托代理人(签字)：
联系方式：	联系方式：
地址：	地址：
签约日期：　　年　月　日	签约日期：　　年　月　日

说明：(1) 适用范围：本合同主要适用于甲方委托乙方进行的汽车二级维护、总成修理、整车修理及维修预算费用为车辆原购置价8%以上维修作业。其他维修项目可参照使用本合同。
(2) 进厂维修委托书(检验单)格式由各地市自行确定。
(3) 危险废物参照《国家危险废物名录》(中华人民共和国环境保护部、中华人民共和国国家发展和改革委员会令2008年第1号)。

双方权利义务

一、甲方权利义务

(一) 甲方在约定的时间内向乙方交付维修车辆、自行取走车内可移动贵重物品及相关证件。甲方与车辆所有人不一致的，向乙方提供营业执照复印件或身份证复印件。

(二) 甲方有权确定维修项目，涉及安全行驶的除外。

(三) 甲方送修车辆为事故车的，向乙方提供事故责任认定书或事故调解协议等有效证明；甲方要求改变车身颜色、更换发动机、车身和车架的，应按照《中华人民共和国道路交通安全法实施条例》等规定办理相关手续。

(四) 甲方根据乙方维修工作的需要积极履行协助义务。

(五) 甲方按照合同约定验收、结清维修费用并接车，因甲方迟延验收车辆或迟延接车，车辆非因乙方原因毁损灭失的，损失由甲方自行承担。

续上表

（六）车辆维修出厂后，经鉴定机构认定，确属乙方本合同项下维修项目的质量未达到国家标准、行业标准、地方标准或制造厂维修要求，或使用假冒伪劣的零配件、燃润料，造成甲方或第三人车辆损害、人身损害及相关损失的，乙方应赔偿。

（七）对乙方未签发《机动车维修竣工出厂合格证》、未出具规定的结算凭证等单据的，有权拒绝支付维修费用。

二、乙方权利义务

（一）按照国家标准、地方标准、行业标准、制造厂维修要求实施汽车维修作业，保证维修质量。有权拒绝甲方不按照规定办理相关手续改变车身颜色、更换发动机、车身和车架的要求。

（二）对甲方车辆进行进厂检验、过程检验和竣工检验。

（三）乙方在竣工交付车辆前，对该车辆负有保管责任。除维修检验试车外，乙方不得因其他任何原因使用该车辆。若有违反的，乙方承担油料等直接损耗如果造成车辆损坏或其他人身及财产损害的，应承担相应的赔偿责任。

（四）双方约定的维修配件材料应符合国家规定的质量标准，如使用修复配件或旧配件的，经甲方书面同意，该配件应达到相关产品的质量标准。

（五）乙方将车辆交由第三方维修，经甲方书面同意。未经甲方同意，乙方将车辆交由第三方维修的，甲方有权解除合同。第三方造成甲方车辆损害的，乙方应承担相应赔偿责任。

（六）若甲方无正当理由未在规定的时间内付清维修费用的，乙方对车辆享有留置权。

（七）在质量保证期和承诺的质量保证期内，因维修质量原因造成汽车无法正常使用，且乙方在3日内不能或者无法提供因非维修原因而造成汽车无法使用的相关证据的，乙方及时无偿返修，不得故意拖延或者无理拒绝。

在质量保证期内，汽车因同一故障或维修项目经两次修理仍不能正常使用的，乙方负责联系其他机动车维修经营者，并承担相应修理费用。

2. 汽车维修合同填写规范

汽车维修合同应按以下要求填写：

(1)"托修方"栏。填写送修车辆单位或个人的全称。

(2)"承修方"栏。填写汽车维修企业的全称和企业类别。

(3)"合同编号"栏。合同应予编号。

(4)"合同签订"栏。填写托修方与承修方签订汽车维修合同的具体时间(年、月、日)。

(5)"送修方式"栏。在对应的一栏中打钩。

(6)"交车地点"栏。填写交车的具体地点。

(7)"汽车基本信息"栏。按实填写。

(8)"维修类别与项目"栏。填写托修方报修项目及附加修理项目。

(9)"换下配件处理方式"栏。在双方认同的一栏中打钩。

(10)"质量检验标准"栏。在双方认同的一栏中打钩。

(11)"检验方式"栏。填写双方认同的检验内容、项目、方式及使用设备等。

(12)"收费标准"栏。在双方认同的一栏中打钩。

(13)"结算方式"栏。在双方认同的一栏中打钩。

(14)"维修质量保证期"栏。用中文数字填写质量保证期的天数和行驶里程数。

(15)"合同变更及解除"栏。如需对合同变更的，在双方认同的一栏中打钩。

(16)"违约责任"栏。填写双方认同的各自责任和应承担的金额数。

(17)"争议及纠纷处理"栏。在双方认同的一栏中打钩。

(18)"其他"栏。填写双方未尽事宜。

(19)"托修方(签章)"栏。盖单位的印章，没有印章的填写单位全称或个人姓名及身份证号。

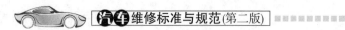

(20)"法定代表人"栏。填写承修方或托修方法定代表人的姓名。

(21)"委托代理人"栏。填写承修方或托修方法定代表人指定的代理人姓名。

(22)"地址"栏。填写单位或个人所在地详细地址。

(23)"承修方(签章)"栏。盖承修方单位的印章。

需要指出的是,各省、市、地区经济发展特点与情况不同,为了适应《合同法》的贯彻实施,深化行政审批制度的改革,推动政府职能部门观念转变和管理创新,为当地改革开放和经济社会发展创造宽松的法制环境,各地政府职能部门没有强行规定承修、托修双方进行车辆维修时一定要签订维修合同,也没有规定维修合同的统一文本。

六、汽车维修委托书

合同既是一种合意也是一种行为,也是发生在当事人之间的一种法律关系。在本质上是一种基于合意而产生的关系,这种合意关系既可以通过口头证据,也可以通过书面证据加以证明。因此,合同与证明其存在着的合同书是不同的。在实践中,许多人将合同等同于合同书,认为只有存在着合同书才有合同关系的存在,这种理解是不妥当的,合同书和其他有关合同的证据一样,都只是用来证明合意的存在及其内容的证据,其本身就等同于合同关系,也不能认为只要有合同书才有协议或合同关系的存在。

目前,汽车维修行业大量使用的是汽车维修委托书或专业4S店的任务委托书(有的则使用特约服务估价单),它是调解承修、托修双方纠纷、责任界定的重要原始依据,并针对维修行业的特点,将车辆登记、预检交接、维修问诊、维修项目、费用结算、质量保证等内容合为一体,有很强的针对性、实用性。所以,其实质就等同于合同书,具有合同的法律效力。采用这种格式,对进一步规范维修企业经营行为,保障承修、托修双方合法权益,减少维修质量和服务纠纷,加强对维修质量管理,维护企业自身利益,减少经营风险,促进维修行业诚信机制建设,同样具有十分重要的作用。

下面列举几种常用格式的委托书,供学习参考。

(1)××市维修行业车辆维修委托书(见附件3-1)。

(2)××市汽车维修委托任务书(见附件3-2)。

(3)××汽车特约服务站任务委托书(见附件3-3)。

附件3-1:××市维修行业车辆维修委托书

××市维修行业车辆维修委托书

承修单位: 　　　　　　　　　　　　　　　　　　　　编号:

车主:		地址:			联系人:		电话:	
车牌号		车型	发动机号/VIN		购置日期		行驶里程	
颜色:		交接单号:		交接日期:			预计交付日期:	
维修项目:□整车大修 □总成大修 □二级维护 □维护 □小修 □事故车 □年检 □其他									
序号	内　　容						工时费	修理员	互检备注
1									

续上表

序号	内容	工时费	修理员	互检备注
2				
3				
4				
5				
6				
7				
8				
9				
10				
预计材料费(含管理费)		预计工时费		预计维修费总和	
维修过程发生需增加项目内容					
1					
2					
3					
需增材料费(含管理费)		需增工时费		需增维修费总计	
交付日期修订		客户确认情况	
委托维修项目检验:		客户接车确认	
提示和建议			

注:1. 维修费用按实际发生额结算,附维修材料清单。
2. 随车贵重物品和现金客户自行保管,如有遗失,本企业不承担责任。
3. 用户因自带材料而发生的质量问题,本企业不承担相关责任。
4. "委托维修项目检验"系指通过仪器、设备和路试等相关办法的检验情况。
5. 涉及维修纠纷按维修行业有关规定解决。
6. 本委托书一式三联,第一联存档联,第二联客户联,第三联作业联,相关内容需客户签字确认。

客户签名:　　　　　　　　　合同评审(签章):

年　月　日

附件3-2:××市汽车维修委托任务书

××市汽车维修委托任务书　　NO.＿＿＿＿＿＿

托修方		送修人身份证明			
车牌号	发动机号	VIN/车架号	送修日期	联系人	
车型	购置日期	行驶里程	交车日期	电话(手机)	

随车物品查验(有/正常√　无/不正常×):□备胎　□灭火器　□工具　□千斤顶　□轮罩　□天线　□点烟器
　□音响系统　□中央门锁　□四门玻璃升降　□贵重物品提示
旧件交还客户:□是　　□否　　　　碰撞△　划痕○　破损◇
托修方(客户)陈述、检测诊断故障描述:

接车检验人员:

续上表

序号	需维修项目(确认维修项目,托修方在□内打√,否则打×;并签字)			托修方确认签字
	维修内容	工时费/材料费	约定配件名称型号	□
1		—		□
2		—		□
3		—		□
4		—		□
5		—		□
预计维修费用总计	工时费	材料费	其他费用	□
增加维修项目:		增加费用		
		工时费		
		材料费		

注:1. 本任务书经双方确认后具有合同效力。可作维修预检交接单使用,任务书为概算费用,结算时凭维修结算清单,按实际发生金额结算。结算方式及期限:_____。
2. 承修方在维修过程中增加维修项目或费用及延长维修期限时,承修方应及时通知托修方,并以书面等形式确认。使用的正副厂配件及质量担保期由双方约定,必要时,附材料清单作为任务书的附件。托修方自带配件,承修方应查验登记,由此产生的质量问题,承修方不负责任。
3. 承修方应妥善保管托修车辆。托修方随车贵重物品随身带走,如遗失,承修方不承担责任。
4. 维修质量保证期:从竣工出厂之日起_____日或行驶里程_____km,以先达到指标项为准。
5. 本任务书未尽事宜,另行补充约定。
6. 在本任务书履行过程中发生的维修质量等纠纷,双方协商解决,如协商无果,可向有关部门申请调解、仲裁或依法向人民法院起诉。

承修方签名或盖章:　　　　　　　　　　　　　　托修方确认签名:

附件3-3:××汽车特约服务站任务委托书

××汽车特约服务站任务委托书

用户车辆信息		来厂方式		接待员	
客户号		进站时间			
委托书号		用户地址			
车主		底盘号			
车主电话		发动机号			
送修人		变速器号			
送修人电话		驾驶证号			
生产日期		购车日期			
车辆颜色		领证日期		首保日期	
车牌号码		车型		里程(km)	
车辆故障描述及诊断:					

续上表

故障描述(用户反映)		检查诊断意见(服务顾问)	
□功能确认:(正常√,不正常×) □音响系统　　□点烟器 □中央门锁　　□后视镜 □四门玻璃升降器　□天窗		□物品确认:□贵重物品 □千斤顶 □备胎　□灭火器 □其他(　　　　　　　　) 剩余燃油:0　1/4　2/4　3/4　1	外观确认:

修理项目							
序号	维修工位	维修内容	维修工费	维修类型	维修工签名	开工时间	完工时间
1							
2							
3							
4							

			预计修理费	
服务顾问		预计交车时间	用户确认	
维修过程中的特殊情况				
增加维修项目原因		维修经理	时间	
服务顾问意见		用户确认	时间	
不能按时完工原因		服务顾问	时间	
质量检验员检验确认			维修完工时间	
用户交接车				
服务站交车			接车时间	
服务顾问交车			接车时间	
用户接车签字			接车时间	

站名:　　　　　　　　地址:　　　　　　　　电话:
开户:　　　　　　　　账号:

此单一式三联:用户一联(作为接车凭证),服务顾问一联,维修车间一联(维修时此单将跟车)。

课题三　汽车维修合同的管理

一、合同行政管理机构及其职责

国家工商行政管理局和地方各级工商行政管理局是法定的统一维修合同管理机关,其主要职责是:统一管理维修合同,对合同的订立和履行进行监督和检查;确认无效合同;仲裁合同纠纷案件;查处违法合同及利用合同进行违法活动的行为,对维修合同进行鉴证。

汽车维修行业管理部门是汽车维修合同的行业主管部门,其主要职责包括:认真贯彻国家关于汽车维修合同管理的法规,制定实施办法;负责汽车维修合同的管理;组织指导和监督检查所管辖单位之间的合同关系,处理合同中出现的问题,调解维修合同纠纷。

金融机构包括银行和信用合作社,在合同管理中,通过信贷管理和结算管理,监督经济合同的履行。其对汽车维修合同的监督管理主要是通过信贷管理及结算管理,监督汽车维修合同的履行;对发生法律效力的仲裁决定书、调解书或判决书、裁定书、在规定期限内当事人没有自行履行时协助执行。

合同行政管理机构如图 3-1 所示。

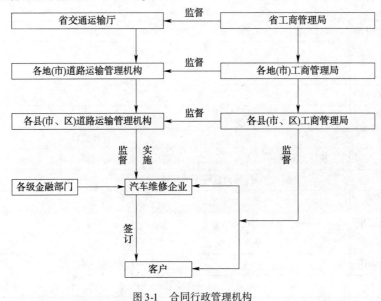

图 3-1　合同行政管理机构

二、汽车维修合同的鉴证

鉴证是汽车维修合同管理的一项重要内容。通过鉴证,可以证明维修合同的真实性,使合同的内容和形式都符合法律要求;可以增强合同的严肃性,有利于承修、托修双方当事人认真履行;便于合同管理机关监督检查。

汽车维修合同鉴证实行自愿原则。承修、托修双方当事人请求鉴证的情况下,约定鉴证的合同只有经过鉴证程序,合同才能成立。

经审查符合鉴证要求的,国家工商行政管理机关予以鉴证,鉴证应制作维修合同鉴证书。

为有利于经济合同法规的实施,保护当事人的合法权益,对合同鉴证工作有如下规定和要求:

(1)鉴证是经济合同管理机关根据双方当事人的申请,依法证明经济合同的真实性和合法性的一项制度。

(2)经济合同的鉴证实行自愿原则,国家另有规定者除外。

(3)工商行政管理局是经济合同的鉴证机关。鉴证一般由合同签订地或履行地的工商行政管理局办理。

(4)经济合同的鉴证,应当依照国家法律、行政法规和政策的规定,审查其下列内容:

①签订经济合同的当事人是否合格,是否具有权利能力和行为能力。

②经济合同当事人的意思表示是否真实。

③经济合同的内容是否符合国家的法律、政策和计划的要求。

④经济合同的主要条款内容是否完备、文字表述是否准确、合同签订是否符合法定程序。

(5)经济合同鉴证的范围,应包括法人之间、法人与个体经营户、农户、专业户之间及个体经营户之间、专业户之间和个体经营户、专业户相互之间订立的购销、建设工程承包、加工承揽、货物运输、供用电、仓储保管、财产租赁、借款、财产保险、科技协作、联合经营合同等。

(6)经济合同的鉴证,应当由当事人双方到工商行政管理局办理。如果需要委托他人代办鉴证的,代理人必须持有委托证明。

(7)申请鉴证应当提供下列材料:

①经济合同正本、副本。

②营业执照或副本。

③签订经济合同法定代表人或委托代理人资格证明。

④其他有关证明材料。

(8)工商行政管理局在办理经济合同鉴证时,需要外地工商行政管理局协助调查的,应当提出明确的项目和要求。受委托的工商行政管理局,应当认真办理,及时回复。

(9)鉴证人员应当认真审查双方当事人提供的合同文本及有关证明材料是否真实、合法。经审查符合鉴证条件的,予以鉴证。鉴证人员应当在合同文本上签名,加盖工商行政管理局经济合同鉴证章。

如果当事人提供的合同文本及证明材料不完备,应告诉当事人予以补齐。

对不真实、不合法的经济合同,应当向当事人说明不予鉴证的理由,并在合同文本上注明。

(10)工商行政管理局发现自己对经济合同的鉴证有错误时,应予撤销。

办理鉴证应向申请鉴证的当事人收取鉴证费。收取鉴证费的标准按照国家工商行政管理局、财政部按有关规定执行。

三、汽车维修合同纠纷的调解

汽车维修合同发生纠纷,承修、托修双方当事人应及时协商解决。协商不成,可向当地汽车维修行业管理部门申请调解。由主诉方填写申请书,汽车维修行业管理部门通过取证,作出调解意见书,双方当事人签字认可,行业管理部门监督双方当事人执行。当事人一方或双方对调解不服的,可向国家工商行政管理部门及国家规定的仲裁委员会申请仲裁,也可直接向人民法院起诉。

汽车维修行业管理部门组织委托技术分析、鉴定、调查、取证等发生的费用,申请者先予垫付,纠纷费用原则由责任方负担,具体应根据承修、托修双方责任大小分别负担。

汽车维修质量纠纷调解,申请日期应在国家规定的质量保证期内,或在汽车维修合同约定期限期满内。维修收费纠纷调解申请日期应在车辆竣工出厂收费后的一个月内。

申请者在申请调解时,应提供下列材料:
(1)纠纷调查申请书。
(2)修车经过说明。
(3)维修合同。
(4)竣工出厂合格凭证。
(5)工时费、材料费结算清单。
(6)维修发票等。

四、汽车维修合同的仲裁

仲裁,又称公断,是解决争议的一种方式。从字义上讲,"仲裁"的"仲"字表示地位居中。"裁"字表示对是非进行评断、作出结论。从法律意义上讲,仲裁是指纠纷双方当事人按事先或事后达成的协议,自愿将有关争议提交仲裁机构,仲裁机构以第三者的身份对争议的事实和权利义务作出判断和裁决,以解决争议,维护正当权益,当事人有义务履行裁决的一种制度。

当发生了合同纠纷调解失败后,当事人可采取仲裁方式解决纠纷。双方当事人自愿达成仲裁协议。仲裁协议包括合同订立的仲裁条款和以其他书面方式在纠纷发生前或者纠纷发生后达到的请求。没有书面仲裁协议,一方申请,仲裁委员会不予受理(仲裁协议无效的除外)。

仲裁委员会应当由当事人协议选定。仲裁委员会应根据事实,符合法律规定,公平合理地解决纠纷。仲裁不实行级别和地域管辖。仲裁依法独立进行,不受行政机关、社会团体和个人的干涉。

仲裁实行一裁终局的制度。裁决作出后,当事人就同一纠纷再申请仲裁或向人民法院起诉的,仲裁委员会或者人民法院不予受理。裁决被人民法院依法裁定或者不予执行的,当事人就该纠纷可以根据双方重新达成的裁决协议申请裁决,也可向人民法院起诉。

仲裁协议是指当事人以书面协议方式请求仲裁委员会仲裁纠纷的意思表示。仲裁协议应当以书面形式订立,口头的仲裁协议无效。

当事人对裁决协议的效力有异议的,可以请求仲裁委员会作出决定,或者请求人民法院作出裁定。一方请求仲裁委员会作出决定,另一方请求人民法院作出裁定的,由人民法院裁定。

当仲裁委员会对维修问题认为需要鉴定的,可以交由当事人约定的鉴定部门鉴定。可以由仲裁庭指定的鉴定部门鉴定。

经仲裁委员会或人民法院仲裁,仲裁委员会或人民法院仲裁应向双方当事人下达裁决书。

已经裁决当事人申请撤销裁决的,应当自收到裁决书之日起6个月内提出。人民法院应当在受理撤销裁决申请之日起2个月内,作出撤销裁决或者驳回申请的裁决。

当事人应当履行裁决。一方当事人不履行的,另一方当事人可以依照民事诉讼法的有关规定向人民法院申请执行。受申请的人民法院应当强制执行。仲裁费用原则上由败诉方承担。但在实践中,考虑各种因素由当事人分摊仲裁费。例如:申诉人70%的仲裁请求得到了满足,可以裁定由申诉人承担30%,被申诉人承担70%的仲裁费用;如一方当事人胜诉20%,则应承担80%左右的仲裁费用,另一方承担20%。

单元四
汽车技术管理

 知识目标

1. 掌握汽车技术管理的基本原则；
2. 掌握汽车技术管理的职责范围；
3. 熟练掌握汽车技术档案的内容；
4. 熟练掌握汽车技术档案的管理；
5. 掌握评定汽车技术等级的目的和汽车技术等级的划分；
6. 熟悉汽车技术等级评定标准；
7. 掌握汽车维修承接的方法及具体工作内容；
8. 熟悉汽车改装、改造的概念、目的和条件；
9. 熟悉汽车改装与改造的原则；
10. 掌握汽车报废条件；
11. 熟悉报废汽车的回收管理规定。

 技能目标

1. 会建立汽车技术档案；
2. 会划分汽车的技术等级。

课题一　汽车技术管理概述

随着经济社会的不断发展，道路运输市场和车辆维修市场发生了各种变化，使汽车运输行业车辆技术管理碰到一系列新的问题，如车辆技术管理过程中缺乏依据，管理跟不上形势的发展需要等。因此，为了使汽车运输业在车辆购置选型和正确使用方面得到技术依据、规范的管理和科学的指导，交通部于 1990 年 3 月 7 日发布了第 13 号部令，即《汽车运输业车辆技术管理规定》，自 1990 年 10 月 1 日开始施行。

13 号令施行 25 年来，对于加强道路运输车辆技术管理，保持车辆技术状况良好，促进道路运输安全及节能减排，保障道路运输业健康可持续发展发挥了重要作用。但是，随着我国经济体制改革的深入和道路运输业转型发展，13 号令与党中央国务院提出的加快政府职能转变、推进简政放权、加强市场监管、创造公平公正市场环境的要求越来越不适应，亟须修订。在此情况下,交通运输部对13号令进行了修订,并经2016年1月14日第1次部务会议通过,以交通运输部令第1号《道路运输车辆技术管理规定》("以下简称《规定》")予以公布,自2016年3月1日起施行。

《规定》的修订,是按照"创新、协调、绿色、开放、共享"的发展理念,坚持"综合交通、智慧交通、绿色交通、平安交通"目标导向,制定符合行情民意、具有时代特征的政策措施;坚持问题导向,主动大胆作为,着力解决行业发展中的难点热点问题,满足道路运输行业转型升级、提质增效的需要。它是道路运输管理法规的重要组成部分,是道路运输经营者、各级交通运输主管部门和道路运输管理机构、机动车维修经营者、汽车综合性能检测机构对车辆进行技术管理的依据和行为准则。

一、汽车技术管理的目的

通过加强道路运输车辆技术管理,保持车辆技术状况良好,达到保障运输安全、发挥车辆效能、促进节能减排的目的,从而保护人民群众生命财产安全。

汽车技术管理是道路运输经营者、各级交通运输主管部门和道路运输管理机构、机动车维修经营者、汽车综合性能检测机构必须履行的职责。就汽车维修企业而言,汽车技术管理水平的高低,也是反映汽车维修企业负责人管理水平高低的主要内容之一。

二、汽车技术管理的原则

《规定》第三条规定:"道路运输车辆技术管理应当坚持分类管理、预防为主、安全高效、节能环保的原则"。

1. 分类管理

我国道路运输车辆的运行强度是美国、日本等发达国家的3倍左右,车辆制造水平也低于发达国家,5年平均行驶总里程达60万~80万km,国情决定了我国的制度设计必须实事求是、符合车辆磨损规律和可靠性变化规律,《规定》明确了道路运输车辆检测频次,突出了分类监管的原则,对客车、危货运输车使用后期增加了维护和检验周期和频次。从我国道路运输车辆事故规律看,大型车辆,尤其是客车、危货运输车的监管、维修、检测和使用是道路运输车辆的重中之重,从全国道路运输安全条件数据看这些车辆也是重点。因此,车辆必须分类管理。

2. 预防为主

所谓"预防为主",就是要把采取各种措施预防车辆技术问题的发生放在车辆管理工作的首位,防患于未然。对车辆技术管理,主要不是在事后去找原因、追责任、堵漏洞,而是谋事在先,尊重科学,探索规律,采取有效措施预防车辆技术问题的发生,做到防患于未然,将隐患消灭在萌芽状态。虽然在生产活动中不可能完全杜绝车辆技术问题的发生,但是只要思想重视,预防措施得当,由于车辆技术问题引发的事故,特别是重大恶性事故是可以大大减少的。预防为主就是要求道路运输经营者严格遵循相关技术标准或规范。

3. 安全高效

安全是指不受威胁,没有危险、危害、损失。安全是在人类生产过程中,将系统的运行状态对人类的生命、财产、环境可能产生的损害控制在人类能接受水平以下的状态。

道路运输车辆安全包括运行安全、维修检测安全和日常安全。安全一靠制度保障;二靠机制保障;三靠人员素质保障。因此,道路运输经营者应该从上述三个方面入手,建立健全规章制度,通过制度形成对应高效的运行机制,达到提高人员素质,满足道路运输安全管理的要求。

高效是指效率高,即在保证质量的前提下,相同或更短的时间里完成更多的任务。包括运输生产效率、车辆使用效率和技术经济指标效率。为确保这三个效率,道路运输经营者应当编制相应的技术管理制度、技术经济考核指标,按照现代企业管理制度完善相关运行机制。

在运输组织方面,应积极引进现代科技,充分运用"互联网+"技术,促进多式联运和综合运输效率的提高;在车辆维修方面,积极应用成熟可靠的汽车检测诊断、维修技术及仪器设备,落实检测—诊断—维护—修理的技术路线和操作规程,避免车辆过度维修和延迟维修,确保维修的及时性和有效性;在简政放权、便民服务方面,化繁为简,对普通道路运输车辆允许异地检测,改革了道路运输车辆维护管理制度,取消了相关签证备案环节,提高了工作效率。在道路运输车辆安全监管方面,突出了经营者主体责任,明确了道路运输经营者在车辆技术管理全过程中的权力、责任和义务,还权于企业,提高了道路运输经营者在车辆技术管理活动中的地位和作用。

安全高效原则是从国家"十三五"发展规划和建设"综合交通、智慧交通、绿色交通、平安交通"的角度出发提出的,也是确保道路运输健康、有序、持续发展的保障条件。

4. 节能环保

节能环保是道路运输业可持续发展的必由之路。国外如此,我国更是这样,尽管道路运输业已经成为民生服务业,是国家经济发展的先行官,但其节能环保问题正成为制约其快速发展的瓶颈。积极发展节能环保型汽车,在车辆使用、维修、检测等环节注重节能环保措施的应用,符合我国能源供给实际和消费水平,有利于缓解能源紧张状况,保护环境,对于落实国家能源发展战略,加快建设资源节约型、环境友好型社会,具有重要意义。道路运输车辆节能还与全球变暖及雾霾关系密切。欧洲、日本认为,全球变暖是地球最大的环境威胁之一,CO_2是最重要的温室气体,而传统的汽、柴油车大量排放CO_2。因此,汽车节能也就控制了CO_2排放。

三、汽车技术管理的主要内容

1. 择优选配

择优选配是指道路运输经营者应该根据本区域道路、气候、海拔、车辆燃料供给情况等因素,结合所购车辆用途、承担的主要运输任务及运输量,科学选择适合自己使用条件的车辆,优先选择技术先进、可靠性高、维修方便、节能环保的车辆。

2. 正确使用

正确使用是指道路运输经营者按照国家和行业标准或规范,参考车辆出厂使用说明书、维修手册等技术资料,正确使用车辆,确保车辆技术效能得到最大限度的发挥。道路运输车辆的正确使用涉及车辆的规范驾驶操作、燃料和润滑油(脂)的正确选择、轮胎的正确选用等。车辆的正确使用包括管、用、养、修的各个方面。

3. 周期维护

周期维护是指根据车辆类别、运行状况、行驶里程、道路条件、使用年限等因素有规律地组织的车辆维护作业,以保持车辆经常处于最佳运行技术状态,包括日常维护、一级维护和二级维护。

道路运输经营者应遵循《汽车维护、检测、诊断技术规范》(GB/T 18344—2001)等国家标准和行业标准的规定,结合车辆出厂使用说明书、维修手册及车辆使用强度,由经营者自行编制科学、合理、实用的车辆维护计划,并组织实施。

4. 视情修理

视情修理是根据车辆进厂报修、诊断检测、综合分析后的技术评定,确定修理项目,按不同作业范围和作业深度进行修理。

视情修理是随着高科技和汽车检测诊断技术的发展而提出的。要求道路运输经营者认真贯彻落实维护、检测、诊断制度,依据检测诊断和技术鉴定,确定维修项目,避免过度维修或延迟维修。

"视情修理"体现了以下基本实质:一是改定性判断为定量判断,确定维修作业的方式由以车辆行驶里程为基础,改变为以车辆实际技术状况为基础;二是使用高科技检测手段,送修车辆的检测诊断和技术评定,是实现车辆视情修理的重要保证;三是体现了技术与经济相结合的原则,避免了拖延维修造成车况恶化,也防止了提前维修造成的浪费。"视情修理"落实的关键,是检测诊断设备、仪器的应用。近年来,汽车综合性能检测站的建立和汽车维修检测诊断技术的普及,为视情修理创造了客观条件。

5. 定期检测和适时更新

定期检测是指道路运输经营者应该严格按照《规定》第二十条对车辆进行综合性能检测。按照国际惯例,《规定》调整了车辆定期检测的周期和频次,以适应新形势下车辆技术管理的要求。道路运输车辆使用时有一定的规律,同时与车辆的使用环境、操作和维护与修理有着密切联系。一是随着使用里程或时间的延长,部机件间的配合关系势必发生变化,进而影响车辆的技术经济指标,包括车辆的动力性、经济性和可靠性指标。二是通过定期检测来确定车辆具体技术状况,依据检测结果确定车辆维护或修理作业项目,实现车辆全寿命周期内的消耗指标最佳。三是道路运输行政许可要求道路运输车辆必须定期进行车辆技术等级评定,客车还需定期进行客车类型及等级划分复查,依据审验结果确定行政许可项目的延续。

车辆更新是以高效低耗、性能先进的车辆更换在用车辆。适时更新是运输车辆全过程管理不可或缺的环节,是提高车辆技术状况、降低运行消耗、增加经济效益的重要措施,以维持道路运输不断发展。车辆适时更新是技术与经济相结合原则的体现。

四、汽车技术管理的职责

(1)道路运输经营者是车辆技术管理的责任主体,应根据车辆数量和经营类别合理地设置部门,配备人员,有效地实施车辆从择优选配、正确使用、周期维护、视情修理、定期检测和适时更新的全过程管理。

(2)机动车维修经营者作为车辆维护、修理的实施主体,为道路运输车辆的维护和修理提供服务保障。

（3）汽车综合性能检测机构作为评价道路运输车辆技术状况的技术支撑单位，对检测评定的结果应当承担相应的法律责任。

（4）交通运输部主管全国道路运输车辆技术管理监督。

（5）县级以上地方人民政府交通运输主管部门负责本行政区域内道路运输车辆技术管理监督。具体工作职责包括：组织实施关于道路运输的法律、法规、规章及有关方针政策，综合协调道路运输发展中的问题，指导、监督道路运输管理机构实施道路运输车辆技术管理。

（6）县级以上道路运输管理机构具体实施道路运输车辆技术管理监督工作。

各级道路运输管理机构要按照《国务院办公厅关于推广随机抽查规范事中事后监管的通知》（国发办〔2015〕58号）要求和《规定》明确的职责权限，逐步采用现代信息技术和随机抽查方式，对经营者的车辆技术管理工作进行监督检查。

对道路运输经营者，要重点检查运输车辆技术档案的建立、车辆维护的记录以及车辆定期检测和评定的执行情况等，检查结果应纳入运输企业质量信誉考核范畴，并与运输企业班线招标和运输车辆审验直接挂钩。

对机动车维修经营者，应当重点检查其执行国家有关车辆维护规范的情况。检查结果纳入维修企业质量信誉考核范畴和诚信管理体系。

对汽车综合性能检测机构，要重点检查其执行车辆综合性能检测、技术等级评定、客车类型等级评定和燃料消耗量核查标准和规定等情况，对不按技术规范对道路运输车辆进行检测、未经检测出具道路运输车辆检测结果以及不如实出具检测结果的，道路运输管理机构不予采信其检测报告，并抄送同级质量技术监督主管部门处理。

课题二　汽车技术档案

汽车技术档案是指汽车从新车购置到报废的整个使用过程中，全面准确翔实记载车辆的基本情况、主要性能、运行使用、维护修理、车辆变更、事故损坏、检测评定等内容的车辆历史资料，它是了解车辆性能和技术状况，掌握车辆使用、维修规律的重要资料。建立健全汽车技术档案是车辆技术管理工作的一项重要基础性管理工作，有利于道路运输经营者做好车辆技术管理工作，提升企业车辆技术管理水平，并可以作为分析道路运输车辆交通事故原因的一项主要依据，更是道路运输经营者自我保护的重要措施，一旦车辆发生事故或纠纷，经营者要承担"举证"责任时，汽车技术档案也是一个最好的证据。汽车技术档案也可为汽车制造厂改进汽车结构、材料提供技术资料，它也是评价技术管理水平高低的依据之一。

一、汽车技术档案的建立

1. 汽车技术档案的建立

道路运输经营者应建立汽车技术档案制度，对所属道路运输车辆必须建立一车一档的技术档案，并应认真填写，妥善保管。交通运输管理部门要督促并指导运输企业建立汽车技术档案，并将汽车技术档案作为审核《道路运输证》的依据之一。

汽车技术档案由运输企业负责建立，由运输企业的车管技术人员负责填写和管理，企业要运用信息化技术做好汽车技术档案管理工作。为了适应总成互换修理,汽车技术档案也可按汽车各部总成单项立卡,随总成使用归入汽车技术档案内。汽车在检测、维修、改造时,必须随带技术档案进行有关项目的填写。汽车办理过户(转籍)手续时,技术档案应完整移交,接收车辆单位应注意查收车辆技术档案。汽车被核准报废后,车管技术人员办完报废手续并记入技术档案中,然后将技术档案妥善保存。

2. 汽车维修档案的建立

汽车维修档案是汽车技术档案的重要组成部分。汽车维修档案的建立和管理工作,是汽车维修的基础管理工作,也是企业生产、技术管理的基础工作。《机动车维修管理规定》(交通运输部令2016年第37号)第三十四条规定:"机动车维修经营者应当建立机动车维修档案,并实行档案电子化管理。维修档案应当包括:维修合同(托修单)、维修项目、维修人员及维修结算清单等。对机动车进行二级维护、总成修理、整车修理的,维修档案还应当包括:质量检验单、质量检验人员、竣工出厂合格证(副本)等。机动车维修经营者应当按照规定如实填报、及时上传承修机动车的维修电子数据记录至国家有关汽车电子健康档案系统。机动车生产厂家或者第三方开发、提供机动车维修服务管理系统的,应当向汽车电子健康档案系统开放相应数据接口。机动车托修方有权查阅机动车维修档案。"

建立健全汽车维修档案,有利于规范汽车维修经营者的企业管理,有利于保证维修质量,提升企业乃至全行业管理水平,并可以作为分析质量事故原因、调解维修纠纷的主要依据之一。在目前的维修体制下,汽车二级维护、总成修理、整车修理是较高级别的维修作业,其质量优劣对车辆的正常使用、效能发挥,直至整个寿命都将产生影响。

建立完善的维修档案是汽车维修企业自我保护的重要措施。因为在质量保证期内一旦发生维修质量纠纷,维修企业要承担"举证"责任,维修档案是最好的证据。

为使汽车维修档案的建立工作落到实处,应切实做到以下几点:

(1)对维修车辆逐车建立维修档案,即一车一档。

(2)档案内容齐全、完整。

(3)正确、及时填写档案内容,妥善保管。

(4)建立档案管理制度,由专人负责,并注意保存年限。

3. 汽车检测档案的建立

汽车检测档案也是汽车技术档案的重要组成部分。建立健全汽车检测档案,有利于规范汽车综合性能检测机构的企业管理,有利于保证检测质量,提升企业乃至全行业管理水平,并可作为分析事故原因、调解检测纠纷的主要依据之一。《规定》第二十五条规定:"汽车综合性能检测机构应当建立车辆检测档案,档案内容主要包括:车辆综合性能检测报告(含车辆基本信息、车辆技术等级)、客车类型等级评定记录。车辆检测档案保存期不少于两年。"

建立完善的检测档案是汽车综合性能检测机构企业管理水平的象征,也是检测机构自我保护的重要措施。因为如检测机构所检车辆发生事故,要承担"举证"责任,档案是最好的证据。

为使汽车检测档案的建立工作落到实处,应切实做到以下几点:

(1)对检测车辆逐车建立检测档案,即一车一档。

(2)档案内容齐全、完整。
(3)准确、及时填写档案内容,妥善保管。
(4)建立档案管理制度,由专人负责,并注意保存年限。
(5)计量单位正确。

二、汽车技术档案的内容

1. 汽车技术档案的内容

《规定》第十四条对汽车技术档案的主要内容作出明确规定,主要包括以下八个方面的内容:

(1)车辆基本信息。应详细记录运输经营者信息、车辆号牌信息、经营范围等车辆基本情况和车辆类型、发动机型号及参数、车辆外廓尺寸等车辆参数与配置情况。

(2)车辆技术等级评定情况。应记录评定日期、车辆技术等级评定结果和检测评定单位等信息。

(3)客车类型等级评定或者年度类型等级评定复核信息。应记录评定日期、客车类型等级评定或者年度类型等级评定复核结果和评定复核单位信息。

(4)车辆维护和修理情况。应详细记录《机动车维修竣工出厂合格证》签发日期及编号、维修类别(一级维护、二级维护、大修或总成修理)、二级维护主要附加作业内容或总成修理内容和维修承接单位信息。

(5)车辆主要零部件更换情况。车辆主要零部件是指客车车身、货车驾驶室和货厢、发动机、离合器、变速器、传动轴、前后桥、转向器、车架等部件。应详细记录更换主要零部件日期、名称、型号(规格)及厂名和实施部件更换单位信息。

(6)车辆变更情况。应记录变更日期、变更事项和变更内容。

(7)行驶里程变化情况。应按月记录车辆累计总行驶里程和单月行驶里程数据。

(8)对车辆造成损伤的交通事故等记录。应详细记录对车辆造成损伤的交通事故发生日期、发生地点、事故性质、事故责任、事故原因及车辆损坏情况和直接经济损失情况等内容。

2. 汽车维修档案的内容

机动车维修档案主要内容包括:维修合同(托修单)、维修项目、维修人员及质量检验人员、检验单、竣工出厂合格证(副本)及结算清单等。

根据《汽车修理质量检查评定办法》(GB/T 15746—2011)的要求,汽车修理质量检查评定内容包括竣工质量评定和维修档案评定两个方面,因此,维修档案评定是修理质量检查评定的重要内容。

(1)汽车整车修理维修档案评定。汽车整车修理维修档案的评定应包括核查维修合同、汽车整车修理进厂检验单、过程检验单和竣工检验单、机动车维修竣工出厂合格证、维修工时费和材料费结算清单等六个核查项目。

①汽车维修合同(托修单)。合同填写应字迹清楚;合同条款中应明确维修项目(含补充项目)、维修费用和完成时间;合同应有托修、承修双方签字或盖章确认。

②汽车整车修理进厂检验单。进厂检验单是汽车修理进厂时,由汽车维修检验员对送

修汽车技术状况和装备齐全状况进行鉴定的记录。检验单填写应字迹清楚并包括下列内容:进厂编号、品牌/型号、车辆识别代号(或底盘号)、发动机型号和编号、里程表记录、整车装备及附属设施、客户主述及检验记录、检验日期、承修方处理意见、检验员签字、托修方签字。

③汽车整车修理过程检验单。过程检验单是汽车在修理过程中,由汽车维修检验员对总成和零部件按其修理过程中工艺顺序所进行技术鉴定的记录。检验单填写应字迹清楚,过程检验项目应与维修合同中规定的作业项目一致,检验结果应真实准确,检验单应有编号、检验日期、主修人员及检验员签字。

④汽车整车修理竣工检验单。汽车整车修理竣工检验单是汽车大修竣工后,由汽车维修质量检验员对车辆的技术状况进行技术鉴定的记录。竣工检验项目应符合《汽车大修竣工出厂技术条件 第1部分:载客汽车》(GB/T 3798.1—2005)、《汽车大修竣工出厂技术条件 第2部分:载货汽车》(GB/T 3798.2—2005)和《商用汽车发动机大修竣工出厂技术条件 第1部分:汽油发动机》(GB/T 3799.1—2005)、《商用汽车发动机大修竣工出厂技术条件 第2部分:柴油发动机》(GB/T 3799.2—2005)的相关规定,检验结果记录应真实准确并有检验员签字。

检验单中字迹应清晰、项目齐全、完整,填写真实、正确。检验项目、名词术语和计量单位应符合国家及行业有关标准及相关汽车修理技术文件的有关规定。

⑤机动车维修竣工出厂合格证。机动车维修竣工出厂合格证是承修单位对机动车维修竣工,经过技术鉴定并符合相应标准后的机动车所开具的质量凭证。

合格证填写应字迹清楚并包括下列内容:托修方、车牌号码、车型、发动机型号及编号、底盘(车身)号、维修类别、维修合同号、进出厂日期、检验员签章、承修单位盖章、保质期规定等。

机动车维修竣工出厂合格证的式样参见单元二附件2-1。

⑥维修工时费和材料费结算清单。清单中应列出工时费及材料费明细,并注明所更换配件类别(原厂配件、副厂配件、修复件)。

(2)汽车二级维护基本检验技术文件。汽车二级维护基本检验技术文件是汽车在进行二级维护过程中,为了保证汽车维护质量,由汽车维护企业所填制的必要的维护检验单证,主要有汽车二级维护前检测诊断记录表、汽车二级维护过程检验记录、汽车二级维护竣工检验记录及汽车二级维护竣工出厂合格证等。

表4-1所示为轿车二级维护竣工检验记录样表。

轿车二级维护竣工检验记录　　　　表4-1

| 托修方: | 道路运输证号: | 车牌号: | 厂牌车型: | 进厂日期: | 派工号: |

序号	检验项目	技术要求	检验记录
1	清洁	车辆外部、各总成外部应清洁无油污	
2	紧固	各系统外部主要螺栓、螺母按规定力矩拧紧,各锁销、垫圈齐全可靠	
3	润滑	(1)发动机,变速器,差速器,转向器润滑油规格及油面高度符合规定,各通气塞孔畅通; (2)各部润滑点油脂加注有效,油嘴齐全,安装位置正确	

续上表

序号	检验项目	技术要求	检验记录
4	发动机	发动机应动力性能良好,运转平稳,怠速稳定,无异响,机油压力和温度正常。发动机功率应大于或等于标牌(或产品使用说明书)标明的发动机功率的75%	
5	传动系统	离合器接合平稳,分离彻底,无打滑、振抖、异响现象,踏板自由行程符合原厂规定; 变速器、差速器、驱动轴各部无异响,变速自如,操纵灵活,不跳挡、乱挡,驱动轴无损坏,万向节不松旷,润滑良好	踏板自由行程: mm
6	前、后悬架	无异响,减振效果良好	
7	转向系统	转向机构操作轻便,无摆振,不跑偏,回位自如,不变形。转向盘自由转动量符合规定	转向盘自由转动: 左:(°) 右:(°)
8	电器与电子设备	灯光、仪表、信号装置齐全有效;电子控制系统无故障码显示	
9	制动、滑行性能	制动性能应符合《机动车运行安全技术条件》(GB 7258—2012)中的有关规定;驻车制动应符合 GB 7258—2012 中的有关规定;轮毂不松旷,初速30km/h,滑行距离应大于200m	
10	废气排放	应符合国家环保标准的规定	
11	噪声	应符合国家环保标准的规定	
12	密封	各部油、水、气密封良好,不漏电	
13	其他	刮水器工作有效,车门开闭灵活,锁止有效	
检验结论			
	承修单位(盖章):	总检验员(签字):	出厂日期:

3. 汽车检测档案的内容

汽车检测档案的主要内容包括:车辆综合性能检测报告(含车辆基本信息、车辆技术等级)、客车类型等级评定记录等。

三、汽车技术档案的管理

1. 汽车技术档案的管理

汽车技术档案在运输企业一般由车管技术人员负责填写和管理,企业技术管理部门应定期进行检查。对汽车技术档案管理的要求如下:

(1)记载应做到"及时、完整和准确"。及时就是指档案中规定的内容,要按时记载,不得拖延,不允许采用在一定时期以后,以"总算账"的方式追记。完整就是要按规定内容和项目要求,一项不漏地记载齐全,不留空白。所谓准确就是要一丝不苟地、实事求是地记录,使其真实可靠。

(2)专人负责,职责分明。车管技术人员是技术档案的具体负责人,负责填写、执行和保管,并负全部责任。

(3)技术档案应妥善保管,随车调动。

2. 汽车维修档案的管理

机动车维修档案由业务部门指定专人负责收集、整理、保管。保管中,不错落、不散失、不污损。

机动车维修档案应保持整齐、完整。一车一档装于档案袋中,不得混装。档案袋应有标识,以便检索。

汽车一级维护、小修的资料在维修登记本中保存。机动车维修竣工后,检验员应在车辆维修档案中记载总成和重要零部件更换情况及重要维修数据(如汽缸、曲轴直径加大尺寸)。填写档案时,注意字迹清晰工整(用字规范无歧义,书写工整不潦草)、项目齐全完整(逐项填写,不留空白)、记录真实准确(按时记载,实事求是,一丝不苟,该定量就定量)、计量单位正确(使用法定计量单位,区别大小写)。

单证入档后不得随意更改、抽换。如确需更正,应经有关领导批准同意。车辆维修档案查阅需经业务部门经理同意,并履行查阅手续。阅后及时、完整归还。

机动车维修档案保存期不应少于2年。

3. 汽车检测档案的管理

汽车检测档案应由专人负责收集、整理、保管,档案应保持整齐、完整。一车一档装于档案袋中,不得混装。档案袋应有标识,以便检索。

填写档案时,注意字迹清晰工整、项目齐全完整、记录真实准确、计量单位正确。保管过程中,不错落、不散失、不污损。

汽车检测档案保存期不少于2年。

四、汽车电子健康档案系统

所谓汽车电子健康档案系统,就是以车辆识别代号(VIN)作为身份标识,为每辆车建立从购置到报废全过程的电子维修记录。该档案系统是以汽车电子健康档案为核心数据,为广大车主、维修企业和行业管理部门提供服务的信息化系统。

交通运输部高度重视汽车电子健康档案系统建设工作,2016年3月8日,交通运输部办公厅印发了《交通运输部办公厅关于开展汽车电子健康档案系统建设试点工作的通知》,确定在江苏、湖北、浙江等省以及相关汽车维修和生产企业,开展汽车电子健康档案系统建设试点工作,标志着汽车电子健康档案系统建设工作正式进入实施阶段。

建设全国汽车电子健康档案系统,是关系到广大人民群众切身生活的重要民生工程,是贯彻落实国务院转发的《交通运输部等十部委关于促进汽车维修业转型升级,提升服务质量的指导意见》、《关于积极推进"互联网+"行动的指导意见》以及《机动车维修管理规定》(交通运输部令2016年第37号)等文件的重要举措,已成为"十三五"期间国家和行业一项重要系统工程。2016年3月25号发布的《国务院办公厅关于促进二手车便利交易的若干意见》中指出,要加强互联互通和信息共享,加快建设覆盖生产、销售、登记、检验、维修、保险、报废等汽车全生命周期的信息体系,非保密、非隐私性信息应向社会开放,便于查询,符合国家有关要求的信息服务可以市场化运作,已经具备条件的行业信息要进一步加大开放力度。汽车电子健康档案系统正是基于以上要求呼之欲出。

虽然国内的汽车维修行业的维修技术水平、服务质量以及维修设施已经有了很大发展，但是仍有过度维修、维修信息不透明等种种问题。全国汽车电子健康档案系统的建立，将会首先在一期实现车主对其汽车维修信息的查询，促使维修信息透明化。在此基础上，系统二期将会通过大数据分析，构建基于数据的政府服务体系，为科学制定行业规范以及规则提供数据支持，并将实现以下目标：

(1) 加快行业信息化建设，促进行业转型升级。通过建设汽车电子健康档案系统，不仅健全了覆盖全国的汽车维修数据档案，保障消费者合法权益，而且将有效推进汽车维修行业信息化建设进程，提升汽车维修行业的管理效率和服务品质，促进汽车维修行业的转型。

(2) 推进维修信息透明化，保护消费者合法权益。全国范围内汽车电子健康档案系统的建立，将针对所有合法合规的汽车维修企业进行维修记录数据采集，旨在破除维修信息不对称现象，保障消费者合法权益，为广大车主提供一个可以查询到自己车辆维修记录的平台，让车主明明白白消费，清楚地知道汽车发生的故障、更换的零部件以及产生的相关费用，引导企业提供透明服务，优质服务，促进企业服务水平的提高。

(3) 搭建社会监督渠道，提升行业服务质量。在查询到维修记录的基础上，车主可以针对该次维修涉及的维修企业进行评价或者投诉。车主的评价或者投诉会直接反馈到维修企业以及行业管理部门，行业管理部门会督促维修企业尽快对投诉进行反馈或解决。面向车主的维修企业推荐，车主可以查询到企业的基础信息，如企业资质、经营范围、主修品牌、地址以及联系方式。在维修企业详情页上，车主可以看到该维修企业的客户对其维修质量的评价或者投诉，以此督促广大维修企业提升维修技术水平以及服务质量。

(4) 提升"互联网+应用"能力，促进政府服务升级。有利于创新政府和市场的合作关系，构建基于汽车维修数据的政府服务体系，为促进汽车"三包"、二手汽车公平交易和缺陷汽车召回提供有效手段和依据，提升政府服务能力。

(5) 信息交流共享，引导车主合理修车、科学用车。系统将搭建车主之间以及车主与维修行业专家之间的信息交流与共享平台，为车主解决用车、修车中的各种问题，引导车主科学用车，合理修车。除此之外，系统将为车主和社会公众提供汽车维修相关政策、行业动态、热点新闻以及汽车维修常识等综合信息。

(6) 推广科技维修、绿色维修，故障辅助诊断先行。维修企业可以对即将维修车辆的历史故障和维修记录进行查询(仅包括维修时间、维修项目以及更换零部件等不涉及车主隐私的信息)，为快速找到解决方案，提高故障分析判断能力和维修效率提供技术支持。

课题三　汽车技术等级

随着汽车行驶里程的增加和使用年限的延长，汽车的动力性、安全可靠性、经济性、舒适性以及排放污染程度都会变坏，所以应及时了解和掌握汽车的技术状况，适时作出车辆能否安全运行的决定和确定维修项目。对在用汽车实行定期的检测，通过检测，来确定其技术等级。这种做法，不仅有利于行业管理部门能随时了解和掌握本区域内车辆技术状况的动态，对车辆使用者实行有效的监督，而且也便于车辆使用者及时了解车辆的技术状况，做到合理维护和修理。

一、评定汽车技术等级的目的

评定汽车技术等级的目的,一是保证投放市场的车辆技术性能是完好的;二是促进车辆使用者通过正常的维护、修理和合理使用,保持车辆的技术状况良好;三是保障旅客或货主的运输质量安全。

二、汽车技术等级的划分

汽车技术状况等级按《道路运输车辆技术等级划分和评定要求》(JT/T 198—2016)中的规定,分为一级车和二级车两个类别。

1. 一级车

核查评定项目达到一级;关键项均为合格;一般项的不合格项数不超过 3 项;分级项达到一级。

2. 二级车

核查评定项目至少达到二级;关键项均为合格;一般项的不合格项数不超过 6 项;分级项达到二级。

《规定》要求,所有道路运输车辆技术等级必须达到二级以上,方可从事道路运输经营活动。其中,危货运输车、国际道路运输车辆、从事高速公路客运以及营运线路长度在 800km 以上的客车,其技术等级必须达到一级。

车辆技术状况等级的评定周期和频次,客车、危货运输车自首次经国家机动车辆注册登记主管部门登记注册不满 60 个月的,每 12 个月进行 1 次检测和评定;超过 60 个月的,每 6 个月进行 1 次检测和评定。其他运输车辆自首次经国家机动车辆注册登记主管部门登记注册的,每 12 个月进行 1 次检测和评定。

三、汽车技术等级评定标准

对汽车技术等级进行评定时,要严格执照《道路运输车辆综合性能要求和检验方法》(GB 18565—2016)进行检测,并根据《道路运输车辆技术等级划分和评定要求》(JT/T 198—2016)将车辆技术等级划分为一级和二级。评定标准从车辆的动力性、燃料经济性、制动性、转向操纵性、前照灯发光强度与光束照射位置、排放污染物限值、车速表示值误差、整车装备及外观以及车辆配置等方面对车辆技术状况进行等级划分。道路运输管理机构采信汽车综合性能检测机构出具的车辆技术等级评定结论证明,作为配发《道路运输证》和车辆年度审验的依据。汽车综合性能检测机构必须按照《规定》的要求开展车辆综合性能检测和技术等级评定工作,并对检测和评定结果承担法律责任。

四、客车类型划分及等级评定方法

《规定》要求,从事高速公路客运、包车客运、国际道路旅客运输以及营运线路长度在 800km 以上客车的类型等级必须达到中级及以上。否则,不能从事上述客运经营活动。同时明确,客车类型等级评定方法要严格按照《营运客车类型划分及等级评定》(JT/T 325—2013)规定执行。

道路运输经营者在选择用于从事高速公路客运、包车客运、国际道路旅客运输以及营运线路长度在 800km 以上客车时,应选购符合 JT/T 325—2013 规定的中级及以上要求,并列入交通运输部或省级交通运输主管部门评审发布的车型;选购用于其他道路客运业务的客车应达到 JT/T 325 规定的普通级车型要求。

道路运输管理机构或受其委托的汽车综合性能检测机构必须依据交通运输部有关规定和 JT/T 325 要求,对客车进行首次类型等级评定和年度类型等级复核,严把客车类型等级关。

课题四　汽车维修业务的承接

汽车维修业务的承接关系到维修企业经营管理运作水平能否提高。接车工作也是维修企业与客户打交道的第一道门槛,接车工作是否到位,对下一步的维修工作起着很重要的作用。

一、汽车维修业务承接的重要性

车辆承接业务接待是维修企业给客户第一印象的部门,对内是与车间、班组、配件仓库联系的中枢,在维修企业管理中,占有十分重要的地位,是汽车维修流程中非常关键的工作。

(1)业务接待是企业形象、面貌、文明的窗口。接待员的语言文明、衣着、举止,接待厅的布置,决定着客户对维修单位的最初印象和信赖度。

(2)业务接待是企业技术水平高低的集中体现。接待员的工作作风,处理问题、解答问题、分析问题的能力,技术面的宽广,经验的多少全部在接车,估价交谈中体现出来。

(3)业务接待是企业服务水平、管理水平的缩影。进厂的交接、出厂的交车、钥匙的保管、车上的清洁卫生、追加项目的联系、配件的请示、出厂的跟踪、拯救的服务等,都反映着一个企业管理水平的高低。

(4)企业创收的窗口。接待水平的高低、估价的合理程度、结算的折扣等,这一切都会影响企业的信誉、企业的收入、企业的效益。

(5)企业公关的窗口。公关就是效益。企业是个小社会,要与公安、工商、交警、交委、行管、保险,各方面人士打交道。厂长经理同上层打交道,业务接待同下层打交道,上下都通,事情才能好办,才会带来效益。

二、汽车维修业务承接流程和业务接待员岗位职责

1. 业务接待工作程序

业务接待工作从内容上分为两部分:迎接客户送修与恭送客户离厂。

(1)业务厅接待前来公司送修的客户。

(2)受理业务:询问客户来意与要求;技术诊断;报价;决定是否进厂或预约维修;送客户离厂。

(3)将送修车清洗送入车间,办理交车手续。

(4)维修期间,维修增项意见征询与处理:征询客户意见、与车间交换工作意见。

(5)将竣工车从车间接出,检查车辆外观技术状况及随车物品。

(6)通知客户接车,准备客户接车资料。

(7)业务厅接待前来公司取车的客户,引导客户检视竣工车,汇报情况,办理结算手续,恭送客户离厂。

(8)对客户跟踪服务。

2. 业务接待员的岗位职责

(1)在业务部经理领导下开展业务接待工作,并按规定向经理汇报本职工作情况。

(2)负责完成业务接待所规定的工作内容,并达到工作要求。

①业务接待的准备工作:上班前准备好工作用表、价目表、服务项目介绍等工作文件。

②接收送修车辆,听取和记录客户的业务诉求。填写报修单、估价单及客户的特别要求。

③负责接车过程中简单技术问题的诊断或车况问题判断;遇到较复杂问题时,要请技术人员帮助诊断,不得拖延。技术诊断完成后,填写技术诊断书或报修施工单,并呈交客户审阅。

④与客户协商签订维修合同。

⑤接收送修车辆时,检视车辆外观。对燃油表、里程表数字进行登记;对为客户代管的随车物品登记入库并将清单交客户验签。

⑥负责将送修车及报修单移交车间,办理移交手续。如客户有特别要求的,应转告车间注意。

⑦送修车进入车间后,负责跟踪工作进度,按规定时间通知客户接车,或解释延误工期原因。发生增项修理时,负责与客户联系,并将客户意见转告车间。

⑧负责从车间接收维修竣工车辆,并对车辆外观、内饰进行检视,发现问题,有责任向车间负责人询问、交涉,有责任拒绝接收有技术质量问题的车辆。

⑨向客户交送竣工车辆时,协助客户办理财务结算手续。引导客户对车辆外观做全面检视。有随车托管物品的,交回客户并请其在保管单上签名,以示物品收回。

⑩客户在接受车辆时,如有意见或者疑问,应认真虚心听取,并做出礼貌耐心的解释。客户离厂时,应与客户礼貌告别,目送出厂。负责有关客户的技术咨询、价格咨询、配件咨询。负责向客户介绍本公司的服务和有关情况。

(3)负责对客户的跟踪服务。

①对维修出厂后的车辆要在2日内整理好档案并归档存放。

②对出厂后2~5日的客户要电话询问车辆运行情况。

③适时通知客户车辆下一次维护时间、年检时间、保险到期时间等有关信息。

④解答客户有关汽车使用方面的技术咨询,主动提出合理建议。

(4)负责处理客户投诉。认真听取投诉意见,提出处理办法;属我方责任的,应主动提出赔偿和道歉;属较大问题的应立即向部门经理汇报,以便尽快答复客户。处理投诉时不得与客户争执,应始终保持热情、积极服务的态度。

(5)负责本人工作区的清洁、整理工作。

（6）负责完成本部经理临时交办的业务工作。
（7）负责配合业务统计员做好统计工作。

3. 汽车维修服务流程

汽车维修服务流程如图 4-1 所示。经营者可依据自身规模、作业特点建立适用本企业的维修服务流程。

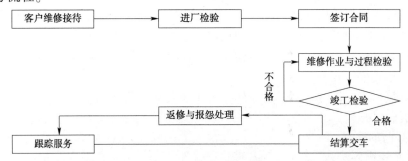

图 4-1　汽车维修服务流程

三、汽车维修承接业务的工作内容和注意事项

1. 工作内容

（1）客户档案。记录对客户所提供的维修服务，提醒客户定期维护。

（2）服务预约。

①当客户车辆进行故障诊断（或报修）以后，由于车主的原因不能立即进厂的车辆进行预约登记。

②由于维修工作量饱满（工作量超过工作能力 80%），对于报修车，不能及时进厂维修的，应由车主办理预约登记进厂时间。

③车主（客户）以电话方式进行预约进厂时，接待员应在电话中弄清车主所报故障现象，回答预约所需工时，决定大概完成时间。

（3）进厂接待。车辆进厂维修，在刚开始的数分钟内，车主受到何种接待，往往决定了未来客户与维修单位的关系。在接待客户时，应注意以下几点：

①礼貌友善，显出关注之情。
②用专业技术方面语言交谈。
③科学地检测诊断，准确地找出故障所在。
④报出合理的服务收费。
⑤承诺有把握的交车时间。
⑥进行认真细致的车辆交接。

接待人员应与车主（客户）建立良好的沟通关系，除了车主报修以外的其他要求，也应尽量满足。对车主漏报的项目；接待人员应根据服务记录和试车检验的情况，及时提出建议，这样既可保证修车的质量，又能增进与车主的关系。

（4）维修估价。维修估价包括工时估价和零配件估价。

①工时估价应按照企业规定不同的车型，不同的维修项目的统一工价，如果某些项目没有统一的工价，而接待人员又不能一口估出价格或工期，则接待人员应请合适的管理人员一

起参与估价。

②零配件估价。接待人员应按零配件的销售价格估价,特殊订货的配件,价格应适当加乘一定的系数后报价。

(5)填写工作单。业务接待员应将上述接待资料,如实填写到工作单上并录入电脑中。

(6)承诺交车时间。接车时,接待人员应告知客户交车时间。如能按期交车,应及时通知,这样可以增强客户的信任感,如果延期交车,应提前同客户商量,并尽早通知客户。

(7)追加项目的处理。工作单上没有的项目,维修过程中发现某些项目必须要追加的,应事先同客户商量,征得客户同意后,方能施工增加费用,并同时要追加工作单;或在原工作单上补项。

在车多、接待工作忙、接待人员不够时,为了不使客户等候,接待主管或班长,其他管理人员应主动前来协助。

(8)交车前的检查。
①确保车辆内外清洁。
②检查交车时间、费用,实际维修项目是否与工作单上项目相符。
③没有得到客户授权前,切忌作任何额外修理工作。
④确定油、水及所有安全项目均作过检查。
⑤确认工作单上的项目已完成。
⑥检查维修过的地方,确认没有损坏及弄污。
⑦检查润滑油油面、皮带张力,检查轮胎螺栓是否拧紧,轮胎有无异常。

(9)路试。路试期间应作下列检查:
①起动机运作是否顺畅。
②灯光情况是否正常。
③离合器、制动运作、变速器、转向系统、悬架、音响、空调等是否正常。

(10)最后检查。检查热车怠速、备胎、工具、制动液、清洗液、喇叭、灯光、刮水器、洗涤器、遮阳板、制动系统、变速器和发动机润滑油。

(11)送单结算。将检验完工的车辆结算单送交价格结算员核算收款,并通知客户接车。

(12)开展免费检测服务。在开业、周年志庆时,或逢节、假日及每隔一段时间应开展免费检测服务,利用维修中心的仪器设备优势对外门诊,提高企业的知名度,做好免费检测服务,是车辆承接维修的一项十分重要的工作。

2. 注意事项

接车人员一般是根据客户的故障描述填写维修接车单,而车间维修人员通常是根据接车单的内容进行维修操作的,如果接车工作出现问题特别是技术性错误,那将对维修工作造成很大的麻烦,很容易给客户带来经济损失。因此,作为接车人员除了要听清楚客户对车辆故障的描述外,还要针对不同的故障现象引导客户补充必要的故障说明以提供维修参考。一般来说可以分为三步:问询故障情况、核实故障现象、制定专业维修工作单。

课题五 汽车改装与改造

汽车的改装、改造是车辆技术管理不可缺少的组成部分,是提高运输装备技术素质和取得良好经济效益的重要手段。符合"技术上可靠、经济上合理的原则"的车辆改装、改造,将对充分发挥车辆效率,满足市场运输需要,改善车辆技术状况和提高经济效益起到积极的促进作用。本课题所阐述的汽车改装、改造是指在用车辆的改装、改造,不包括新底盘在改装厂直接改装成新车型的车辆。

一、汽车改装

1. 汽车改装的含义

为适应运输的需要,经过设计、计算、试验,将原车型改制成其他用途的车辆,称为汽车改装。例如经过设计、计算、试验后,将在用货车改制成客车、半挂车、罐式车、厢式车或其他专用车。

2. 汽车改装的条件

由汽车改装的含义可以看出,车辆改装必须满足两个条件:一是必须改变原车型的用途;二是必须经设计、计算,试验后进行改制。两条缺一不可,否则就不能称为车辆改装。

3. 汽车改装的目的

汽车改装的目的是为了适应运输需要,提高运输效率,降低运行消耗。

二、汽车改造

1. 汽车改造的含义

为改善汽车性能或延长其使用寿命,经过设计、计算、试验,改变原车辆的零部件或总成,称为汽车改造。如经过设计、计算和试验,对已行驶多年的旧车、进口车,由于配件供应无着落或技术性能指标(经济性等)落后,可改变其个别总成、主要零件来延长使用寿命,或将原车辆的发动机换装其他型号的发动机,或换装高压缩比的汽缸盖及凸轮轴等零件,提高其动力性,增加车辆的装载质量,改善性能等。

2. 汽车改造的条件

由汽车改造的含义可以看出,汽车改造也必须满足两个条件:一是必须改变车辆的部分结构以达到改善其技术性能或技术状况,二是必须有设计、计算和试验等程序。

3. 汽车改造的目的

汽车技术改造的主要目的是为了延长车辆使用寿命,或用先进的技术取代老旧技术,使车辆经过改造后性能有所提高,消耗有所下降,经济效益显著提高。

三、汽车改装和改造的原则

汽车改装和改造必须事前进行技术经济论证,符合技术上可靠、经济上合理的原则。也就是说,只有在通过对改装、改造方案的定性、定量分析,说明其技术上是可行的,经济上是合理的之后,才能进行车辆的改装和改造。

四、汽车改装和改造的有关规定

(1)对营业性运输车辆提出改装和改造的单位,应将改装、改造方案及数量报交通运输管理部门审批。交通运输管理部门应对运输市场是否需要,改装、改造的数量是否合适,设计方案是否符合技术上可靠及经济上合理的原则,受理车辆改装、改造的单位在技术上是否具备相应的条件等内容进行审查。审查合格批准后,运输单位方能进行改装或改造。

(2)改装和主要总成改造后的车辆,必须经一定的道路里程试验或综合性能检测站测试,检验实际效果,发现存在的问题,然后加以改进,最后由主管部门组织专家进行技术鉴定,认定达到设计目标及满足使用要求,方能成批生产或出厂。车辆改装完工后,应到车辆监理部门办理车辆变更手续。

(3)非营运车辆的改装、改造,只需报交通运输管理部门及公安交通管理部门备案即可。

(4)改装、改造车辆应有计划、有步骤地进行,改装后的车辆车型应尽可能向运输单位原有车型靠拢,一般不应增加车型和车辆自重。车辆改造不可过多地改变原车结构,特别是进口车,在索赔期内不得进行改装、改造。另外,在分析和评价技术改造项目的经济效益时,也要考虑其所带来的社会效益,如对汽车排放污染、噪声方面的改造,可能会增加运输单位的费用,但社会效益好,也要积极进行。车辆改装、改造情况还应记录在车辆技术档案上。

(5)《机动车维修管理规定》(交通运输部令2016年第37号)第二十三条规定:机动车维修经营者不得擅自改装机动车,不得承修已报废的机动车,不得利用配件拼装机动车。托修方要改变机动车车身颜色,更换发动机、车身和车架的,应当按照有关法律、法规的规定办理相关手续,机动车维修经营者在查看相关手续后方可承修。

(6)汽车改装的有关规定。目前在我国,改装汽车一般有两种情况:一是指专门生产改装汽车的厂家,用国家鉴定合格的发动机、底盘或总成,重新设计、改装与原车型不同的汽车;二是已领有号牌的汽车,为了某种使用目的,在原车总成的基础上,作一些技术改装,改装出来的汽车,统称为改装车。我们平常所说的改装车多指后者。

批量改装的汽车,根据以往规定需要经过定型鉴定,按《全国汽车、民用改装车和摩托车生产企业及产品目录管理暂行规定》申报上"目录"后,可办理申领汽车号牌手续。对已领号牌汽车进行改装时,应向公安交通管理部门申报,其改装技术报告经公安交通管理部门审查同意后,方可进行改装。改装完毕,经公安交通管理部门检验,必要时进行试验合格,办理改装变更手续。在《机动车行驶证》上,公安交通管理部门拍下的汽车照片真实地记录了汽车的车型、车身颜色以及号牌等,并对汽车的发动机号和车架号有明确的登记,一旦变更都要到公安交通管理部门进行机动车变更登记。要进行机动车变更,必须在公安交通管理部门规定的范围内进行,即可以对车身颜色、发动机、燃料种类、车架号码等进行改装,但驾驶员在提交申请后,必须要经过公安交通管理部门批准,才可进行改装。例如,在车身颜色方面,有三种颜色不能批准:红色——消防专用;黄色——工程抢险专用;上白下蓝——国家行政执法专用。同时,对车身、车架、发动机的变更,要在已经损坏无法修复或者存在质量问题的前提下才能够进行。

从广义而言,汽车改装可以有两个层面:一是动力装置,如发动机、底盘等;二是外观,如车饰、音响等。在汽车市场发达的欧美国家,近年来汽车改装已经有明显的降温,并已经形成一个固定的细分市场。究其原因,动力方面的深度改装只是发烧友级别用户的专宠,自然规模不大。而外观上的改装,主要取决于用户对车的认识,在欧美,车辆只是代步工具,用户注重内在的舒适和便捷,而非像国内大部分汽车改装族追求的"炫"、"酷",因此市场规模也有限。从这个意义上讲,随着汽车在国内的普及,用户对于汽车改装的心态也将更加理性,汽车改装行业将面临其先天的制约。

擅自改装汽车,会使汽车性能改变,某些性能变差,给车辆带来隐患,影响道路交通安全。《中华人民共和国道路交通安全法》规定,任何单位或者个人不得擅自改变机动车已登记的结构、构造或者特征。但从查实的超载超限车辆中,可以发现有些车辆是机动车维修企业改装的。托修方要改变机动车车身颜色,更换发动机、车身和车架的,应当按照有关法律、法规的规定办理相关手续,机动车维修经营者在查看相关手续后方可承修。擅自改装机动车是非法的。

课题六 汽车报废

汽车经过长期使用后,技术性能变坏,小修频率高,运输效率降低,物料消耗增加,维修费用增高,经济效益不好。因此,汽车使用后期必然导致报废。汽车报废应严格掌握汽车报废的技术条件,提早报废不符合经济原则,过迟报废则既不符合经济原则、又会严重影响行车安全。

一、汽车报废条件

我国现行的汽车报废规定是2012年12月27日颁布,2013年5月1日起施行的《机动车强制报废标准规定》(商务部、发改委、公安部、环境保护部令2012年第12号),它规定,凡在我国境内已注册机动车有下列情形之一的应当强制报废:

(1)达到规定使用年限的(表4-2)。

机动车使用年限及行驶里程参考值   表4-2

车辆类型与用途			使用年限(年)	行驶里程参考值(万km)
载客汽车	营运	出租客运汽车 小、微型	8	60
		出租客运汽车 中型	10	50
		出租客运汽车 大型	12	60
		租赁载客汽车	15	60
		教练载客汽车 小型	10	50
		教练载客汽车 中型	12	50
		教练载客汽车 大型	15	60
		公交客运汽车	13	40
		其他营运载客汽车 小、微型	10	60
		其他营运载客汽车 中型	15	50
		其他营运载客汽车 大型	15	80
		专用校车	15	40
	非营运	小、微型客车,大型轿车	无	60
		中型载客汽车	20	50
		大型载客汽车	20	60

续上表

车辆类型与用途		使用年限(年)	行驶里程参考值(万 km)
载货汽车	微型	12	50
	中、轻型	15	60
	重型	15	70
	危险品运输	10	40
	三轮汽车、装用单缸发动机的低速货车	9	无
	装用多缸发动机的低速货车	12	30
专项作业车	有载货功能	15	50
	无载货功能	30	30
挂车	集装箱半挂车	20	无
	危险品运输半挂车	10	无
	其他半挂车	15	无
	全挂车	10	无

(2)经修理和调整仍不符合机动车安全技术国家标准对在用车有关要求的。

(3)经修理和调整或者采用控制技术后,向大气排放污染物或者噪声仍不符合国家标准对在用车有关要求的。

(4)在检验有效期届满后连续3个机动车检验周期内未取得机动车检验合格标志的。

同时,国家对达到一定行驶里程的机动车引导报废(表4-2)。

另外,对变更使用性质或者转移登记的机动车应当按照下列有关要求确定使用年限和报废:

(1)营运载客汽车与非营运载客汽车相互转换的,按照营运载客汽车的规定报废,但小、微型非营运载客汽车和大型非营运轿车转为营运载客汽车的,应按照下面所列公式核算累计使用年限,且不得超过15年。

累计使用年限 = 原状态已使用年 + (1 - 原状态已使用年/原状态使用年限) × 状态改变后年限

注:公式中原状态已使用年中不足1年的按1年计算,例如,已使用2.5年按照3年计算;原状态使用年限数值取定值为17;累计使用年限计算结果向下圆整为整数,且不超过15年。

(2)不同类型的营运载客汽车相互转换,按照使用年限较严的规定报废。

(3)小、微型出租客运汽车需要转出登记所属地省、自治区、直辖市范围的,按照使用年限较严的规定报废。

(4)危险品运输载货汽车、半挂车与其他载货汽车、半挂车相互转换的,按照危险品运输载货汽车、半挂车的规定报废。

机动车使用年限距表4-2规定要求1年以内(含1年)的,不得变更使用性质、转移所有权或者转出登记地所属地市级行政区域。

二、汽车各总成报废条件

1. 发动机

在汽缸体、汽缸盖、曲轴、凸轮轴四个主要零件中,汽缸体和其他两个以上主要部件严重损坏,无修复价值的。

2. 变速器

在变速器壳、变速器盖、第一轴、第二轴、中间轴五个主要零部件中,变速器壳及盖和其他一个以上主要部件严重损坏,无修复价值的。

3. 车架

纵横梁严重变形、断裂或严重锈蚀剥落,虽经加固而屡修屡断的。

4. 前桥

工字梁、转向节严重损坏,无修复价值的。

5. 后桥

在后桥壳、主减速器、差速器三个主要部件中,后桥壳和其他任何一个部件严重损坏,无修复价值的。

6. 客车车身

骨梁断裂、锈蚀严重,需整根更换的下横梁、立柱超过50%以上的。

7. 货车车厢

纵、横梁和底板腐蚀(锈蚀)需更换50%以上的。

8. 货车驾驶室

骨架锈蚀、门窗严重变形、底板腐蚀严重,无修复价值的。

三、挂车报废条件

在车架(带转盘)、车身、前轴、后轴四个总成中,车架(带转盘)和其他两个以上主要总成严重损坏,无修复价值的。

四、报废汽车的回收管理规定

利用报废汽车,擅自改装汽车从事运输,是造成交通事故的一个重要原因,也破坏了汽车的整车技术状况。为加强对报废汽车的回收管理,规范报废汽车回收活动,保护人民生命财产安全,保障道路交通秩序,国务院制定了《报废汽车回收管理办法》(国务院第307号令),并于2001年6月16日起开始施行。国务院第307号令中对报废汽车的回收做了如下规定:

(1)国家对报废汽车回收业实行特殊行业管理,对报废汽车回收企业实行资格认定制度。

(2)除取得报废汽车回收企业资格认定的单位以外,任何单位和个人不得从事报废汽车回收活动。

(3)报废汽车拥有单位或者个人应当及时向公安机关办理机动车报废手续。公安机关应当于受理当日,向报废汽车拥有单位或者个人出具《机动车报废证明》,并告知其将报废汽车交售给报废汽车回收企业。报废汽车回收企业凭《机动车报废证明》收购报废汽车,并向报废汽车拥有单位或者个人出具《报废汽车回收证明》。报废汽车拥有单位或者个人凭《报废汽车回收证明》,向汽车注册登记地的公安机关办理注销登记。

(4)任何单位或者个人不得将报废汽车出售、赠予或者以其他方式转让给非报废汽车回收企业的单位或者个人,不得自行拆解报废汽车。

(5)报废汽车回收企业必须拆解回收的报废汽车,其中,回收的报废营运客车,应当在公安机关的监督下解体。拆解的"五大总成"应当作为废金属,交售给钢铁企业作为冶炼原料。拆解的其他零配件能够继续使用的,可以出售,但必须标明报废汽车回用件。

(6)禁止任何单位或者个人利用报废汽车"五大总成"以及其他零配件拼装汽车,禁止报废汽车整车、"五大总成"和拼装车进入市场交易或者以其他任何方式交易,禁止拼装车和报废汽车上路行驶。

单元五
道路运输车辆综合性能要求和检验方法

 知识目标

1. 掌握申请从事道路运输车辆的技术要求；
2. 掌握申请从事道路运输车辆的性能要求；
3. 掌握在用道路运输车辆的基本要求和检验方法；
4. 掌握在用道路运输车辆的性能要求和检验方法；
5. 掌握在用道路运输车辆的其他要求和检验方法。

 技能目标

1. 能对道路运输车辆系统、总成与装置进行检验；
2. 能对道路运输车辆的动力性、燃料经济性、制动性、排放性、转向操纵性、悬架特性、前照灯远光发光强度和光束照射位置、车速表示值误差、车轮阻滞率、喇叭等进行规范检验；
3. 能对道路运输车辆检验进行判定和处理。

课题一 申请从事道路运输车辆的技术要求

近年来，随着我国汽车工业和交通运输业的迅速发展，汽车的保有量迅速增加，到2016年末全国机动车保有量达2.9亿辆，其中汽车保有量已达1.94亿辆，公路营运汽车已达1435.77万辆，约占全国汽车保有量的8.5%。有效保持车辆的技术状况、降低安全事故的发生概率、最大限度地遏制重大事故的发生、降低车辆燃油消耗、减少尾气排放，是我国道路运输业安全发展、绿色发展和快速发展新形势下，对道路运输车辆技术管理提出的急迫要求。

道路运输车辆是指获得道路运输许可，从事经营性道路客、货运输的车辆。申请从事道路运输车辆是指申请办理道路运输经营许可证，并拟从事道路运输经营的已注册车辆。为了加强对道路运输车辆的技术管理、明确申请从事道路运输经营车辆应符合的基本技术条件，2017年1月1日起实施的国家标准《道路运输车辆综合性能要求和检验方法》（GB 18565—2016），规定了申请从事道路运输车辆和在用道路运输车辆的技术要求，以及在用道路运输车辆的检验方法。

一、术语和定义

1. 比功率

发动机最大净功率(或0.9倍的发动机额定功率,或0.9倍的发动机标定功率)与车辆最大允许总质量之比。

2. 整车制动率

各车轮的最大行车制动力之和与整车质量(各轴静态轴荷之和)的百分比。

3. 轴制动率

同轴左、右车轮最大制动力之和与静(动)态轴荷的百分比。

4. 制动不平衡率

行车制动力增长全过程中,同时刻测取的同轴左、右轮制动力差的最大值与该轴左、右车轮的制动力最大值中大者的百分比;除前轴外,当轴制动率小于60%时,为同时刻测取的同轴左、右轮制动力差的最大值与该轴轴荷的百分比。

5. 制动协调时间

从触动制动踏板至所有车轮同时刻的制动力之和达到整车制动率规定值的75%(或充分发出的平均减速度达到规定值的75%)所需的时间。

6. 驻车制动率

驻车制动轴的最大驻车制动力之和与整车质量(各轴静态轴荷之和)的百分比。

7. 制动时序

汽车列车各轴产生制动动作的时间次序。

8. 驱动轮轮边稳定车速

在额定功率(或额定转矩)工况和规定的负荷下,驱动轮轮边的稳定线速度。

二、申请从事道路运输车辆的技术要求

1. 结构要求

(1)申请从事道路运输的车辆应符合《汽车、挂车及汽车列车外廓尺寸、轴荷及质量限值》(GB 1589—2016)的规定。

(2)客车的上部结构强度应符合《客车上部结构强度要求及试验方法》(GB 17578—2013)的规定。

(3)货车驾驶室的强度和安装强度应满足《商用车驾驶室乘员保护》(GB 26512—2011)的规定。

(4)货车均应在驾驶室(区)两侧喷涂总质量(半挂牵引车为最大允许牵引质量)。其中,栏板货车和自卸车还应在驾驶室两侧喷涂栏板高度,栏板挂车应在车厢两侧喷涂栏板高度。罐式汽车和罐式挂车还应在罐体上喷涂罐体容积和允许装运货物的种类。

(5)客车座椅及其车辆固定件的强度应符合《客车座椅及其车辆固定件的强度》(GB 13057—2014)的规定。

(6)客车的所有应急出口应在车内用清晰的符号或文字标明,每个应急控制器处或附近应有标志并注明操作方法。封闭式客车的每个应急窗邻近处应设置玻璃破碎装置。若为应

急锤,取下时应能通过声响信号实现报警,玻璃破碎装置的配置应符合相关规定。

(7)牵引车与挂车连接装置的结构应能确保相互牢固的连接,应装有防止车辆在行驶中因振动和撞击导致连接脱开的安全装置。

(8)牵引车与其挂车之间的气动连接,对气压制动系统,连接挂车的气动接头应是双管路或多管路。

(9)汽车列车应装有挂车与牵引车意外脱离时的挂车自行制动装置。挂车与牵引车意外脱离后,挂车应能自行制动,且牵引车的制动仍然有效。

(10)用于道路甩挂运输的车辆,其结构应符合《道路甩挂运输车辆技术条件》(JT/T 789—2010)的要求。

(11)危险货物运输车辆的结构应符合《危险货物运输车辆结构要求》(GB 21668—2008)的要求。

(12)危险货物运输车辆的标志应符合《道路运输危险货物车辆标志》(GB 13392—2005)的要求。运输爆炸品和剧毒化学品车辆以及运输液体危险货物罐式车辆的标志和标识应符合《道路运输爆炸品和剧毒化学品车辆安全技术条件》(GB 20300—2006)、《道路运输液体危险货物罐式车辆第一部分》(GB 18564.1—2006)和《道路运输液体危险货物罐式车辆第二部分》(GB 18564.2—2006)的相关要求。

2. 配置要求

(1)M_2、M_3类客车、N_2和不超过四轴的N_3类货车、危险货物运输车、O_3和O_4类挂车以及乘用车应安装符合《机动车和挂车防抱死制动性能和试验方法》(GB/T 13594—2003)规定的防抱制动装置,并配备防抱制动装置失效时用于报警的信号装置。

《机动车辆及挂车分类》(GB/T 15089—2001)将机动车辆和挂车分为L类、M类、N类、O类、G类。M类是至少有4个车轮并且用于载客的机动车辆,其中,M_1类:包括驾驶员座位在内,座位数不超过9座的载客车辆;M_2类:包括驾驶员座位在内座位数超过9个,且最大设计总质量不超过5000kg的载客车辆;M_3类:包括驾驶员座位在内座位数超过9个,且最大设计总质量超过5000kg的载客车辆。N类是至少有4个车轮且用于载货的机动车辆,其中,N_1类:最大设计总质量不超过3500kg的载货车辆;N_2类:最大设计总质量超过3500kg,但不超过12000kg的载货车辆;N_3类:最大设计总质量超过12000kg的载货车辆。O类是挂车(包括半挂车),其中,O_1类:最大设计总质量不超过750kg的挂车;O_2类:最大设计总质量超过750kg,但不超过3500kg的挂车;O_3类:最大设计总质量超过3500kg,但不超过10000kg的挂车;O_4类:最大设计总质量超过10000kg的挂车。

(2)车长大于9m的客车(按名义尺寸)和危险货物运输车,其前轮应装有盘式制动器。

(3)车长大于9m的客车、N_3类货车(含危险货物运输车)应装有缓速器或其他辅助制动装置。

(4)M_2、M_3类客车、N_2和N_3类货车、O_3和O_4类半挂车、乘用车以及危险货物运输车,其所有的行车制动器应装有制动间隙自动调整装置。

(5)采用气压制动的车辆应装有气压显示装置、限压装置,并可实现报警功能。气压制动系应安装保持压缩空气干燥或油水分离的装置。

(6)车长大于9m的客车和危险货物运输车应装用子午线轮胎,卧铺客车应装用无内胎子午线轮胎。

(7)客车、货车及乘用车的所有座椅均应装备符合《机动车乘员用安全带、约束系统、儿童约束系统 ISOFIX 儿童约束系统》(GB 14166—2013)要求的安全带,其固定应符合《汽车安全带安装固定点、ISOFIX 固定点系统及上拉带固定点》(GB 14167—2013)的要求。

(8)客车和危险货物运输车应具有限速功能,否则应配备符合《车辆车速限制系统技术要求》(GB/T 24545—2009)要求的限速装置。三轴及三轴以上的货车应具有超速报警功能(具有限速功能和限速装置且符合规定的除外),能通过视觉或声觉信号报警装置。限速功能、限速装置和超速报警调定的最大速度应符合有关规定。

(9)旅游客车、包车客车、三类及以上班线客车、危险货物运输车辆、N_3类载货汽车和半挂牵引车应装有具有行驶记录功能并符合《汽车行驶记录仪》(GB/T 19056—2012)和《道路运输车辆卫星定位系统车载终端技术要求》(JT/T 794—2011)规定的卫星定位系统车载终端。

(10)客车在设计和制造上应保证发动机或采暖装置的排气不会进入客厢,封闭式客车应有通风换气装置。

(11)客车应设置车厢灯和门灯。车厢灯和门灯不应影响本车驾驶员的视线和其他机动车的正常行驶。

(12)转向轴最大设计轴质量大于4000kg时,应装有转向助力装置。

3. 防火要求

(1)客车和货车的驾驶室和乘员舱所用的内饰材料应采用符合《汽车内饰材料的燃烧特性》(GB 8410—2006)规定的阻燃材料。其中,客车内饰材料的燃烧速度应小于或等于70mm/min。

(2)发动机后置的客车,其发动机舱内应装备发动机舱自动灭火装置(电动汽车除外)。灭火装置启动时应能通过声觉信号向驾驶员报警。

(3)装备电涡流缓速器的客车和货车(含危险货物运输车),缓速器的安装部位上方应装有隔热板或具有阻燃性的隔热材料。

(4)客车发动机舱内和其他热源附近的线束应采用耐温不低于125℃的阻燃电线,其他部位的线束应采用耐温不低于100℃的阻燃电线,波纹管阻燃等级应达到《塑料燃烧性能的测定水平法和垂直法》(GB/T 2408—2008)规定的 V-0 级。线束穿孔洞时应装设阻燃耐磨绝缘套管。

(5)客车和货车车载电气设备的供电导线应符合《汽车用薄壁绝缘低压电线》《QC/T 730—2005》的要求,低压电线应符合《汽车电线束技术条件》(QC/T 29106—2014)的要求。

(6)客车乘员舱和货车驾驶室应配置手提式灭火器,客车灭火装置的配置应符合相关标准要求。除驾驶室内应配备1具干粉灭火器外,道路运输爆炸品、剧毒化学品车辆以及其他危险货物运输车辆还应配备与装运介质性能相适应的灭火器或有效的灭火装置,灭火器的规格、放置位置及固定应符合 GB 20300—2006 等相关规定。

4. 性能要求

(1)动力性。客车的动力性以比功率评价,应符合《营运客车类型划分及等级评定》(JT/T 325—2013)的相关要求。根据 JT/T 2013 的要求,客车的比功率须满足表5-1规定的要求。

单元五　道路运输车辆综合性能要求和检验方法

客车比功率限值表　　　　　　　　　　　　　　　　表5-1

客车类型	特大型客车					大型客车				
	高三	高二	高一	中级	普通	高三	高二	高一	中级	普通
比功率（kW/t）	≥13	≥12	≥11	≥10	≥9	≥15	≥13.5	≥12	≥10	≥9

客车类型	中型客车				小型客车			
	高二	高一	中级	普通	高二	高一	中级	普通
比功率（kW/t）	≥14	≥13	≥12	≥11	≥21	≥19	≥14.5	≥13

货车满载条件下的最高设计车速应不小于70km/h,满载最高车速试验方法执行GB/T 12544的规定。

汽车列车的动力性以比功率评价,应符合表5-2的要求。

汽车列车比功率限值表　　　　　　　　　　　　　　表5-2

最大总质量G（t）	$G<18$	$18 \leqslant G<43$	$43 \leqslant G<49$
比功率（kW/t）	≥6.88	≥4.30+46.00/G	≥5.40

（2）燃料经济性。

①燃用柴油或汽油且最大总质量超过3500kg的客车,其燃料消耗量应符合《营运客车燃料消耗量限值及测量方法》(JT 711—2008)的要求,试验方法执行JT 711—2008的规定。

②燃用柴油或汽油且最大总质量超过3500kg的货车,其燃料消耗量应符合《营运货车燃料消耗量限值及测量方法》(JT 719—2008)的要求,试验方法执行JT 719—2008的规定。

③轻型商用车辆和乘用车的燃料消耗量应符合《轻型商用车辆消耗量限值》(GB 20997—2015)和《乘用车燃料消耗量限值》(GB 19578—2014)的要求,试验方法执行该两项标准的有关规定。

（3）制动性。

①冷态制动性能。乘用车的行车制动系统冷态制动效能应符合《乘用车制动系统技术要求及试验方法》(GB 21670—2008)的要求,M_2、M_3类客车和N类货车的行车制动系冷态制动效能应符合《商用车辆和挂车制动系统技术要求及试验方法》(GB12676—2014)的要求,试验方法执行GB 21670—2008和GB 12676—2014的相关规定。

O_3、O_4类挂车行车制动时:全挂车,空载和满载时,作用于被制动车轮周缘上的制动力之和与各车轮静载荷总和之比应不小于50%;半挂车,空载和满载时,作用于被制动车轮周缘上的制动力之和与各车轮静载荷总和之比应不小于45%。试验方法执行GB 12676—2014的相关规定。

②热态制动效能。乘用车的行车制动系热态制动效能应符合GB 21670—2008的要求,M_2、M_3类客车和N类货车的行车制动系热态制动效能应符合GB 12676—2014的要求,试验方法执行GB 21670—2008和GB 12676—2014的相关规定。O_3、O_4类挂车行车制动系热态

制动效能应符合 GB 12676—2014 的要求,试验方法执行 GB 12676—2008 的相关规定。

③连续制动能力。储气筒的容量应保证在调压阀调定的最高气压下,且在不继续充气的情况下,机动车在连续 5 次踩到底的全行程制动后,气压不低于起步气压。采用气压制动的挂车应有一个或多个由牵引车供气的储气筒,并能满足在切断储气筒供气管路情况下,牵引车的行车制动装置做 8 次全行程制动后,挂车储气筒供给工作部件的压力不低于首次制动时压力的 50%。

(4)排放性。客、货道路运输车辆排气污染物排放限值应符合国家相关标准的规定。

(5)行驶稳定性。客车在满载条件下沿特定曲线匀速行驶,当车辆质心处的最大向心加速度达到 $0.4g$ 的稳定状态时,车辆不发生侧翻或侧滑,按 JT/T 884 规定的方法进行试验。

N_2、N_3 类货车满载条件下沿特定曲线匀速行驶,车辆质心处的向心加速度达到 $0.35g$ 时,车辆不发生侧翻或侧滑,危险货物运输专用车辆以及罐式车辆应达到 $0.4g$。按 JT/T 884 规定的方法进行试验。半挂牵引车在空载、水平静止条件下,向左侧和右侧的最大侧倾稳定角不应小于 35°。最大侧倾稳定角的测量方法按《汽车静侧翻稳定性台架试验方法》(GB/T 14172—2009)规定的汽车静侧翻稳定性台架试验方法进行。O_3、O_4 类挂车满载时同一车轴轮胎接地点外侧间距与质心高度的比值应不小于 0.9。

以上有关动力性、燃料经济性、排放性等要求,对于注册日期在 3 个月以内的新生产车辆,综合性能检验机构无须对此进行查验。对于注册日期超过 3 个月的新生产车辆以及非营运车辆,按《道路运输车辆综合性能要求和检验方法》(GB 18565—2016)规定的在用车辆要求检验,具体见本单元课题二的相关内容。

课题二 在用道路运输车辆的基本要求和检验方法

在用道路运输车辆的技术要求包括基本要求、性能要求和其他要求。基本要求包括唯一性认定、电子控制系统、发动机、制动系统、转向系统、行驶系统、传动系统、照明信号装置、电气线路及仪表、车身、附属设备、安全防护等技术要求。

一、唯一性认定

1. 技术要求

唯一性检查是道路运输车辆综合性能检验最重要的项目之一,是打击走私、盗抢、改装拼装机动车等违法犯罪行为的防线和有效手段。

在用道路运输车辆的号牌号码、类型、品牌型号、燃料类别、车身颜色、发动机号、底盘号或 VIN 号、挂车架号、重中型货车及挂车的外廓尺寸、车厢栏板高度应与行驶证、机动车登记证、道路运输证记载的内容及其他相关资料相符。其中,外廓尺寸的允许误差为 ±2% 或 ±100mm(取大者),车厢栏板高度的允许误差为 ±2% 或 ±50mm(取大者)。汽车列车的外廓尺寸不得超过《挂车及汽车列车外廓尺寸、轴荷及质量限值》(GB 1589—2016)规定的最大限值,具体见单元六相关内容。

外廓尺寸仅对总质量大于 3500kg 的重、中型货车及挂车进行测量,重点检查是否有加长、加宽、加高情形。车厢栏板高度仅对结构上有栏板的货车、挂车(包括栏板货车、栏板挂车、自卸车、仓栅车等)进行查验,重点检查是否有加高情形。

客车的座(铺)位数应与道路运输证核定的数量一致。客车的座(铺)位数对所有客车进行核定。

2. 检验方法

受检车辆停放在唯一性认定的指定检查位置,发动机熄火后进行以下项目的检查和测量:

(1)号牌号码、车辆类型、品牌型号查验。号牌号码和品牌型号信息可分别从受检车辆号牌和车辆铭牌获取。目视查验受检车辆的号牌号码、类型、品牌型号,并与道路运输证或IC卡或机动车行驶证签注的内容进行比对。

(2)车身颜色查验。目视查验受检车辆的颜色和外形,并与道路运输证或机动车行驶证上的车辆照片进行比对,查看有无更改车身颜色、改变车厢形状、改变车辆结构等情形。

(3)发动机号、底盘号或VIN号、挂车架号查验。目视查验发动机号、底盘号或VIN号,并与机动车行驶证签注的内容进行比对。必要时,可通过拓印、摄像等方法提取,也可用工具镜子和变焦放大镜进行核对。有条件时,可使用能自动识别车辆识别代号、发动机号码的仪器设备。上述信息不应有凿改等异常情形。

发动机号打刻(或铸)在汽缸体上,某些进口车可能打刻在缸盖上。汽车、半挂车和中置轴挂车具有唯一的车辆识别代号,至少有一个车辆识别代号打刻在车架(无车架的机动车为车身主要承载且不能拆卸的部件)能防止锈蚀、磨损的部位上。乘用车的风窗下和发动机舱内也有车辆识别代号。

号牌号码、车辆类型、品牌型号、燃料类别、车身颜色、发动机号、底盘号或VIN号、挂车架号与行驶证、机动车登记证、道路运输证记载的内容不符时,视为不合格。

(4)外廓尺寸查验。只对中、重型货车、挂车(总质量大于3500kg)以及汽车列车的外廓尺寸进行测量。测量外廓尺寸可采用专用设备,也可采用钢卷尺和高度尺进行检验。采用专用设备检验时,按使用说明书规定的方法进行检验。专用设备示值误差,在长度方向为±0.8%或±50mm,在宽度和高度方向为±0.8%或±20mm。外廓尺寸检测仪测量时,受检车辆以规定的速度正直驶过检测通道,不得偏斜,尽量保持匀速。

采用钢卷尺和高度尺时,应在平整的场地,用铅垂将车长、车宽投影在地面,用钢卷尺或其他量具测量投影点的间距,车高可用钢卷尺直接测量,也可以采用高度尺等量具进行测量。

车辆长度、宽度的测量以车辆前、后突出位置为基准,使用线锤在地面画出"+"字标记,以车辆两侧固定突出部位为基准,用线锤在地面画"+"字标记,如图5-1所示。用钢卷尺分别测出长和宽的直线距离,即为该车的车长和车宽。

车辆高度测量时将水平尺放在车辆的最高处并且保持与地面水平,将水平尺端点铅垂放到地面画出"十"标记,用钢卷尺或高度尺测量水平尺该端点与地面"十"字标记之间的距离,即为该车的实际高度,如图5-2所示。

测量结果与行驶证或机动车登记证或道路运输记载的内容进行比对。重中型货车及挂车的外廓尺寸与行驶证、机动车登记证、道路运输证记载的内容不符,汽车列车的外廓尺寸超过规定的最大限值时,视为不合格。

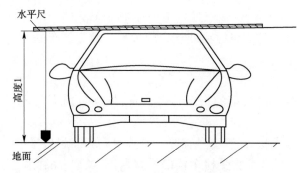

图 5-1 车辆长度、宽度测量示意图

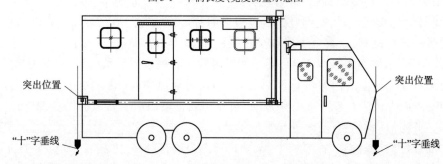

图 5-2 车辆高度测量示意图

(5)货厢栏板高度查验。采用专用设备或钢卷尺人工测量,将测量结果与机动车登记信息、驾驶室两侧喷涂的栏板高度数值进行比对,货车车厢栏板高度的允许误差为±2%或±50mm。对于与原车规定的栏板高度不符或货厢栏板高度超过《汽车、挂车及汽车列车外廓尺寸、轴荷及质量限值》(GB 1589—2016)规定的车辆,视为不合格。

(6)客车的座(铺)位数查验。将实际座(铺)位数与机动车行驶证签注的内容,或道路运输证核定的数量进行比对,不一致时,视为不合格。

二、电子控制系统

1. 技术要求

装有车载诊断系统(OBD)的车辆不应有与发动机排放控制系统、防抱死制动系统(ABS)和电动助力转向系统(EPS)及其他与行车安全相关的故障信息。

2. 检验方法

采用汽车故障电脑诊断仪或同类型仪表按照使用说明书规定的操作程序读取车辆故障信息,检查有无与发动机排放控制系统、防抱死制动系统(ABS)、电动助力转向系统(EPS)及其他与行车安全相关的故障信息。检测步骤:

(1)根据受检车辆诊断座的类型选择测试接头。

(2)关闭发动机,点火钥匙处于"关"的位置。

(3)将汽车故障电脑诊断仪连接到受检车辆的诊断座接口。

(4)将点火钥匙打到"起动"位置,不起动发动机(有的诊断仪需要起动发动机),操作诊断仪读取故障码。

(5)如存在故障码,应清除故障码。

(6)点火钥匙打回"关"的位置后,再打到"起动"位置,再次操作诊断仪读取故障码。
(7)查看诊断仪屏幕是否有故障码输出提示。
(8)如有故障码提示,分析显示的故障或根据故障码手册查询故障信息,检查有无与发动机排放控制系统、防抱死制动系统(ABS)、电动助力转向系统(EPS)及其他与行车安全相关的故障信息,如有,视为不合格。

三、发动机

1. 工作性能

(1)技术要求。发动机起动性能良好。在正常工作温度状态下,发动机起动3次,成功起动次数不少于2次。柴油发动机停机装置功能有效,在正常工作温度状态下,发动机连续起动/停机3次,3次停机均应有效。发动机低、中、高速运转稳定、无异响。

(2)检验方法。受检车辆停放在指定位置,检验员起动发动机3次,成功起动次数不少于2次。检查时,注意发动机起动时消耗的时间,如起动时间过长或无法完成2次成功起动,可根据出现的情况判断是否为发动机、起动机或蓄电池故障。柴油发动机,3次停机均应有效,不得出现异常情况。起动发动机后,使发动机在怠速、中速和高速下分别运转10s,检查运转应平衡,无异响。

如果起动发动机3次,成功起动次数少于2次;柴油发动机在3次连续起/停时,无法正常关闭发动机;起动发动机后,在怠速、中速和高速下运转不平稳、有异响,则视为不合格。

2. 密封性

(1)技术要求。发动机缸体、油底壳、冷却水道边盖、放水阀、散热器等不得有油、液滴漏现象。

(2)检验方法。由检验员在地沟内检视,如所检部位无法检视,可由其他检验员在外观检查时补充进行。如发动机缸体、油底壳、冷却水道边盖、放水阀、散热器等存在油、液明显滴漏现象,视为不合格。对于在用车辆,随着使用年限的增加,密封性能会逐渐变差,轻微的渗漏可视为合格(干迹为渗,湿迹为漏)。

3. 传动带

助力转向传动带和空气压缩机传动带,是由发动机带动的传动部件。传动带断裂或打滑会造成助力转向及空气压缩机失去动力源而无法正常工作,导致车辆转向和制动失效。空气压缩机传动带过紧,会使空气压缩机曲轴径向间隙减小,曲轴和轴承之间不易形成润滑油膜,容易造成空气压缩机曲轴烧损。空气压缩机传动带过松打滑,会使排气量和工作压力达不到要求,使汽车制动困难。

检查时,将受检车辆停放在指定位置,关闭发动机,开启发动机舱盖,检验员通过目视和指压的方法检查发动机舱内助力转向传动带、空气压缩机传动带;指压传动带,检视松紧度;对于采用齿轮传动的空气压缩机,起动发动机,检视齿轮异响和漏油现象。如传动带存在裂痕、油污和过量磨损,松紧度不正常;齿轮传动的空气压缩机齿轮箱有异响和漏油现象,则视为不合格。

4. 燃料供给系统

燃料供给系统主要包括燃料箱、燃料管路及其连接装置或阀门。该系统是车辆安全的

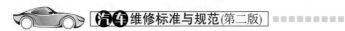

重要系统,一旦有泄漏将直接威胁行车安全。

(1)技术要求。燃料管路不得有泄漏现象,与其他部件无碰擦,软管无老化现象。燃料箱及燃料管路应稳固牢靠。燃料箱盖应齐全,并能有效地防止燃料泄漏。不得随意改动或加装燃料箱。

(2)检验方法。将受检车辆停放在指定位置,检验员通过目视检查,开启发动机舱盖,检视输油管有无漏油、燃料管路与其他部件有无碰擦、软管有无老化现象;检视燃料箱及燃料管路是否稳固牢靠、燃料箱盖是否齐全有效、燃料箱有无改动或加装。除检查燃料箱、燃料管路是否泄漏外,还要检查安装牢固程度、接头处的坚固、管路老化损坏情况以及燃料箱盖。在没有相关部门改装证明时,不得随意改装或添加燃料箱。

四、制动系统

制动系统是汽车最重要的主动安全装置,由制动缸(泵)及气(油)路、储气筒、制动踏板等部件组成。如制动系统出现故障或技术状况差,极易引发重特大道路交通事故,因此,在车辆检验时应高度重视。

1. 技术要求

(1)行车制动。

①制动管路稳固,转向及行驶时,金属管路及软管不应与车身或底盘产生运动干涉。

②制动主缸(总泵)、轮缸(分泵)、各类阀门及制动管路无漏气、漏油现象;制动金属管及软管无弯折、磨损、凸起和扁平等现象,接头处的连接可靠;液压制动助力系统的真空软管不应有磨损、折痕和破裂,接头处的连接可靠。

③气压制动系统的低气压报警装置工作正常,制动系统故障报警装置无报警信号输出。

④缓速器连接可靠,电涡流缓速器外表、定子与转子间应清洁、无油污,液压缓速器不应有漏油现象。

⑤装有弹簧储能制动器的气压制动车辆,弹簧气室气压低时,弹簧储能制动器自锁装置应有效。

⑥储气筒安装稳固,不应有锈蚀、变形等损伤,储气筒排污(水)阀畅通。

⑦制动踏板无破裂或损坏,防滑面无磨光现象。

(2)驻车制动。驻车制动装置机件齐全完好,操纵灵活有效,拉杆无过度摇晃现象。

2. 检验方法

(1)制动管路、制动缸及气(油)路、缓速器。汽车制动时,制动系统通过制动介质将动力源的压力传递给制动执行机构。目前常用的制动系统介质为油和气。不同的制动介质应采用不同的方法进行检查。

辅助制动装置的作用是避免车辆下长坡时,因连续使用行车制动导致制动器过热产生性能衰退。辅助制动装置主要是缓速器,包括液力缓速器和电涡流缓速器。

检验时,将被检车辆驶上地沟,在地沟内检视:

①制动管路是否稳固,转向时,金属管路及软管与车身或底盘有无运动干涉。

②采用气压制动的车辆,在储气筒保持一定压力条件下,关闭发动机,踏下制动踏板,检查各车轮制动气室、气阀及制动管路有无漏气声。对于采用液压制动的车辆,检视制动主缸

（总泵）、轮缸（分泵）及制动管路有无漏油现象；检视制动金属管及软管的可视部分有无弯折、磨损、凸起和扁平等现象，接头处的连接是否可靠；检视液压制动助力系统的真空软管有无磨损、折痕和破裂，接头处的连接是否可靠。

③采用检验锤敲击（连接螺栓、螺母）和目视的方法，检查缓速器连接是否可靠；检视电涡流缓速器外表、定子与转子间是否清洁、有无油污；如装用液压缓速器，检视有无漏油现象。

检验结果存在以下情形的，视为不合格：

①制动管路固定不牢固，转向时，金属管路及软管与车身或底盘存在运动干涉。

②制动系统有漏气或漏油现象（对于液压制动系统，即使是轻微渗油也应视为不合格）。

③制动金属管及软管的可视部分有弯折、磨损、凸起和扁平等现象，接头处连接松动；液压制动助力系统的真空软管有磨损、折痕和破裂，接头处连接松动。

④缓速器与传动系统部件的连接松动，电涡流缓速器外表、定子与转子间有灰尘、油污，装用的液压缓速器有漏油现象。

(2) 制动报警装置和弹簧储能装置。

起动发动机，在驾驶室内检查：检视制动系统有无故障报警，包括 ABS 警告灯、EBD 警告灯、制动系统告警灯（气压告警、制动液位告警）等；对于气压制动车辆，踩下并放松制动踏板若干次，使制动气压下降至低于起步气压，低气压报警装置是否工作正常；对于装用弹簧储能制动器的车辆，当制动气压下降至低于起步气压时，观察气室推杆是否动作。

起步气压是指汽车制造厂标明的车辆能够满足正常制动要求的储气筒最小压力。

(3) 储气筒。车辆停放在地沟位置，检视储气筒是否安装稳固，有无锈蚀、变形等损伤，储气筒排污（水）阀是否畅通。储气筒如装在车身两侧，则需在地面检查储气筒。

(4) 制动踏板。在驾驶室内，检视制动踏板（包括副制动踏板）有无破裂、损坏及防滑面磨光现象。也可同时对踏板自由行程进行检查。

液压行车制动在达到规定的制动效能时，踏板行程应小于等于踏板全行程的 3/4，制动器装有间隙自动调整装置的机动车踏板行程应小于等于踏板全行程的 4/5，且乘用车应小于等于 120mm，其他机动车应小于等于 150mm。

(5) 驻车制动。在驾驶室内。检视驻车制动装置机件是否齐全完好，操纵驻车制动，检查驻车制动装置是否灵活有效、拉杆有无过度摇晃现象。驻车制动装置机件缺失，功能失效，拉杆严重晃动，视为不合格。

对于机械驻车制动装置，在达到最大制动效能时，驾驶员施加于操纵装置上的力应满足：手操纵时，乘用车应小于等于 400N，其他机动车应小于等于 600N；脚操纵时，乘用车应小于等于 500N，其他机动车应小于等于 700N。

五、转向系统

1. 技术要求

(1) 部件连接。转向机构各部件应连接紧固，各连杆无松旷、锁止、限位正常，转向时无卡阻和运动干涉。

(2) 部件技术状况。转向节、臂、横直拉杆、平衡杆，转向器摇臂和球销总成应无变形，裂纹及拼焊,转向器摇臂、球销总成及各连杆的连接部位不松旷,转向器壳体和侧盖无裂损、渗油、漏油现象。

(3)转向助力装置。转向助力装置工作正常,不应有传动带打滑和漏油现象。

2.检验方法

(1)部件连接。检查时,转向轮正直停放在底盘间隙检查仪上,关闭发动机,驾驶员踩下制动踏板,检验员在地沟工位操纵底盘间隙检查仪滑板开关,使转向轮随滑板产生方向位移,并借助照明设备和专用手锤等工具在地沟内检视转向机构各部件的连接、固定、锁止、限位是否正常,有无卡阻和运动干涉。

(2)部件技术状况。在地沟内检视转向节、臂、横直拉杆、转向器摇臂、球销总成有无变形及拼焊;采用检验锤敲击和目视的方法,检查转向节、臂、横直拉杆、转向器摇臂、球销总成有无可视的裂纹;操纵底盘间隙检查仪滑板开关使转向轮随滑板产生方向位移,检视转向器摇臂、球销总成及各连杆的连接部位有无松旷;检视转向器壳体和侧盖有无裂损和渗漏油现象。

(3)转向助力装置。检查时,起动发动机,左右转动转向盘,提高助力装置工作压力,检查转向助力装置是否工作正常、有无传动带打滑和漏油现象。

六、行驶系统

汽车行驶系统包括车架、车桥、拉杆和导杆、车轮及螺栓螺母、轮胎、悬架等。因机械故障引发的重特大道路交通事故,与行驶系统有直接关系。在营运车辆的各个系统或总成中,行驶系统与运行安全密切相关。

1.技术要求

(1)车架。全承载式结构的车身以及非全承载式结构的车架纵梁、横梁不应有开裂和变形等损伤,铆钉、螺栓齐全有效。

(2)车桥。车桥的桥壳无可视的裂纹及变形。车桥密封良好,无漏油现象。

(3)拉杆和导杆。车桥与悬架之间的拉杆和导杆无松旷、移位及可视的变形和裂纹。

(4)车轮及螺栓、螺母。各车轮的轮辋应无裂纹,车轮及半轴的螺栓、螺母应齐全、完好,连接可靠。车轮安装的装饰罩和装饰帽不得有碍于检查螺栓、螺母技术状况。

(5)轮胎。

①轮胎的胎冠、胎壁不得有长度超过25mm或深度足以暴露出帘布层的破裂和割伤以及凸起、异物刺入等影响使用的缺陷,并装轮胎间应无异物嵌入。

②具有磨损标志的轮胎,胎冠的磨损不得触及磨损标志;无磨损标志或标志不清的轮胎,乘用车和挂车的胎冠花纹深度应不小于1.6mm;其他车型的转向轮的胎冠花纹深度应不小于3.2mm,其余轮胎胎纹深度应不小于1.6mm。

③同轴轮胎的规格和花纹应相同,规格符合整车制造厂的规定。

④装用轮胎的速度级别应不低于车辆最高设计车速的要求。

⑤轮胎的充气压力应符合规定值。

⑥客车和危险货物运输车的所有车轮不得装用翻新的轮胎,其他车辆的转向轮不得装用翻新的轮胎,其余车轮使用翻新的轮胎应符合相关标准的规定。

⑦车长大于9m的客车和危险货物运输车应装用子午线轮胎,卧铺客车应装用无内胎子午线轮胎。

⑧随车配备备用轮胎并固定牢固。

(6)悬架。

①弹性元件。悬架的弹性元件,如钢板弹簧、螺旋弹簧、扭杆弹簧、橡胶减振垫等弹性元件应安装牢固,不应有裂纹、缺片、加片、断裂、塑性变形和功能失效等现象,空气弹簧不应有泄漏现象。

②部件连接。悬架的弹性元件总成、减振器、导向杆(若装配)等部件应连接可靠,钢板弹簧的U形螺栓、螺母等应齐全、紧固,吊耳销(套)无松旷和断裂,锁销齐全有效。

③减振器。减振器稳固有效,无漏油观象。

2. 检验方法

(1)车架。在地沟内,检视全承载式结构的车身以及非全承载式结构的车架纵梁、横梁有无开裂和变形等损伤,铆钉、螺栓是否齐全有效。全承载式结构的车身以及非全承载式结构的车架纵梁、横梁有开裂和可视变形等损伤,铆钉、螺栓缺失,视为不合格。

(2)车桥。在地沟内,检视车桥的桥壳有无可视的裂纹及变形,车桥密封是否良好,有无漏油现象。车桥的桥壳有可视的裂纹及变形,车桥有漏油现象,视为不合格。

(3)拉杆和导杆。在地沟内,晃动拉杆和导杆,检视车桥与悬架之间的拉杆和导杆有无松旷、移位及可视的变形和裂纹。拉杆和导杆存在松旷、移位现象,有可视的变形和裂纹,视为不合格。

(4)车轮及螺栓、螺母。检视各车轮的轮辋有无裂纹,车轮及半轴的螺栓、螺母是否齐全完好。对于疑似松动和损伤的螺栓、螺母,采用检验锤敲击和目视的方法,检查螺栓、螺母是否连接可靠,检视各车轮有无安装有碍于观察螺栓、螺母技术状况的装饰罩和装饰帽。

轮辋有裂纹,车轮及半轴的螺栓、螺母缺损或松动;车轮安装有碍于观察螺栓、螺母技术状况的装饰罩或装饰帽,视为不合格。

(5)轮胎。检验员在地面和地沟内检视各个轮胎内外侧胎壁、胎冠、规格、速度级别、气压、类型、是否采用翻新轮胎以及备胎等。

①检视各轮胎的胎冠、胎壁有无长度超过25mm或深度足以暴露出帘布层的破裂和割伤以及凸起、异物刺入等影响使用的缺陷,并装轮胎间有无异物嵌入。

②检视各轮胎磨损情况。无磨损标志或标志不清的轮胎,当其花纹深度与规定限值接近而无法准确判定时,应采用轮胎花纹深度尺或专用设备测量胎冠花纹深度。具有磨损标志的轮胎,检视胎冠的磨损是否触及磨损标志。

③检视同轴轮胎的规格和花纹是否相同。

④检视各轮胎的速度级别,是否不低于车辆最高设计车速的要求。

⑤采用检验锤敲击和目视的方法,巡检各轮胎的充气状况,必要时用气压表测量轮胎气压。

⑥检视客车和危险货物运输车的所有车轮、货车的转向轮是否装用翻新的轮胎。

⑦检视车长大于9m的客车和危险货物运输车是否装用子午线轮胎,卧铺客车是否装用无内胎子午线轮胎。

⑧检查是否随车配备备用轮胎,固定是否牢固。
(6)悬架。
①弹性元件。悬架弹性元件的检查在地沟内进行。对于钢板弹簧,检视有无裂纹、缺片、加片、断裂、塑性变形和功能失效等现象。对于空气弹簧,采用检验锤敲击和目视的方法,检查空气弹簧的气密性和外观状况。同时检视悬架的弹性元件是否安装牢固。
②悬架部件连接。悬架部件连接的检查在地沟内进行。采用检验锤敲击和目视的方法,检视悬架的弹性元件总成、减振器、导向杆(若装配)等部件是否连接可靠,钢板弹簧的U形螺栓、螺母是否齐全紧固,吊耳销(套)有无松旷和断裂,锁销是否齐全有效。
③减振器。检视减振器是否稳固有效,有无漏油现象。

七、传动系统

1. 技术要求

(1)离合器。离合器接合平稳、分离彻底、操作轻便,工作时无异响,打滑、抖动和沉重等现象。

(2)变速器。变速器操纵轻便、挡位准确,无异响和滴漏油现象。

(3)传动件异响。运转时,传动轴、主减速器和差速器不应有异响。

(4)万向节与轴承。万向节、中间轴承无松旷、无裂损。

2. 检验方法

(1)离合器、变速器及传动件异响。被检车辆在行驶过程中,进行以下检查。

①进行换挡操作,检查离合器接合是否平稳、分离是否彻底、操作是否轻便,有无异响,打滑、抖动和沉重等现象。

②进行换挡操作,检查变速器操纵是否轻便、挡位是否准确,有无异响。

③检查传动轴、主减速器和差速器有无异响。

(2)万向节与轴承、变速器密封性。在地沟内进行以下检查:

①晃动传动轴,检视万向节、中间轴承有无松旷及可视的裂损。

②检视变速器有无滴漏油现象。对于在用车辆,随着使用年限的增加,变速器的密封性可能会逐渐变差。检查时,不得有油液滴漏现象,轻微的渗油可视为合格。

八、照明、信号装置和标识

1. 技术要求

(1)外部照明和信号装置。前照灯、转向灯、示廓灯、危险报警闪光灯和雾灯等信号装置应齐全、完好、有效。

(2)前照灯远、近光光束变换功能。前照灯的远、近光光束变换功能正常。

(3)反射器与侧标志灯。车辆的后反射器、侧反射器和侧标志灯应齐全,无损毁。

(4)货车车身反光标识和尾部标志板。货车、挂车侧面及后部的车身反光标识和尾部标志板的适用车型要求、性能、尺寸、位置应符合《机动车运行安全技术条件》(GB 7258—2012)的相关要求,且完好、无污损。

2. 检验方法

(1)外部照明和信号装置。开启外部照明和信号装置,检视前照灯、转向灯、示廓灯、危险报警闪光灯和雾灯等信号装置是否齐全、完好、有效。

（2）前照灯远、近光光束变换功能。操作前照灯远、近光变换开关，检视远、近光光束变换功能是否正常。

（3）反射器与侧标志灯。检视车辆的后反射器、侧反射器和侧标志灯是否齐全，有无损毁。

（4）货车车身反光标识和尾部标志板。检视货车侧面及后部的车身反光标识和尾部标志板的适用车型、长度、尺寸、位置是否符合相关规定，是否完好、有无污损。

检验结果存在以下情形的，视为不合格：

（1）前照灯等外部照明装置以及转向灯、示廓灯、危险报警闪光灯和雾灯等信号装置缺损、失效。

（2）远、近光光速变换功能异常。

（3）后反射器、侧反射器和侧标志灯缺损。

（4）货车侧面及后部的车身反光标识和尾部标志板的适用车型、长度、尺寸、位置不符合相关规定，状态不完整，有污损现象。

九、电气线路及仪表

1. 技术要求

（1）导线。发动机舱内线束以及其他部位线束的导线绝缘层无老化、皲裂和破损，导体无外露，线束固定可靠；电缆线及连接蓄电池的接头应牢固，并有绝缘套；线束穿过金属孔时应设绝缘护套。

（2）仪表与指示器。车速、里程、冷却液温度、机油压力、电流或电压或充电、燃油、气压等信号指示装置应工作正常。

（3）卫星定位系统车载终端。装有卫星定位系统车载终端的车辆，终端应工作正常。

2. 检验方法

（1）导线。开启发动机舱盖，检视发动机舱内线束以及其他部位可视线束的导线绝缘层有无老化、皲裂和破损，导体有无外露，线束固定是否可靠；电缆线及连接蓄电池的接头是否牢固，有无绝缘套；线束穿过金属孔时有无绝缘护套。

（2）仪表与指示器。被检车辆在行驶过程中，检视车速、里程、冷却液温度、机油压力、电流或电压或充电指示、燃油、气压等信号指示装置是否工作正常。

（3）卫星定位系统车载终端。启动卫星定位系统车载终端进行自检，通过信号灯或显示屏观察卫星定位及通信模块、主电源、卫星天线、与终端主机相连的摄像头的工作状态，确认自检是否通过。

十、车身

1. 技术要求

（1）门窗及照明。

①采用动力启闭车门的客车，车门应急控制器机件齐全完好，应急控制器标志及操作说明无损毁。

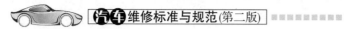

②应急门和安全顶窗机件齐全完好。

③应急窗易于开启,封闭式客车的每个应急窗邻近处应有玻璃破碎装置,且状态完好。采用安全手锤时,应在规定的位置放置。

④所有门、窗的玻璃应齐全,不得有长度超过 25mm 且易导致破碎的裂纹和穿孔,密封良好。

⑤客车车厢灯和门灯工作正常。

(2)车身外观。

①车身与驾驶室基本完好。客车车身和货车驾驶室不得有超过 3 处的轻微开裂、锈蚀和明显变形,缺陷部位不影响安全性和密封性。

②车身应周正,货车、客车及挂车车轴上方的车身两侧对称部位的高度差不大于 40mm。

③车身外部和内部不应有任何可能使人致伤的尖锐凸起物。

④客车车身和货车驾驶室的表面涂装无明显的缺损(允许有轻微划伤),补漆颜色与原色基本一致。

⑤货车货厢、车门、栏板和底板应无变形和破损,栏板锁止机构作用可靠。

⑥驾驶室车窗玻璃不应张贴妨碍驾驶员视野的附加物及镜面反光遮阳膜。

2. 检验方法

(1)门窗及照明。

①对于采用动力启闭车门的客车,检视车门应急控制器机件是否齐全完好,应急控制器标志及操作说明有无损毁。

②检视客车的应急门和安全顶窗机件是否齐全完好。

③检视客车的应急窗是否易于开启。对于封闭式客车,检视车内是否配备玻璃破碎装置或安全手锤,是否在规定的位置放置。

④检视所有门、窗的玻璃是否完好、有无破损,密封是否良好。

⑤开启客车车厢灯和门灯,检视工作是否正常。

(2)车身外观。

①检视车身与驾驶室有无开裂、锈蚀和明显变形。

②按以下方法检测车身高度差:被检车辆停放于平整的场地,采用钢卷尺,在距地 1.5m 高度内,测量第一轴和最后轴上方的车身两侧对称部位的高度,半挂车测量最后轴上方两侧对称部位高度,计算高度差。

③检视车身外部和内部有无可能使人致伤的尖锐凸起物。

④检视车身表面涂装有无明显破损,补漆颜色与原色是否基本一致。

⑤检视货车货厢车门、栏板和底板有无变形和破损,栏板锁止机构作用是否可靠。

⑥检视驾驶室车窗玻璃是否张贴妨碍驾驶员视野的附加物及镜面反光遮阳膜。

十一、附属设备

1. 技术要求

(1)后视镜和下视镜。车辆的左、右后视镜、内后视镜、下视镜应完好、无损毁,并能有效保持其位置。N_2、N_3 类货车的内后视镜不做要求。

(2)风窗刮水器、洗涤器。前风窗玻璃刮水器、洗涤器应能正常工作,刮水器关闭时刮水片应能自动返回初始位置。

(3)防眩目装置。驾驶室内的防止阳光直射而使驾驶员产生眩目的装置完整有效。

(4)除雾、除霜装置。前风窗玻璃的除雾、除霜装置工作正常。

(5)排气管和消声器。排气管、消声器应完好有效,稳固可靠。

2. 检验方法

(1)后视镜和下视镜。检视被检车辆的左、右后视镜、内后视镜、下视镜是否完好,有无损毁,能否有效保持其位置。

(2)风窗刮水器、洗涤器。开启风窗刮水器和洗涤器,检视刮水器、洗涤器能否正常工作,刮水器关闭时刮水片是否自动返回初始位置。

(3)防眩目装置。检视驾驶室内的防眩目装置是否完整有效。

(4)除雾、除霜装置。检视前风窗玻璃的除雾、除霜装置是否工作正常。

(5)排气管和消声器。被检车辆驶上地沟,在地沟内检视排气管、消声器是否完好有效、稳固可靠。

十二、安全防护

1. 技术要求

(1)安全带。客车的所有座椅、货车驾驶人座椅和前排乘员座椅应配备安全带,且配件齐全有效,无破损。

(2)侧面防护装置。除车辆自身结构已能防止行人和骑车人等卷入的汽车和挂车外,N_2、N_3 类货车(半挂牵引车除外)、O_3、O_4 类挂车两侧以及牵引车与挂车之间两侧装备的侧面防护装置应完好、稳固、有效。

(3)后部防护装置。除牵引车和长货挂车以外的 N_2、N_3 类货车和 O_3、O_4 类挂车的后下部防护应完好、稳固、有效。

(4)保险杠。乘用车、车长小于 6 m 的客车的前、后保险杠,货车的前保险杠应无损毁并稳固。

(5)牵引装置和安全锁止机构。汽车列车牵引装置的连接和安全锁止机构锁止可靠。集装箱运输车固定集装箱箱体的锁止机构应工作可靠、无损坏。

(6)安全架与隔离装置。货车车厢前部安装的安全架、驾驶员和货物同在车厢内的厢式车隔离装置应完好、稳固。

(7)灭火器材、警示牌和停车楔。随车配备与车辆类型相适应的灭火器,灭火器应在有效期内,并安装牢靠和便于取用。对于客车,仅有一个灭火器时,应设置在驾驶员附近。当有多个灭火器时,应在客厢内按前、后或前、中、后分布,其中一个应靠近驾驶员座椅。

随车配备三角警告牌,并妥善放置。

随车配备停车楔,数量不少于两只,并妥善放置。

(8)危险货物运输车辆安全装置与标志。运送易燃易爆货物的车辆应符合以下要求:

①应备有灭火器材,其数量、放置位置及固定应符合《道路运输爆炸品和剧毒化学品车辆安全技术条件》(GB 20300—2006)的相关规定。排气管应装在罐体(箱体)前端面之前、

不高于车辆纵梁上平面的区域。隔热和熄灭火星的装置完好。

②电路系统应有切断总电源和隔离电火花的装置,该装置应安装在驾驶室内。

③车辆尾部的导静电拖地带完整有效,无破损。

危险货物运输车辆的标志和标识应符合本单元课题一中的要求,且应齐全、完整、清晰、无污损,安放位置应符合规定。

装运危险货物的罐(槽)式车辆,其罐体应具备由符合资质的有关机构出具的有效检验合格证明或报告,并在有效期内。

装运大型气瓶、可移动罐(槽)等的车辆,应设置有效的紧固装置,不得松动。

2. 检验方法

(1)安全带。检视客车的所有座椅、货车驾驶员座椅和前排乘员座椅是否配备安全带,配件是否齐全有效,有无破损。

(2)侧面防护装置。检视 N_2、N_3 类货车(半挂牵引车除外)、O_3、O_4 类挂车两侧以及牵引车与挂车之间两侧装备的侧面防护装置是否完好、稳固、有效。

(3)后部防护装置。检视除牵引车和长货挂车以外的 N_2、N_3 类货车和 O_3、O_4 类挂车的后下部防护是否完好、稳固、有效。

(4)保险杠。检视乘用车、车长小于 6m 的客车的前、后保险杠、货车的前保险杠有无损毁、是否稳固。

(5)牵引装置和安全锁止机构。检视汽车列车牵引装置的连接和安全锁止机构是否锁止可靠。检视集装箱运输车固定集装箱箱体的锁止机构是否工作可靠、有无损坏。

(6)安全架与隔离装置。检视货车车厢前部安装的安全架、驾驶员和货物同在车厢内的厢式车隔离装置是否完好、稳固。

(7)灭火器材、警示牌和停车楔。检视是否随车配备灭火器,灭火器是否在有效期内,安装是否牢靠和便于取用,数量及放置位置是否符合规定。检视是否随车配备三角警告牌,是否妥善放置。检视是否随车配备停车楔,数量是否不少于两只,是否妥善放置。

(8)危险货物运输车辆安全装置与标志。

①对运送易燃易爆货物车辆进行如下检查:是否备有灭火器材,其数量、放置位置及固定是否符合相关规定。排气管是否装在罐体或箱体前端面之前且不高于车辆纵梁上平面的区域。隔热和熄灭火星的装置是否完好;电路系统是否有切断总电源和隔离电火花的装置,该装置是否安装在驾驶室内;车辆尾部的导静电拖地带是否完整,有无破损。

②检视危险货物运输车辆、运输爆炸品和剧毒化学品车辆以及运输液体危险货物罐式车辆标志和标识是否齐全、完整、清晰、无污损,安放位置是否符合规定。

③检查装运危险货物的罐(槽)式车辆,其罐体是否具备有效的检验合格证明或报告。

④检视装运大型气瓶、可移动罐(槽)等的车辆,是否设置有效的紧固装置,有无松动。

课题三 在用道路运输车辆的性能要求和检验方法

为确保检测结果科学、公正、准确,检验中需防止不符合标准的检测设备进入汽车综合性能检测领域,同时被检车备检状态应符合要求。检测仪器设备应符合以下要求:

（1）用于道路运输车辆性能检验的仪器设备应符合相关国家标准或行业标准的规定,并满足使用要求。

（2）凡具计量特性的检验仪器、设备及量具应检定或校准合格,并在有效期内。

被检车辆应符合以下要求：

（1）检验方法中如无特别说明,被检车辆均为空载。

（2）被检车辆的车身、驾驶室、发动机舱、车厢、底盘和照明信号装置应清洁,无油污。

（3）被检车辆应随车携带行驶证、机动车登记证复印件和产品说明书。

一、动力性

动力性是在用道路运输车辆的重要性能之一,反映车辆的基本技术状况,与运输安全和运输效率相关。车辆的动力性不达标,通常由汽缸磨损、密封性变差导致。此时汽缸内的燃烧气体在压力的作用下,会上窜至汽缸盖或下窜至曲轴箱,并伴随有烧机油现象。

1. 技术要求

依据《机动车运行安全技术条件》（GB 7258—2012）,规定汽车动力性技术状况下降的最低允许限值（发动机功率应大于等于标牌或产品使用说明书标明的发动机功率的75%）,实现整车动力性的达标检验。

《道路运输车辆综合性能要求和检验方法》（GB 18565—2016）规定的动力性指标是基于达标法的汽车动力性台架检验,以相应工况和阻力负荷下的驱动轮轮边稳定车速进行评价。额定功率工况下,驱动轮轮边稳定车速应不小于额定功率车速,即：

$$V_w \geq V_e \quad (5-1)$$

式中：V_w——驱动轮轮边稳定车速,km/h；

V_e——额定功率车速,km/h。

额定转矩工况下,驱动轮轮边稳定车速应不小于额定转矩车速,即：

$$V_w \geq V_m \quad (5-2)$$

式中：V_m——额定转矩车速,km/h。

基于达标法的汽车动力性台架检验有额定功率和额定转矩两种规定工况。其中,额定功率工况适用于压燃式发动机的车辆,额定转矩工况适用于点燃式发动机的车辆,在车辆检测中应予以注意和区分。

车辆动力性不达标,影响尾气排放检测及燃料消耗量检测。因为对于燃料消耗量检测,由于燃烧气体未能全部从排气管路排出,不符合碳平衡原理,同时,机油燃烧产生非燃油含碳物质,致使油耗检测失准,产生误判。

2. 检验设备要求

（1）应采用符合《汽车底盘测功机》（JT/T 445—2008）要求的底盘测功机进行检验。并装双驱动轴车辆的检验采用三轴六滚筒式底盘测功机。

（2）底盘测功机应能根据环境温度、湿度、气压等参数计算功率校正系数,且能根据登录的车辆参数和信息,计算测功机的加载力并进行恒力加载。

（3）底盘测功机的静态力示值误差为±1.0%,恒力控制误差为±20N,车速示值误差为

±0.2km/h 或 ±1.0%。

(4)底盘测功机应能显示功率吸收装置的瞬时加载力和曲线以及瞬时车速和曲线,并能通过外部显示设备提示操作。

(5)已知底盘测功机台架转动件的基本惯性质量。

(6)滚筒上母线应保持水平,各滚筒两端点间的高度差应不大于±5mm。

3. 检验准备

(1)底盘测功机电气系统应预热。

(2)采用反拖电动机或车辆驱动滚筒预热台架转动部件,直至底盘测功机滑行时间趋于稳定。

(3)登录被检车辆的以下参数信息,对于检验机构数据库或车辆行驶证无法提供的参数,应从车辆登记证、产品说明书、发动机铭牌等处查取。

①压燃式发动机额定功率(当发动机功率参数仅以最大净功率表征时,额定功率取1.11倍的净功率),单位为千瓦(kW)。

②点燃式发动机额定转矩,单位为牛[顿]米(N·m);额定转矩转速,单位为转每分钟(r/min)。

③驱动轴空载质量,单位为千克(kg)。

(4)预热发动机、传动系统达到正常工作的温度状况。

(5)被检车辆空载,轮胎表面干燥、清洁无油污,驱动轴轮胎的花纹深度不小于1.6 mm,轮胎花纹内和并装轮胎间无异物嵌入,轮胎气压符合规定。

(6)关闭空调系统等汽车运行非必需的耗能装置。

(7)对于并装双驱动轴车辆,应使桥间差速器不起作用。

(8)两用或双燃料车辆取发动机燃油额定功率(或额定转矩),油电(或气电)混合动力车辆取发动机燃油(或燃气)额定功率(或额定转矩),燃气车辆取发动机燃气额定功率(或额定转矩),纯电动汽车的动力性不做评价。

4. 压燃式发动机车辆的动力性检验

(1)检验步骤。

①被检车辆驱动轮置于底盘测功机滚筒上,根据车型调整侧移限位和系留装置,在非驱动轮加装停车楔。

②底盘测功机设置为恒力控制方式,力、速度等参数示值调零。

③在底盘测功机不加载的条件下,起动被检车辆,逐步加速,选择直接挡测取全节气门的最高稳定车速,并按式(5-3)计算额定功率车速。当最高稳定车速大于95km/h(对于危险货物运输车辆,其最高稳定车速大于80km/h)时,应降低一个挡位,并重新测取最高稳定车速。

$$V_e = 0.86 \times V_a \qquad (5-3)$$

式中:V_e——额定功率车速,km/h;

V_a——全节气门所挂挡位的最高稳定车速,km/h。

④底盘测功机逐步进行恒力加载至($F_E \pm 20N$)范围内并稳定3s后,开始测取车速,当3s内的车速波动不超过±0.5 km/h时,该车速即为驱动轮轮边稳定车速V_w,检测结束。

液化燃气车辆按压燃式发动机动力性检测方法检测。

（2）计算加载力。

①检测环境下的功率吸收装置加载力，按式（5-4）计算：

$$F_E = F_e - F_{tc} - F_c - F_f - F_t \tag{5-4}$$

式中：F_E——检测环境下功率吸收装置在滚筒表面上的加载力，N；

F_e——V_e 车速点，检测环境下发动机达标功率换算在驱动轮上的驱动力，N；

F_{tc}——底盘测功机内阻，N；

F_c——轮胎滚动阻力，N；

F_f——V_e 车速点，发动机附件消耗功率换算在驱动轮上的阻力，N；

F_t——车辆传动系统允许阻力，N。

②按式（5-5）计算 F_e：

$$F_e = \frac{3600\eta \cdot P_e}{\alpha_d \cdot V_e} \tag{5-5}$$

式中：P_e——发动机额定功率，kW；

η——功率比值系数，动力性达标检验时，$\eta = 0.75$；

α_d——压燃式发动机功率校正系数，发动机因子 f_m 取 0.3，计算方法见 GB/T 18276—2000 中附录 A。

③F_{tc} 按表 5-3 取值，或采用反拖法定期测量测功机在 80km/h 时的内阻。

台架内阻 F_{tc} 推荐值   表 5-3

车 辆 类 型	内 阻	
	二轴四滚筒式台架内阻 F_{tc}（N）	三轴六滚筒式台架内阻 F_{tc}（N）
压燃式发动机车辆的动力性检验	130	160
点燃式发动机车辆的动力性检验	110	140

④按式（5-6）计算 F_c。

$$F_c = f_c \cdot G_R \cdot g \tag{5-6}$$

式中：f_c——台架滚动阻力系数，V_e 大于或等于 70km/h 时，f_c 取 2f，V_e 小于 70km/h 时，f_c 取 1.5f，f 是汽车在水平硬路面上行驶的滚动阻力系数，子午线轮胎取 0.006，斜交轮胎取 0.010；

G_R——驱动轴空载质量，kg；

g——重力加速度，$g = 9.81 \text{m/s}^2$。

⑤按式（5-7）计算 F_f。

$$F_f = \frac{3600 \cdot f_P \cdot P_e}{V_e} \tag{5-7}$$

式中：f_P——V_e 车速点，发动机附件消耗功率系数。当发动机铭牌（或说明书）功率参数以额定功率表征时，f_P 取 0.1；以车辆铭牌最大净功率表征时，f_P 取 0。

⑥按式(5-8)计算 F_t。

$$F_t = 0.18 \times (F_e - F_f) \tag{5-8}$$

(3)存储数据。存储 η、P_e、V_e、V_w、F_e、F_E、F_{tc}、F_c、F_f、F_t、α_d 以及环境温度、相对湿度、大气压力等被检车辆相关参数及中间数据。

5. 点燃式发动机车辆的动力性检验

(1)检验步骤。

①被检车辆驱动轮置于底盘测功机滚筒上,根据车型调整侧移限位和系留装置,在非驱动轮加装停车楔。

②底盘测功机设置为恒力控制方式,力、速度等参数示值调零。

③底盘测功机不加载的条件下,起动被检车辆,逐步加速,选择变速器第3挡位,采用加速踏板控制车速,当外接转速表(外接转速表无法稳定测取转速时,可观察发动机转速表)的转速稳定指向发动机额定转矩转速 n_m 时,测取当前驱动轮轮边线速度,记作额定转矩车速 V_m。当额定转矩车速 V_m 大于80km/h时,应降低1个挡位,重新测取额定转矩车速 V_m。

当额定转矩转速为 $n_{m1} \sim n_{m2}$ 时,n_m 取其均值。当 n_m 大于 4000r/min 时,按 n_m = 4000r/min 测取 V_m。

④踩下加速踏板使车速超过 V_m,底盘测功机逐步进行恒力加载至(F_M ±20N)范围内并稳定3s后,开始测取车速,当3s内的车速波动不超过±0.5km/h时,该车速即为驱动轮轮边稳定车速 V_w,检测结束。

压缩燃气车辆按点燃式发动机动力性检测方法检测。

(2)计算加载力。

①检测环境下的功率吸收装置加载力,按式(5-9)计算。

$$F_M = F_m - F_{tc} - F_c - F_f - F_t \tag{5-9}$$

式中:F_M——检测环境下功率吸收装置在滚筒表面上的加载力,N;

F_m——V_m 车速点,检测环境下发动机达标转矩换算在驱动轮上的驱动力,N;

F_f——V_m 车速点,发动机附件消耗转矩换算在驱动轮上的阻力,N。

②按式(5-10)计算 F_m。

$$F_m = \frac{0.377\eta \cdot M_m \cdot n_m}{\alpha_a \cdot V_m} \tag{5-10}$$

式中:M_m——发动机额定转矩,N·m;

α_a——点燃式发动机功率校正系数,计算方法见 GB/T 18876—2000 中附录 A。

③F_{tc} 按表5-3取值,或采用反拖法定期测量测功机在50km/h时的内阻。

④按式(5-7)计算 F_c。其中,V_m 大于或等于 70 km/h 时,f_c 取 $2f$;V_m 小于 70km/h 时,f_c 取 $1.5f$。f 取值:子午线轮胎取 0.006,斜交轮胎取 0.010。

⑤按式(5-11)计算 F_f。

$$F_f = \frac{0.377 f_m \cdot M_m \cdot n_m}{V_m} \tag{5-11}$$

式中:f_m——V_m 车速点,发动机附件消耗转矩系数,f_m 取 0.06。

⑥按式(5-12)计算 F_t：

$$F_t = 0.18 \times (F_m - F_f) \quad (5\text{-}12)$$

(3)存储数据。存储 η、M_m、V_m、V_w、n_m、F_m、F_M、F_{tc}、F_c、F_f、F_t、α_a 以及环境温度、相对湿度、大气压力等被检车辆相关参数及中间数据。

二、燃料经济性

汽车的燃料经济性是汽车的重要性能之一,它反映了汽车为完成一定的运输任务或交通任务所消耗的能量。改善汽车的燃料经济性已经成为汽车的研究、设计、制造和使用部门的重要课题之一。

评价汽车燃料经济性的指标主要是一定行驶里程的汽车燃料消耗量或一定燃料消耗量能使汽车行驶的里程。在我国及欧洲,燃料经济性指标的单位一般为 L/100km,即汽车行驶 100km 所消耗燃料的升数,其数值越大,汽车的燃料经济性越差。而美国为 MPG 或 raile/US gal,指的是每一加仑燃料能行驶的里数。这个数值越大,汽车的燃料经济性越好。

汽车的燃料消耗量除受汽车本身的结构设计、工艺水平、调整状况以及使用的燃料的规格等影响外,还受到行驶的道路、交通情况、驾驶习惯、气候状况等使用因素方面的影响。

长期以来,汽车综合性能检验机构对道路运输车辆的经济性检测是将油耗测量设备直接串入汽车发动机的燃油供给系统,在底盘测功机加载,模拟车辆道路上等速行驶状况,测量得出车辆的等速百公里油耗,但在实际操作中存在测量设备连接安装不便、测量需要较长时间、检测过程存在安全隐患等问题。因此,研究不解体检测汽车油耗量的方法成为推行燃料经济性检测的技术关键,碳平衡法燃料消耗量检测技术就可以实现。碳平衡法汽车燃料消耗量检测是基于汽车运行过程中,燃料燃烧后,排气中碳质量与燃料在燃烧前的碳质量总和相等的质量守恒定律,实现对燃料消耗量的测量。

1. 技术要求

燃用柴油或汽油、总质量大于 3500kg 的在用车辆,其燃料消耗量限值及评价方法应符合《道路运输车辆燃料消耗量检测评价方法》(GB/T 18566—2011)的规定。对于不以汽油或柴油为燃料的车辆以及总质量小于等于 3500kg 的在用道路运输车辆,不进行燃料消耗量检测。GB/T 18566—2011 的评价方法是基于碳平衡法的汽车燃料消耗量检测。

2. 受检车辆准备

(1)车辆空载。

(2)检查车辆排气系统,不得有泄漏。

(3)检查驱动轴轮胎的花纹深度和气压。花纹深度不得小于 1.6mm,花纹中不得夹有杂物;轮胎气压应按《载重汽车轮胎规格、尺寸、气压与负荷》(GB/T 2977—2016)的规定进行调整。

(4)记录受检车辆的以下参数信息,对于检测站数据库或车辆行驶证无法提供的参数,应进行实车测量。

①燃油类别(汽油、柴油)。

②驱动轮轮胎规格型号。

③额定总质量,单位为千克(kg)。

④车高,单位为毫米(mm)。
⑤前轮距,单位为毫米(mm)。
⑥客车车长,单位为毫米(mm)。
⑦客车等级(分为高级、中级、普通级)。
⑧货车车身形式(分为拦板车、自卸车、牵引车、仓栅车、厢式车和罐车)。
⑨驱动轴数。
⑩驱动轴空载质量和牵引车满载总质量,单位为千克(kg)。

(5)车辆应预热至发动机、传动系统达到正常工作的温度状况,发动机冷却液温度应达到80~90℃。

(6)关闭非汽车正常行驶所必需的附属装备,如空调系统等。

3. 碳平衡法燃料消耗量检测程序

(1)引车员将汽车平稳驶上底盘测功机,置汽车驱动轮于滚筒上,驱动轮轴线应与滚筒轴线平行,固定汽车非驱动轮。

(2)每次检测前油耗仪应调零,并测量环境空气中CO_2气体浓度。

(3)起动汽车,逐步加速,变速器接入最高挡(自动变速器应置于"D"挡),底盘测功机按照控制系统规定的台架加载阻力对受检车辆进行加载,至车速稳定在确定的检测工况车速。

(4)油耗仪采样管应靠近并对准汽车排气管口,其间距不大于100mm,使采样管与排气尾管末端同轴,用支架固定,使汽车排气和环境空气顺利进入采样管。

(5)引车员按驾驶员帮助提示控制汽车节气门,使检测车速的变化幅度稳定在±0.5km/h的范围内,稳定至少15s后,油耗仪开始60s连续采样,同时测功机开始测量60s连续采样时间内的汽车行驶距离S(m)。

(6)采样过程中,如连续3s内检测车速的变化幅度超过±0.5km/h或加载阻力变化幅度超过±20N,则停止本次采样,返回到步骤(5)重新开始。

(7)连续60s采样完成后,按式(5-13)计算汽车百公里燃料消耗量,并四舍五入至小数点后一位。

$$FC = (100/S) \times \sum FC_S \tag{5-13}$$

式中:FC——汽车百公里燃料消耗量,L/100km;
S——采样时间内汽车的行驶距离,m;
$\sum FC_S$——采样时间内汽车每秒燃料消耗量的累加值,mL。

(8)每次检测结束后油耗仪应进行反吹。

4. 燃料消耗量限值

(1)已列入交通运输主管部门公布的《道路运输车辆燃料消耗量达标车型表》的车辆,其燃料消耗量限值为车辆《燃料消耗量参数表》中50km/h或60km/h满载等速油耗的114%。

(2)未列入交通运输主管部门公布的《道路运输车辆燃料消耗量达标车型表》的车辆,其燃料消耗量限值的参比值见表5-4~表5-6。

单元五 道路运输车辆综合性能要求和检验方法

在用柴油客车燃料消耗量限值的参比值　　　　　　　　　　　表5-4

车　长　L （mm）	参比值(L/100km)	
	高级客车 等速60km/h	中级和普通级客车 等速60km/h
$L\leqslant 6000$	11.3	9.5
$6000<L\leqslant 7000$	13.1	11.5
$7000<L\leqslant 8000$	15.3	14.1
$8000<L\leqslant 9000$	16.4	15.5
$9000<L\leqslant 10000$	17.8	16.7
$10000<L\leqslant 11000$	19.4	17.6
$11000<L\leqslant 12000$	20.1	18.3
$L>12000$	22.3	20.3

在用柴油货车(单车)燃料消耗量限值的参比值　　　　　　　　表5-5

额定总质量 G(kg)	参比值(L/100km)	额定总质量 G(kg)	参比值(L/100km)
$3500<G\leqslant 4000$	10.6	$17000<G\leqslant 18000$	24.4
$4000<G\leqslant 5000$	11.3	$18000<G\leqslant 19000$	25.4
$5000<G\leqslant 6000$	12.6	$19000<G\leqslant 20000$	26.1
$6000<G\leqslant 7000$	13.5	$20000<G\leqslant 21000$	27.0
$7000<G\leqslant 8000$	14.9	$21000<G\leqslant 22000$	27.7
$8000<G\leqslant 9000$	16.1	$22000<G\leqslant 23000$	28.2
$9000<G\leqslant 10000$	16.9	$23000<G\leqslant 24000$	28.8
$1000<G\leqslant 11000$	18.0	$24000<G\leqslant 25000$	29.5
$11000<G\leqslant 12000$	19.1	$25000<G\leqslant 26000$	30.1
$12000<G\leqslant 13000$	20.0	$26000<G\leqslant 27000$	30.8
$13000<G\leqslant 14000$	20.9	$27000<G\leqslant 28000$	31.7
$14000<G\leqslant 15000$	21.6	$28000<G\leqslant 29000$	32.6
$15000<G\leqslant 16000$	22.7	$29000<G\leqslant 30000$	33.7
$16000<G\leqslant 17000$	23.6	$30000<G\leqslant 31000$	34.6

在用柴油半挂汽车列车燃料消耗量限值的参比值　　　　　　　表5-6

额定总质量 G(kg)	参比值(L/100km)	额定总质量 G(kg)	参比值(L/100km)
$G\leqslant 27000$	42.9	$35000<G\leqslant 43000$	46.2
$27000<G\leqslant 35000$	43.9	$43000<G\leqslant 49000$	47.3

5.燃料消耗量限值判定方法

（1）当检测结果小于或等于限值，判定该车燃料消耗量合格。

（2）当检测结果大于限值，允许复检两次。一次复检合格，则判定该车燃料消耗量合格。

（3）当检测结果和复检结果均大于限值，则判定该车燃料消耗量不合格。

三、制动性

1. 技术要求

（1）系统密封性。

①采用气压制动的车辆，当气压升至600kPa时，空气压缩机停止运转8min，其气压降低值应不大于10kPa。在气压600kPa的情况下，空气压缩机停止运转，将制动踏板踩到底，待气压值稳定后观察3min，单车气压降低值应不大于20kPa；汽车列车气压降低值不得超过30kPa。

②采用液压制动的车辆，发动机在急速运转状态下，将制动踏板踩下，保持550N的踏板力并持续1min，踏板不应有向地板移动的现象，采用真空辅助的系统，当残留的真空耗尽且在制动踏板上持续施加220N（乘用车为110N）的力，在发动机起动时制动踏板应轻微地下降。

（2）起步气压建立时间。采用气压制动的车辆，发动机在75%的额定转速下，车载气压表的指示气压从零升至起步气压的时间，汽车列车不大于6min，其他车辆不大于4min，未标起步气压，按400 kPa 计。

（3）台架检验行车制动性能。

①整车制动率、轴制动率和制动不平衡率应符合表5-7的要求。

台架检验制动性能要求　　　　　　　　表5-7

车辆类型	整车制动率（%）		轴制动率（%）		制动不平衡率（%）
	空载	满载	前轴①	后轴①	
M_1类乘用车	≥60	≥50	≥60②	≥20②	
M_2、M_3类客车	≥60	≥50	≥60②	≥50③	
N_1类货车	≥60	≥50	≥60②	≥20②	前轴≤24
N_2、N_3类货车	≥60	≥50	≥60②	≥50③	后轴≤30 或 10④
牵引车	≥60	≥50	≥60	≥50	
O_3、O_4类挂车　全挂车			≥55⑤	≥55⑤	
O_3、O_4类挂车　半挂车				≥55⑤	

注：①前轴是指位于机动车（单车）纵向中心线中心位置以前的轴，除前轴之外的其他轴均为后轴，第二转向桥视为前轴；挂车的所有车轴均视为后轴。

②空载和满载状态下测试均应满足此要求。

③满载测试时不做要求，空载用平板制动检验台检验时应大于或等于35%；总质量大于3500kg的客车，空载用滚筒反力式制动检验台检验时应大于或等于40%，用平板制动检验台检验时应大于或等于30%。

④对于后轴，当轴制动率大于或等于该轴轴荷60%时，不平衡率不大于30%；当轴制动率小于该轴轴荷60%时，不平衡率不大于该轴轴荷的10%。

⑤满载状态下测试时应大于或等于45%。

②汽车列车的制动时序与申请从事道路运输车辆的性能要求相同。

③汽车列车制动力的分配应满足：牵引车（挂车）整车制动力与汽车列车整车制动力的比值不应小于牵引车（挂车）质量与汽车列车质量比值的90%，也即：牵引车（挂车）的整车制动率不应小于汽车列车整车制动率的90%。

（4）路试检验行车制动性能。

当对台架检验结果有质疑或被检车辆无法进行台架检验时，可采用路试检验并以路试检验结果进行评价(汽车列车制动时序和制动力分配除外)。路试检验制动距离和制动稳定性应符合表5-8的要求。

路试检验制动距离和制动稳定性 表5-8

车 辆 类 型	制动初速（km/h）	空载制动距离（m）	满载制动距离（m）	试验通道宽度①（m）
M_1类乘用车	50	≤19.0	≤20.0	2.5
N_1类货车	50	≤21.0	≤22.0	2.5
M_2、M_3类客车，N_2、N_3类货车（含半挂牵引车）	30	≤9.0	≤10.0	3.0
汽车列车	30	≤9.5	≤10.5	3.0

注：①制动过程中车辆的任何部位(不计入车宽的部位除外)不超出规定宽度的试验通道的边缘线。

路试检验充分发出的平均减速度(MFDD)和制动稳定性应符合表5-9的要求，汽车列车制动协调时间与申请从事道路运输车辆的性能要求相同。

路试检验充分发出的平均减速度(MFDD)和制动稳定性 表5-9

车 辆 类 型	制动初速度（km/h）	空载平均减速度（m/s^2）	满载平均减速度（m/s^2）	试验通道宽度①（m）
M_1类乘用车	50	≥6.2	≥5.9	2.5
N_1类货车	50	≥5.8	≥5.4	2.5
M_2、M_3类客车，N_2、N_3类货车（含半挂牵引车）	30	≥5.4	≥5.0	3.0
汽车列车	30	≥5.0	≥4.5	3.0

注：①制动过程中车辆的任何部位(不计入车宽的部位除外)不超出规定宽度的试验通道的边缘线。

(5)驻车制动。

①驻车制动应能使车辆在任何装载条件和没有驾驶员的情况下保持原位。驾驶员应在座位上就可实现驻车制动。若挂车与牵引车脱离，3500kg以上的挂车应能产生驻车制动，挂车的驻车制动装置应能由站在地面上的人实施操纵。

②台架检验时，在空载状态下，乘坐一名驾驶员，驻车制动力的总和不应小于测取的整车质量的20%，总质量为整备质量1.2倍以下的车辆应不小于15%，对于由牵引车和挂车组成的汽车列车也应符合此要求。

③路试检验时，在空载状态下，驻车制动装置应能保证车辆在坡度为20%(对总质量为整备质量的1.2倍以下的车辆为15%)的坡道上行和下行两个方向保持静止不动，时间不应少于5min。

④驻车制动性能如符合以上②或③的要求即为合格。

2. 检验方法

1)台架检验

(1)设备要求。

采用滚筒反力式制动检验台或平板式制动检验台检验，制动力的单位为10N。采用滚筒反力式制动检验台时，应符合以下要求：

①单边滚筒驱动电动机的额定功率按式(5-14)计算：

$$P_d \geq \frac{0.3 m_e \cdot g \cdot V}{1.9 \times 3600} \tag{5-14}$$

式中：P_d——单边滚筒驱动电动机额定功率，kW；

　　　m_e——制动台额定承载轴质量，kg；

　　　g——重力加速度，取 9.81m/s^2；

　　　V——滚筒线速度，km/h。

②用于检验多轴及并装轴车辆的制动台应符合：当滚筒直径为245mm，中心距为460mm，主、副滚筒高差为30mm时，副滚筒上母线与地面水平面的高度差为40~45mm；当滚筒中心距增大或减小10mm，副滚筒上母线与地面水平面的高度差相应增大或减小2mm；当主、副滚筒高差减小10mm，副滚筒上母线与地面水平面的高度差相应增大4mm。

③各滚筒上母线应保持水平，同轴滚筒上母线两端点间的高度差不大于±3mm(每滚筒两个测量端点)。

④多轴及并装轴车辆的轮(轴)质量应分别采用独立式轮重仪和复合式轴重仪测取，轮(轴)重仪的示值为质量，单位为千克(kg)。两轴车辆指非并装轴的两轴单车，包括全挂车。多轴及并装轴车辆指三轴及三轴以上的单车、汽车列车和并装轴挂车。

⑤采集左、右车轮的制动全过程数据时，采样周期为10ms。在非停机保护状态下，采样时间不少于3s。

⑥左、右滚筒的停机保护应能保证测取到被检车轮最大制动力。由第三滚筒控制时，轮胎线速度相对于滚筒设计线速度降低25%~35%应停机保护。

⑦滚筒表面附着系数不低于0.75，台架前、后地面应做提高附着系数的处理。

⑧左、右滚筒的驱动电动机应分时起动，时间间隔不小于1s。

⑨对于全时四驱的车辆，采用滚筒反力式制动检验台检验时，可在台架前、后加装自由滚筒。滚筒应经过提高表面附着系数处理，宜具有自动锁止和释放功能以适用于非全时四驱车辆的检测。

采用平板式制动检验台时，应符合以下要求。

①单车应采用至少是4个制动平板的平板制动检验台检验。

②汽车列车应采用适用于多轴车辆的汽车列车制动性能检验台检验。

③每一制动平板的制动力及轮质量的采样周期不大于5ms。

④平板式制动检验台应能称取被检车辆各车轮质量，示值单位为千克(kg)。

⑤制动平板测试表面附着系数不低于0.75。

⑥制动平板应保持水平，各制动平板间的高度差应不超过5mm。

检测控制系统应具有数据及曲线的存储、屏显及打印功能。配备制动踏板开关。

(2)检验准备。

①空载检验时，气压表指示气压不大于600kPa，液压制动踏板力：乘用车不大于400N，其他机动车不大于450N；满载检验时，气压表指示气压不大于额定工作气压，液压制动踏板力：乘用车不大于500N，其他机动车不大于700N。

②驻车制动检验时的允许操纵力，手操纵时，乘用车不大于400N，客车、货车不大于

600N；脚操纵时，乘用车不大于500N，客车、货车不大于700N。

③被检车辆轮胎表面干燥、清洁无油污，胎冠花纹中及并装轮胎间无异物嵌入，驱动轴轮胎的花纹深度不小于1.6mm，气压符合规定。

④对于气压制动的车辆，采用滚筒反力式制动检验台检验时，储气筒应有足够的压力，并能保证制动性能检测完毕时，气压不低于起步气压。

⑤检测汽车列车制动时序和制动协调时间，应安装制动踏板开关。

⑥采用滚筒反力式制动检验台检验行车制动和驻车制动时，可在非测试车轮后垫三角垫块防止车轮后移。

⑦并装双驱动轴采用滚筒反力式制动检验台检验时，应使桥间差速器起作用。

⑧检验台架旋转部件及电气系统应预热。

（3）滚筒反力式制动检验台检验方法。

①测取被检车辆各轴的静态轮质量。

②将被测车轮置于制动台两滚筒之间，变速器为空挡。此时，对于多轴及并装轴车辆还应采用复合式轴重仪测取被检轴的静态轴质量。

③分别起动制动台左、右滚筒的驱动电动机，3s后按提示将制动踏板缓踩到底（液压制动车辆应保持规定的制动踏板力），测取左、右车轮最大制动力以及制动全过程的数据；对驻车制动轴实施驻车制动，测取驻车最大制动力。

④依次检测各轴。

⑤按以下规定的方法计算静态轮荷及静态轴荷、整车制动率、轴制动率、制动不平衡率和驻车制动率。

a. 静态轮荷及静态轴荷的计算：计算静态轮荷时，将轮质量换算为轮荷。计算静态轴荷时，为同轴左、右轮的静态轮荷之和；复合式轴重仪的静态轴荷为其测取的静态轴质量换算的轴荷；静态轴（轮）荷的单位为10N，换算轴（轮）荷时的重力加速度取9.81m/s^2。

b. 整车制动率的计算：测取的所有车轮最大制动力之和与整车质量（各轴静态轴荷之和）的百分比。当牵引车与半挂车相连时，牵引车整车制动率为牵引状态下，牵引车所有车轮的最大制动力之和与牵引车整车质量的百分比，半挂车整车制动率为牵引状态下，挂车所有车轮的最大制动力之和与半挂车整车质量的百分比。

c. 轴制动率的计算：在制动全过程中，测取左、右车轮的最大制动力，并计算左、右车轮最大制动力之和与该轴静态轴荷的百分比。

d. 制动不平衡率的计算：以同轴左、右任一车轮产生抱死滑移时为取值终点，如左、右轮无法达到抱死滑移，则以较后出现车轮最大制动力时刻作为取值终点。在取值终点前的制动全过程中，计算同时刻左、右车轮制动力差的最大值与该轴左、右车轮最大制动力中较大者的百分比。除前轴外，当轴制动率小于60%时，用该值除以该轴静态轴荷的百分比。

e. 驻车制动率的计算：测取的各驻车轴最大驻车制动力之和与整车质量的百分比。

对于多轴及并装轴车辆，计算轴制动率和制动不平衡率时，静态轴荷按复合式轴重仪测取的轴荷计算，其他车辆按独立式轮重仪测取的静态轴荷计算。

计算整车制动率、驻车制动率时，整车质量按独立式轮重仪测取的空载静态轮荷计算。

（4）平板制动检验台检验方法。

①被检车辆以5~10km/h的速度滑行,变速器置于空挡后(对自动变速器车辆可置于"D"挡),正直平稳驶上平板。

②当所有车轮均驶上制动平板时,急踩制动踏板使车辆停止,测取各车轮的最大轮制动力、制动全过程的数据及动、静态轮荷;重新起动车辆,当驻车制动轴驶上制动平板时实施驻车制动,测取各驻车轴制动力。车辆停止时,如被测车轮离开制动平板,制动检测无效,应重新检测。

③按以下规定的方法计算静(动)态轮荷及静(动)态轴荷、整车制动率、轴制动率、制动不平衡率、驻车制动率以及汽车列车制动时序、制动协调时间和制动力分配。

a. 静(动)态轮荷及静(动)态轴荷的计算:静态轮荷及静态轴荷的计算同滚筒反力式制动检验台的计算方法。动态轮荷取同轴左、右轮制动力最大时刻分别对应的轮荷,动态轴荷为同轴左、右轮动态轮荷之和。

b. 整车制动率的计算:测取的各车轮最大制动力之和与静态整车质量的百分比。当牵引车与半挂车相连时,牵引车整车制动率、半挂车整车制动率的计算同滚筒反力式制动检验台的计算方法。

c. 轴制动率、制动不平衡率和驻车制动率的计算:同滚筒反力式制动检验台检验的计算方法。计算轴制动率时,乘用车轴荷取动态轴荷,其他车辆的轴荷取静态轴荷。

d. 汽车列车制动时序的计算:以制动踏板开关的触发时刻为起始时标,计算汽车列车各轴制动力分别达到静态轴荷的5%的时间及时间差。

e. 汽车列车制动协调时间的计算:以制动踏板开关的触发时刻作为起始时刻T_b,以制动全过程中,各轴所有车轮同时刻的制动力之和达到整车制动率规定值的75%时刻为终止时刻T_e,$T_e - T_b$的时间差即为制动协调时间。当整车制动率不能达到规定值时,制动协调时间不做计算和评价。

f. 汽车列车制动力分配的计算方法。计算汽车列车整车制动率、牵引车整车制动率和挂车整车制动率;分别计算牵引车整车制动率、挂车整车制动率与汽车列车整车制动率的百分比。

2) 路试检验

(1) 设施及设备要求。

①路试检验行车制动的设施及设备要求。

a. 平坦、坚实、干燥、无松散物质且轮胎与地面间的附着系数不小于0.7的混凝土或沥青路面,长度不小于100m。

b. 试验通道应设置标线,乘用车、总质量不大于3500 kg的车辆标线的宽度为2.5m,汽车列车及其他车辆为3m。

c. 采用便携式制动性能检测仪、非接触式速度计或五轮仪检验。

②驻车制动。坡道坡度为20%和15%,轮胎与路面间的附着系数不小于0.7的混凝土或沥青路面。在不具备试验坡道的情况下,可使用驻车制动检测设备检验驻车制动性能。

(2) 检验方法。

①行车制动。被检车辆沿试验通道中线空挡滑行,以路试检验行车制动性能要求规定的初速度(速度允许偏差为规定值±2km/h),在试验通道内实施紧急制动。待车辆停止后,

读取便携式制动性能检测仪、非接触式速度计或五轮仪测取的数据,制动过程中车辆的任何部位(不计入车宽的部位除外)不超出规定宽度试验通道的边缘线。

② 驻车制动。被检车辆在坡度为20%(对总质量为整备质量的1.2倍以下的车辆为15%)的路试坡道上的上行和下行两个方向分别实施驻车制动,时间不应少于5min。

四、排放性

机动车尾气排放检测是法定检验,由环保部门负责管理,机动车尾气检测机构具体实施。但实施中存在以下问题:

(1)汽车动力性、安全性、燃料经济性、使用可靠性、污染物排放和噪声,以及整车装备完整性与状态等多种技术性能的组合确立了汽车综合性能检测的完整体系,尾气排放检测是整个体系中的重要一环。

(2)碳平衡法燃料消耗量检测的前提条件是:汽车排气系统无泄漏、污染物排放检测不超标。

(3)采信环保排放检测结果,存在周期时效和车况变化等问题,操作性需要进一步研究。

因此,综合检测机构仍需按照本地区主管部门规定的方法开展尾气排放检测,无明确规定的,点燃式发动机排气污染物至少应采用双怠速法检测,压燃式发动机排气烟度至少采用自由加速法检测,检验结果应符合《点燃式发动机汽车排气污染物排放限值及测量方法(双怠速法及简易工况法)》(GB 18285—2005)和《车用压燃式发动机和压燃式发动机汽车排气烟度排放限值及测量方法》(GB 3847—2005)的要求。

1. 技术要求

(1)点燃式发动机。采用双怠速法检测的排气污染物应符合 GB 18285—2005 的要求。采用简易工况法检测的排气污染物应符合各行政区域的限值要求。排放标准《点燃式发动机汽车排气污染物排放限值及测量方法(双怠速法及简易工况法)》(GB 18285—2005)中包含有双怠速法、稳态工况法、瞬态工况法和简易瞬态工况法几种测试方法。

(2)压燃式发动机。采用自由加速法检测的排气烟度应符合 GB 3847—2005 要求。采用加载减速法检测的排气可见污染物应符合各行政区域的限值要求。对于压燃式发动机汽车,GB 3847—2005 修改采用联合国欧洲经济委员会(UNECE)1986 年 4 月 20 日生效的 ECE-R-24/03 法规《对压燃式发动机和压燃式发动机汽车排气可见污染物排放的核准规则》的主要技术内容;对于在用汽车自由加速试验的排放限值和测量方法,参考了欧洲共同体委员会 96/96/EC 指令中对装用压燃式发动机汽车排气可见污染物排放的相关规定,增加了规范性附录 I《在用车自由加速试验——不透光烟度法》。该标准合并了 GB 14761.6—1993 内容,按《柴油车自由加速烟度排放标准》(GB 14761.6—1993)生产制造的在用汽车,仍执行原 GB 14761.6—1993 中在用汽车的标准值,检测仍执行原《柴油车自由加速烟度的测量——滤纸烟度法》(GB/T 3846—1993)。在这里对各个测量方法作一个简单比较,见表5-10。

2. 双怠速法

双怠速法是在怠速工况的基础上增加了一个高怠速工况,规定将轻型汽车的高怠速转速规定为(2500±100)r/min,重型车的高怠速转速规定为(1800±100)r/min。如有特殊规定的,按照制造厂技术文件中规定的高怠速转速。

标准中不同测量方法比较　　　　　　　　　表5-10

检测方法	优　　点	缺　　点
双怠速法	测试仪器价格便宜、设备简单且试验持续时间较短,检测成本也很低廉	浓度测量、无NO_x监控、只能检测无负荷情况下的简单工况
稳态工况法(ASM)	设备成本较低、测量稳定、技术成熟、操作较简便、能检测:NO_x排放	浓度测量、与新车认证检测结果关联性差
瞬态工况法(IMl95)	测量精确、与新车认证检测结果关联性好、能有效　检测NO_x排放	设备成本高、测试复杂、维修复杂
简易瞬态工况法(IGl95)	设备成本适中、测量较准确、检测效率高、与新车　认证检测结果有关联性、可以检测NO_x排放	技术较新,没有大规模使用经验

(1)测量仪器。对于按照《轻型汽车排气污染物排放标准》(GB 14761.1—1993)的要求生产制造的点燃式发动机汽车和装用符合《车用汽油机排气污染物排放标准》(GB 14761.2—1993)点燃式发动机的汽车,使用的排放测量仪器应符合《汽油机动车怠速排气监测仪技术条件》(HJ/T 3—1993)的规定。对于按照《轻型汽车污染物排放限值及测量方法(Ⅰ)》(GB 18352.1—2001)或《轻型汽车污染物排放限值及测量方法(Ⅱ)》(GB 18352.2—2001)的要求生产制造的点燃式发动机汽车以及装用符合《车用点燃式发动机及装用点燃式发动机汽车排气污染物排放限值及测量方法》(GB 14762—2002)第二阶段排放限值的点燃式发动机的汽车,使用的排放测量仪器应符合 GB 18285—2005 附录 A 的规定。

(2)测量程序。应保证被检测车辆处于制造厂规定的正常状态,发动机进气系统应装有空气滤清器,排气系统应装有排气消声器,并不得有泄漏。

应在发动机上安装转速计、点火正时仪、冷却液和润滑油测温计等测量仪器。测量时,发动机冷却液和润滑油温度应不低于80℃,或者达到汽车使用说明书规定的热车状态。

发动机从怠速状态加速至70%额定转速,运转 30s 后降至高怠速状态。将取样探头插入排气管中,深度不少于 400mm,并固定在排气管上。维持 15s 后,由具有平均值功能的仪器读取 30s 内的平均值,或者人工读取 30s 内的最高值和最低值,其平均值即为高怠速污染物测量结果。对于使用闭环控制电子燃油喷射系统和三元催化转化器技术的汽车,还应同时读取过量空气系数(λ)的数值。

发动机从高怠速降至怠速状态 15s 后,由具有平均值功能的仪器读取 30s 内的平均值,或者人工读取 30s 内的最高值和最低值,其平均值即为怠速污染物测量结果。

若为多排气管时,取各排气管测量结果的算术平均值作为测量结果。若车辆排气管长度小于测量深度时,应使用排气加长管。

双怠速法仪器测量程序如图 5-3 所示。

单元五 道路运输车辆综合性能要求和检验方法

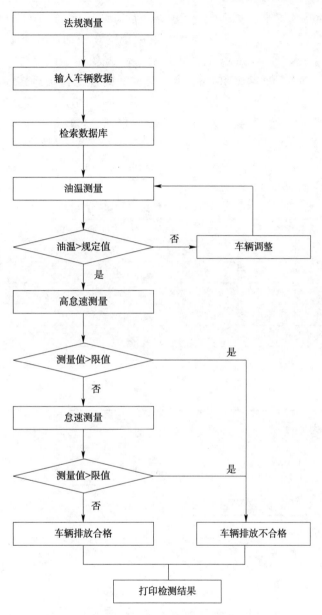

图 5-3 双怠速仪器测量程序

3. 稳态工况法

（1）在底盘测功机上的测试运转循环。稳态工况法（ASM）包含 ASM5025 和 ASM2540 这两个测试循环工况。ASM5025 工况指经预热后的车辆加速至 25km/h，测功机以车辆速度为 25km/h、加速度为 1.475m/s² 时的输出功率的 50% 作为设定功率对车辆加载，工况计时器开始计时（$t=0s$）。车辆以 25km/h ± 1.5km/h 的速度持续运转 5s，如果底盘测功机模拟的惯量值在计时开始后持续 3s 超出所规定误差范围，工况计时器将重新开始计时（$t=0s$）。如果再次出现该情况，检测将被停止。系统将根据分析仪最长响应时间进行预置，（如果分析仪响应时间为 10s，则预置时间为 10s，$t=15s$）然后系统开始取样，持续运行 10s（$t=25s$）

127

即为 ASM5025 快速检查工况。快速检查工况结束后继续运行至 90s($t=90$s)完成循环。

ASM2540 工况是在 ASM5025 工况检测结束后车辆立即加速至 40km/h,测功机以车辆速度为 40km/h,加速度为 1.475m/s² 时的输出功率的 25% 作为设定功率对车辆加载。工况计时器开始计时($t=0$s)。车辆以 40km.h±1.5km/h 的速度持续运转 5s,如果底盘测功机模拟的惯量值在计时开始后持续 3s 超出规定误差范围,工况计时器将重新开始计时($t=0$s)。如果再次出现该情况,检测将被停止。系统将根据分析仪最长响应时间进行预置,(如果分析仪响应时间为 10s,则预置时间为 10s,$t=15$s)然后系统开始取样,持续运行 10s($t=25$s)即为 ASM2540 快速检查工况。ASM2540 快速检查工况结束后继续运行至 90s($t=90$s)完成循环。测试循环见表 5-11 和图 5-4。

稳态工况(ASM)试验运转循环表　　　表 5-11

工况	运转次序	速度(km/h)	操作时间(s)	测试时间(s)
ASM5025	1	25	5	—
	2	25	15	—
	3	25	25	10
	4	25	90	65
ASM2540	5	40	5	—
	6	40	15	—
	7	40	25	10
	8	40	90	65

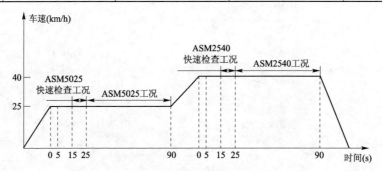

图 5-4　稳态工况法测试循环

(2)车辆和燃料。车辆的机械状况应良好,无影响安全或引起试验偏差的机械故障。进、排气系统不得有任何泄漏。发动机、变速器和冷却系统等应无液体渗漏。轮胎表面磨损应符合有关标准的规定。驱动轮轮胎压力应符合生产厂的规定。试验时应使用符合规定的市售燃料,包括:无铅汽油、压缩天然气、液化石油气等。

(3)试验准备。正式试验前,应对车辆、仪器与设备准备、载荷设定等。

(4)测试程序。

①车辆驱动轮位于测功机滚筒上,将分析仪取样探头插入排气管中,深度为 400mm,并固定于排气管上。对独立工作的多排气管应同时取样。

②ASM5025 工况。车辆经预热后,加速至 25km/h,测功机根据测试工况要求加载,工况计时器开始计时($t=0$s),车辆保持 25km/h±1.5km/h 等速 5s 后开始检测。当测功机转速

和扭矩偏差超过设定值的时间大于5s,检测应重新开始。然后系统根据规定开始预置10s之后开始快速检查工况,计时器为$t=15s$时分析仪器开始测量,每秒测量一次,并根据稀释修正系数及湿度修正系数计算10s内的排放平均值。运行10s($t=25s$)ASM5025快速检查工况结束。车辆运行至90s($t=90s$)ASM5025工况结束。测功机在车速25km/h±1.5km/h的允许误差范围内,加载转矩应随车速的变化做相应的调整,保证加载功率不随车速改变。转矩允许误差为该工况设定转矩的±5%。在测量过程中,任意连续10s内第一秒至第十秒的车速变化相对于第一秒小于±0.5km/h,测试结果有效。快速检查工况的10s内的排放平均值经修正后如果等于或低于限值的50%,则测试合格,检测结束;否则应继续进行至90s工况。如果所有检测污染物连续10s的平均值均低于或等于限值,则该车应判定为ASM5025工况合格,继续进行ASM2540检测;如任何一种污染物连续10s的平均值超过限值,则测试不合格,检测结束。在检测过程中如任意连续10s内的任何一种污染物10次排放值经修正后均高于限值的500%,则测试不合格,检测结束。

③ASM2540工况。车辆从25km/h直接加速至40km/h,测功机根据测试工况要求加载,工况计时器开始计时($t=0s$),车辆保持40 km/h±1.5km/h等速5s后开始检测。当测功机转速和转矩偏差超过设定值的时间大于5s,检测应重新开始。然后系统规定开始预置10s之后开始快速检查工况,计时器为$t=15s$时分析仪器开始测量,每秒测量一次,并根据稀释修正系数及湿度修正系数计算10s内的排放平均值。运行10s($t=25s$)ASM2540快速检查工况结束。车辆运行至90s($t=90s$)ASM2540工况结束。测功机在车速40±1.5km/h的允许误差范围内,加载转矩应随车速的变化做相应的调整,保证加载功率不随车速改变。转矩允许误差为该工况设定转矩的±5%。在测量过程中,任意连续10s内第一秒至第十秒的车速变化相对于第一秒小于±0.5km/h,测试结果有效。快速检查工况的10s内的排放平均值经修正后如果等于或低于限值的50%,则测试合格,检测结束;否则应继续进行至90s工况。如果所有检测污染物连续10s的平均值均低于或等于限值,则该车应判定为合格。如任何一种污染物连续10s的平均值超过限值,则测试不合格,检测结束。在检测过程中如任意连续10s内的任何一种污染物10次排放值经修正后如高于限值的500%,则测试不合格,检测结束。

4. 瞬态工况法

瞬态工况法以质量为基础、获取发动机瞬态工况排放数值来检测汽车的实际排放物污染水平,称为IMl95。该系统通过采集尾气的排放量,从而得到污染物的质量排放。其测定结果以汽车每行驶1km的排气管排放物质量来表述,能提供较真实的CO、HC、NO_x测定值,与新车检测有较高的相关性,检测技术更具先进性。可以用工况和挡位分解表(表5-12)来描述。

IMl95按工况、挡位分解表 表5-12

工况	时间(s)	百分比(%)	变速器挡位	时间(s)	百分比(%)
急速	60	30.8	急速	60	30.8
急速、车辆减速、离合器脱开	9	4.6	急速、车辆减速、离合器脱开	9	4.6
换挡	8	4.1	换挡	8	4.1
加速	36	18.5	一挡	24	12.3

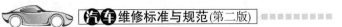

续上表

工况	时间(s)	百分比(%)	变速器挡位	时间(s)	百分比(%)
等速	57	29.2	二挡	53	17.2
减速	25	12.8	三挡	41	21.0
合计	195	100	合计	195	100

(1) 测试运转循环。试验循环包含了怠速、加速、匀速和减速各种工况。

(2) 测试车辆和燃料。测试车辆机械状况应良好，无影响安全或引起试验偏差的机械故障，进、排气系统不得有任何泄漏，车辆的发动机、变速器和冷却系统等应无液体渗漏，应关闭空调、暖风等附属装备，测试前，车辆工作温度应符合出厂规定，过热车辆不得进行测试。同时车辆驱动轮胎应干燥防滑。轮胎气压应符合车辆使用说明书的规定，车辆限位良好。应使用符合标准的市售燃料，包括：无铅汽油、压缩天然气、液化石油气等。

(3) 测试设备。检测设备应符合国家相关标准和计量检定规程的规定。

(4) 测试程序。

①根据需要在发动机上安装转速表和润滑油测温计等测试仪器。

②车辆驱动轮停在底盘测功机的转鼓上。

③按照试验运转循环开始进行试验。

a. 起动发动机。按照制造厂使用说明书的规定，使用起动装置，起动发动机。发动机保持怠速运转40s。在40s终了时开始循环，并同时开始取样。

b. 怠速。装用手动或半自动变速器的汽车，怠速期间，离合器接合，变速器置于空挡位置。为了按正常循环进行加速，车辆应在循环的每个怠速后期，即加速开始前5s，使离合器脱开，变速器置于一挡。装用自动变速器的汽车，在试验开始时，放好变速器后，除了加速情况或选择器可以使超速挡工作外，在试验期间，任何时候不得再操作选择器。

c. 加速。进行加速时，在整个工况过程中，应尽可能地使加速度恒定。如果在规定时间内未能完成加速工况，如果可能，所需的额外时间应从工况改变的复合公差允许的时间中扣除，否则，应该从下一等速工况的时间内扣除。自动变速器如果在规定时间内不能完成加速工况，则应按手动变速器的要求，操作挡位选择器。

d. 减速。在所有减速工况时间内，应使加速踏板完全松开，离合器接合，当车速降至10km/h时，使离合器脱开，但不操作变速杆。如果减速时间比相应工况规定的时间长，则允许使用车辆的制动器，以使循环按照规定的时间进行。如果减速时间比相应工况规定的时间短，则应由下一个等速或怠速工况中的时间补偿，使循环按规定的时间进行。

e. 等速。从加速工况过渡到下一等速工况时，应避免猛踏加速踏板或关闭节气门。等速工况应采用保持加速踏板位置不变的方法实现。当车速降低到0km/h时(车辆停止在转鼓上)，变速器置于空挡，离合器接合。

5. 简易瞬态工况法

简易瞬态工况法是一种相对较新的瞬态检测方式，称为IG195。IG195测试工况结合了IM195和ASM的特征，实时测量排放尾气的流量和密度，从而测得车辆排放的污染物质量。IG195采用简易质量测试VMAS取样系统，实际上是改进了现有的ASM系统，使之能采用瞬态加载工况法进行排气总量的测定，它采用了IM195测量稀释排气量最终可得出污染物排放质量的特点,同时保留了 ASM 直接利用简便式排气分析仪就可以对各个污染物浓度测试的长处。该系统采用了 195s 短工况测试,该工况取自欧洲 ECE/R15—03 法规测试工况 4 个工作循环中的 1 个循环,车辆为热起动状态,测试过程涵盖车辆怠速、加速、减速、匀速等多种工况,经计算机处理得出车辆每行驶 1km 每种污染物的排放质量。图 5-5 所示为简易瞬态工况法框图。

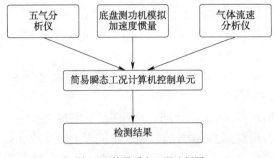

图 5-5 简易瞬态工况法框图

(1)试验运转循环。

(2)车辆与燃料。试验车辆机械状况应良好,无影响安全或引起试验偏差的机械故障。进、排气系统不得有任何泄漏。车辆的发动机、变速器和冷却系统等应无液体渗漏。应关闭空调、暖风等附属装备。进行试验前,车辆工作温度应符合出厂规定,过热车辆不得进行测试。车辆驱动轮应位于滚筒上必须确保车辆横向稳定。驱动轮胎应干燥防滑。车辆应限位良好。对前轮驱动车辆,试验前应使驻车制动起作用。应使用符合标准的市售燃料,包括:无铅汽油、压缩天然气、液化石油气等。

(3)检测程序。

①根据需要在发动机上安装冷却液和润滑油测温计等测试仪器。

②车辆驱动轮停在转鼓上,将分析仪取样探头插入排气管中,深度为 400mm 以上,并固定于排气管上。

③按照试验运转循环开始进行试验。

a.起动发动机。按照制造厂使用说明书的规定,使用起动装置,起动发动机。发动机保持怠速运转 40s。在 40s 终了时开始循环,并同时开始取样。

b.怠速。对于装用手动或半自动变速器的汽车,怠速期间,离合器接合,变速器置于空挡。为了按正常循环进行加速,车辆应在循环的每个怠速后期,加速开始前 5s 离合器脱开,变速器置于一挡。对于装用自动变速器的汽车,在试验开始时,放好选择器后,在试验期间,任何时候不得再操作选择器,但除了加速情况或选择器可以使超速挡工作外。

c.加速。进行加速时,在整个工况过程中,应尽可能地使加速度恒定。若加速度未能在规定时间内完成,如有可能,超出的时间应从工况改变的复合公差允许的时间中扣除,否则,必须从下一等速工况的时间内扣除。装用自动变速器的汽车若加速不能在规定时间内完成,则应按手动变速器的要求,操作挡位选择器。

d.减速。在所有减速工况时间内,应使加速踏板完全松开,离合器接合,当车速降至 10km/h 时,离合器脱开,但不操作变速杆。如果减速时间比响应工况规定的时间长,则应使用车辆的制动器,以使循环按照规定的时间进行。如果减速时间比响应工况规定的时间短,则应在下一个等速或怠速工况时间中恢复至理论循环规定的时间。

e. 等速。从加速过渡到下一等速工况时,应避免猛踏加速踏板或关闭节气门。等速工况应采用保持加速踏板位置不变的方法实现。循环终了时(车辆停止在转鼓上),变速器置于空挡,离合器接合。同时停止取样。

6. 在用汽车自由加速试验——不透光烟度法

(1)目测检测车辆的排气系统的相关部件是否泄漏。

(2)发动机包括所有装有废气涡轮增压的发动机,在每个自由加速循环的起点均处于怠速状态。对重型发动机,将加速踏板放开后至少等待10s。

(3)在进行自由加速测量时,必须在1s内,将加速踏板快速、连续地完全踩到底,使喷油泵在最短时间内供给最大油量。

(4)对每一个自由加速测量,在松开加速踏板前,发动机必须达到断油点转速。对带自动变速器的车辆,则应达到制造厂申明的转速(如果没有该数据值,则应达到断油转速的2/3)。关于这一点,在测量过程中必须进行检查,例如:通过监测发动机转速,或延长加速踏板踏到底后与松开加速踏板前的间隔时间,对于重型汽车,该间隔时间应至少为2s。

(5)计算结果取最后三次自由加速测量结果的算术平均值。在计算均值时可以忽略与测量均值相差很大的测量值。

7. 在用汽车自由加速试验——滤纸烟度法

自由加速工况是指在发动机怠速下,迅速但不猛烈地踏下加速踏板,使喷油泵供给最大油量。在发动机达到调速器允许的最大转速前,保持此位置。一旦达到最大转速,立即松开加速踏板,使发动机恢复至怠速。在自由加速工况下,从发动机排气管抽取规定长度的排气柱所含的炭烟,使规定面积的清洁滤纸染黑的程度,称为自由加速滤纸式烟度。

(1)测量循环。测前用压力为 $300 \sim 400$ kPa 的压缩空气清洗取样管路,把抽气泵置于待抽气位置,将洁白的滤纸置于待取样位置,将滤纸夹紧。测量循环由抽气泵抽气,滤纸走位,抽气泵回位,滤纸夹紧,指示器读数组成。应于20s内完成所规定的循环。测量程序完成4个测量循环后,用压力为 $300 \sim 400$ kPa 的压缩空气清洗取样管路。

(2)测量程序。

①安装取样探头:将取样探头固定于排气管内,插深等于300mm,并使其中心线与排气管轴线平行。

②吹除积存物:按自由加速工况进行三次,以清除排气系统中的积存物。

③测量取样:将抽气泵开关置于加速踏板上,自由加速工况及测量循环测量四次,取后三次读数的算术平均值即为所测烟度值。

④当汽车发动机出现黑烟冒出排气管的时间和抽气泵开始抽气的时间不同步的现象时,应取最大烟度值。

8. 在用汽车加载减速试验——不透光烟度法

为了使检测更合理化,国际上开发了加载减速工况法。加载减速工况法是指将柴油车驱动车轮放在自由滚轮上,利用行车制动器逐渐加载,测定40%~100%最高转速范围内烟度值的一种方法,它在VelMaxHP、90% VelMaxHP 和 80% VelMaxHP 这3个工况点测得的任何一个光吸收系数 k,均不得超过标准中规定的相应限值。

单元五　道路运输车辆综合性能要求和检验方法

在用汽车加载减速试验——不透光烟度法排放检测由三部分组成:第一部分是对车辆进行预先检查,以保证受检车辆与证件的一致性和进行检测的安全性;第二部分是检查检测系统和车辆的状况是否适合进行检测;第三部分则是进行排放检测,检测工作由系统控制自动进行,以保证检测过程的一致性和检测结果的可靠性。每条检测线至少应配备 3 名检测员,一名检测员操作控制计算机,一名检测员负责驾驶受检车辆,另一名检测员进行辅助检查,并随时注意受检车辆在检测过程中是否出现异常情况。检测程序如下:

(1)正式检测开始前,检测员应按以下步骤操作,以使控制系统能够获得自动检测所需的初始数据:

①起动发动机,变速器置于空挡,逐渐增大加速踏板直到开度达到最大,并保持在最大开度状态,记录这时发动机的最大转速,然后松开加速踏板,使发动机回到怠速状态。

②使用前进挡驱动被检车辆,选择合适的挡位,使加速踏板处于全开位置时,测功机指示的车速最接近 70km/h,但不能超过 100km/h。对装有自动变速器的车辆,应注意不要在超速挡下进行测量。

(2)计算机对按上述步骤获得的数据自动进行分析,判断是否可以继续进行检测,所有被判定为不适合检测的车辆都不允许进行加载减速烟度检测。

(3)在确认机动车可以进行排放检测后,将底盘测功机切换到自动检测状态。

①加载减速测试的过程必须完全自动化。在整个检测循环中,都是由计算机控制系统自动完成对测功机加载减速过程的管理。

②自动控制系统采集三组检测状态下的检测数据,以判定受检车辆的排气光吸收系数 k 是否达标,三组数据分别在 VelMaxHP 点、90% VelMaxHP 点和 80% VelMaxHP 点获得。

③上述三组检测数据包括轮边功率、发动机转速和排气光吸收系数 k,必须将不同工况点的测量结果都与排放限值进行比较。若修正后的最大轮边功率低于所要求的最小功率,或者测得的排气光吸收系数 k 超过了标准规定的限值,均判断该车的排放不合格。

(4)检测开始后,检测员始终将节气门保持在最大开度状态,直到检测系统通知松开节气门为止。在试验过程中检测员应实时监控发动机冷却液温度和机油压力。一旦冷却液温度超出了规定的温度范围,或者机油压力偏低时,都必须立即暂时停止检测。冷却液温度过高时,检测员应松开加速踏板,将变速器置于空挡,使车辆停止运转。然后使发动机在怠速工况下运转,直到冷却液温度重新恢复到正常范围为止。

(5)检测过程中,检测员应时刻注意受检车辆或检测系统的工作情况。

(6)检测结束后,打印检测报告并存档。

9. 检验设备要求

点燃式发动机排气污染物采用排气分析仪检验;压燃式发动机排气烟度采用不透光烟度计检验,对于 2001 年 10 月 1 日前生产的在用车辆,采用滤纸式烟度计检验。

10. 检验方法选择和判定

(1)点燃式发动机汽车。按 GB 18285—2005 规定的双怠速法或简易工况法检验。采用双怠速法时,按 GB 18285—2005 规定的方法和限值进行检验和判定;采用简易工况法时,按 GB 18285—2005 规定的方法进行检验,依据本地区规定的排放限值进行判定。

检验时,对于发动机转速的控制,不得人为降低转速和减小负荷。检验时,需对发动机转速进行监测,发动机转速有多种读取方式,通常采用外接式发动机转速表测量。当外接式转速表无法准确、有效测量发动机转速时,可利用车辆本身的发动机转速表对发动机转速实施控制。

(2)压燃式发动机汽车。按 GB 3847—2005 规定的自由加速不透光烟度法或加载减速法检验。采用自由加速法时,按 GB 3847—2005 规定的方法和限值进行检验和判定;采用加载减速法时,按 GB 3847—2005 规定的方法进行检验,依据本地区规定的排放限值进行判定。

五、转向操纵性

转向操纵性采用转向轮横向侧滑量和转向盘最大自由转动量两种技术指标评价。

1. 技术要求

(1)转向轮横向侧滑量。转向桥采用非独立悬架的车辆,其转向轮(含双转向桥的转向轮)的横向侧滑量应在 ±5m/km 范围内。转向桥采用独立悬架的车辆,其转向轮横向侧滑量不做评价。转向桥采用非独立悬架的车辆,如采用双转向桥,第一转向桥和第二转向桥的转向轮横向侧滑量均需评价。

(2)转向盘最大自由转动量。最高设计车速不小于 100 km/h 的道路运输车辆,其转向盘的最大自由转动量不大于 15°,其他道路运输车辆不大于 25°。

2. 转向轮横向侧滑量检验方法

(1)设备要求。采用适用于单、双转向桥的双板联动侧滑检验台检验,侧滑检验台应具有轮胎侧向力释放功能。滑板应保持水平,两滑板各点间的高度差应不超过 5mm。

(2)检验准备。

①被检车辆轮胎表面干燥、清洁无油污,胎冠花纹中及并装轮胎间无异物嵌入,气压符合规定。

②打开侧滑检验台滑板的锁止机构。

③仪表显示零位,必要时人工操作清零。

④侧滑检验台电气系统应预热。

(3)检验方法。被检车辆居中直线行驶,以不高于 5km/h 的车速平稳通过侧滑检验台滑板(不应转动转向盘和实施制动),测取转向轮横向侧滑量的最大示值。

3. 转向盘自由转动量检验方法

人工定性检查转向盘最大自由转动量,转角宽度约为"两指"时,视为合格。如自由转动量与规定限值接近而无法判定时,应使用转向力—角测量仪按以下规定的方法进行定量检测。

(1)被检车辆置于平坦、干燥、清洁的硬质地(路)面,转向轮保持回正位置,发动机熄火。

(2)将转向力—角测量仪安装在被检车辆的转向盘上,仪器应与转向盘固定连接,不得松脱和滑移。

(3)转向力—角测量仪设为峰值保持并清零,转动转向力—角测量仪的操纵盘至一侧有阻力止(转向轮转动临界点),读取角度值,记作 A_1,再转至另一侧有阻力止,读取角度值,记

作 A_2,A_1 与 A_2 间的自由角度即为转向盘最大自由转动量。

车辆进行技术等级评定时,转向盘自由转动量采用定量检验。

六、悬架特性

悬架装置是将车身和车轴弹性连接的部件,通常由弹性元件、导向装置和减振器组成。悬架的主要功能是:缓解路面不平引起的振动和冲击,以保证汽车具有良好的平顺性;迅速衰减车身和车桥的振动;传递作用在车轮和车身之间的各种力和力矩;保证汽车行驶时必要的安全性和操纵稳定性。悬架特性采用吸收率来评价。

1. 技术要求

设计车速不小于 100km/h,轴质量不大于 1500kg 的载客汽车,其轮胎在激励振动条件下测得的悬架吸收率应不小于 40%,同轴左、右轮悬架吸收率之差不得大于 15%。

2. 检验设备要求

采用悬架检测台检验,不得采用平板式制动台进行悬架特性检验。

3. 检验准备

(1)轮胎气压符合规定。

(2)检验时,驾驶员应离开车辆,以避免车辆偏载造成检测误差。

(3)悬架检测台电气系统应预热。

4. 检验方法

(1)将被检车辆各轴车轮依次驶上悬架装置检测台,并使轮胎位于检测台面的中央位置,测量左、右轮的静态轮荷。

(2)分别起动悬架检测台的左、右电动机,使汽车悬架产生振动,增加振动频率并超过振动的共振频率。

(3)当振动频率超过共振点后,将电动机关断,振动频率衰减并通过共振点。

(4)记录衰减振动曲线,测量共振时的最小动态轮荷,计算并读取最小动态轮荷与静态轮荷的百分比以及同轴左、右轮百分比的差值。

课题四 在用道路运输车辆的其他要求和检验方法

在用道路运输车辆的其他要求包括前照灯远光发光强度、远光光束和近光光束照射位置、车速表示值误差、车轮阻滞率、喇叭等要求和检验方法。

一、前照灯远光发光强度、远光光束和近光光束照射位置

1. 技术要求

(1)远光发光强度。前照灯是强制安装的汽车主动安全装置,其性能直接影响夜间行车安全。发光强度是表示光源发光强度的物理量,计量单位是坎德拉(cd)。1 坎德拉(cd)的定义为:一个光源发出频率为 540THz 的单色辐射,若在一定方向上的辐射强度为 1/683W/Sr(即每球面度 1/683W),则此光源在该方向上的发光强度为 1cd。远光光束发光强度的最小限值见表 5-13。远光发光强度的要求适用于最大设计车速不小于 70km/h 的车辆。

前照灯远光光束发光强度最小限值　　　　　　　　表 5-13

道路运输车辆	二灯制（cd）	四灯制①（cd）
最大设计车速≥70km/h 的车辆	≥15000	≥12000

注：①四灯制是指前照灯具有 4 个远光光束。采用四灯制的车辆其中两只对称灯达到两灯制的要求时视为合格。

《汽车和挂车外部照明和灯光信号装置的安装规定》(GB 4785—2007)第 2 号修改单从 2016 年 7 月 1 日起实施,其中规定:同时打开各前照灯,其总的发光强度应不超过 430000cd。

(2)前照灯光束照射位置。对于能单独调整远光光束且不影响近光光光束照射角度的前照灯,除检验其发光强度外,还应检验光束照射位置。前照灯照射在距离 10m 的屏幕上时的位置要求见表 5-14。

前照灯光束照射位置　　　　　　　　表 5-14

车辆类型	近光光束		远光光束①	
	明暗截止线转角或中点高度	水平方向位置（mm）	光束中心离地高度	水平方向位置（mm）
M_1 类乘用车	$0.7H \sim 0.9H$	左偏≤170	$0.85H \sim 0.95H$②	左灯左偏≤170 左灯右偏≤350 右灯左偏≤350 右灯右偏≤350
		右偏≤350		
其他车辆	$0.6H \sim 0.8H$		$0.8H \sim 0.95H$	

注：H——前照灯基准中心高度,单位为毫米(mm)。
①能单独调整远光光束且不影响近光光束照射角度的前照灯。
②不得低于前照灯近光光束明暗截止线转角或中点的高度。

前照灯远光光束中心离地高度符合限值要求,但低于近光光束明暗截止线转角或中点的离地高度时,远光光束垂直偏移应判定为不合格。

2. 检验设备要求

采用具有发光强度及远、近光光束照射位置检测功能的前照灯检验仪检验,综合性能检验机构应采用自动式前照灯检验仪。采用自动式前照灯检测仪时,导轨运行平面的水平度应不超过 2mm/m。

3. 检验准备

(1)被检车辆所有轮胎的气压符合规定。确认车上没有载荷物,确认车辆悬架无歪斜、损坏,确认前照灯安装无松动。

(2)前照灯检验仪受光面和被检车辆前照灯镜面应清洁。

(3)前照灯检验仪应预热。

4. 检验方法

(1)被检车辆沿引导线居中行驶,并在规定的检测位置停止,车辆的纵向轴线应与引导线平行。如不平行,车辆应重新停放或采用车辆摆正装置进行拨正。

(2)车辆电源处于充电状态(发动机不熄火),变速器置于空挡,开启前照灯远光灯。

(3)前照灯检测仪自动搜寻被检前照灯,并测量其远光发光强度。对于远光光束可单独调整的前照灯还应测量远光光束照射位置偏移。

(4)被检前照灯转换为近光光束,自动式前照灯检测仪自动测量其近光光束明暗截止线拐点的照射位置偏移值。

(5)按(3)、(4)完成车辆所有前照灯的检测。

采用光轴对正或基准中心对正的自动式前照灯检测仪可只检测左、右两只对称的前照灯主灯,如四灯全检时,应将与被检灯相邻的灯遮蔽。

被检远光的光束不能单独进行调整时,如调整远光光束会影响到近光光束照射位置,其远光照射位置的检测结果不做评判,只作为数据参考。

手动式前照灯检测仪可参照上述方法。

二、车速表示值误差

1. 技术要求

车速表指示车速与实际车速间如式(5-15)所示。

$$0 \leq V_1 - V_2 \leq \frac{V_2}{10} + 4 \tag{5-15}$$

式中:V_1——车速表指示车速,km/h;

V_2——实际车速,km/h。

当车速表检验台速度指示仪表的指示值 V_2 为 40km/h 时,读取该机动车速表的指示值 V_1,当 V_1 的读数在 40~48km/h 范围内为合格。

2. 检验设备要求

采用滚筒式车速表检验台检验。对于无法台架检验车速表指示误差的车辆,如全时四驱、实时四驱、带防滑控制功能、车速传感器未装在驱动轮的车辆,检查车速表速度指示功能是否正常,必要时,可采用便携式制动性能检测仪、非接触式速度计或五轮仪,通过路试的方法检验。

滚筒上母线应保持水平,各滚筒两端点间的高度差应不超过 5mm。

3. 检验准备

(1)并装轮胎间无异物嵌入,气压符合规定。

(2)前轮驱动车辆应在非驱动轮前部加止动楔块,并使用驻车制动。

(3)仪表显示零位,必要时人工操作清零。

(4)车速表检验台电气系统应预热。

4. 检验方法

(1)将被检车辆驱动轮置于车速表检验台滚筒上。

(2)降下举升器,起动被检车辆,当车速表稳定指示 40km/h 时,测取实际车速。

(3)对于无法台架检验车速表指示误差的车辆,可采用便携式制动性能检测仪或同类仪器设备。采用便携式制动性能检测仪时,按以下方法检验车速表示值误差,采用同类仪器设备检验时,按其说明书进行操作。

①在被检车辆上安装便携式制动性能检测仪。

②起动被检车辆,将车速稳定在 40km/h,并踩下制动踏板。

③将便携式制动性能检测仪计算打印的制动初速度作为车速表 40km/h 对应的实际车速,计算两者差值。

检测过程中,禁止升起举升板。检验结束后,应使车速自由下降或轻微缓踩制动踏板,使滚筒停止转动,滚筒停止后,锁上滚筒或升起举升器,再将车辆驶出检验台。

车速表指示误差的检验宜在车速表试验台上进行。对于无法在车速表检验台上检验车速表指示误差的机动车(如全时四轮驱动汽车、具有驱动防滑控制装置的汽车等)可路试检验车速表指示误差。

三、车轮阻滞率

车轮的阻滞率是测取的车轮阻滞力与静态轴荷的百分比。各车轮的阻滞力应不大于静态轴荷的 3.5%。车轮阻滞力过大是汽车制动器常见的故障,一般是更换车轮轴承、制动摩擦材料或间隙调整不当引起的。过大的车轮阻滞力,使车辆行驶阻力增加,在制动时产生"拖刹"。

1. 设备要求

采用滚筒反力式制动检验台检验,不得采用平板式制动台检验。其空载动态零值误差应符合表 5-15 的要求。滚筒反力式制动检验台的安装要求及被检车辆轮(轴)质量的测取要求应符合制动性台架检验中滚筒反力式制动检验台的相关规定。

滚筒反力式制动检验台空载动态零值误差　　　　表 5-15

额定承载质量(t)	空载动态零值误差
3	±0.6%F·S
10	±0.2%F·S
13	±0.2%F·S

2. 检验准备

制动台滚筒空载运转,使轴承、减速器等旋转部件及润滑油充分预热。在冷态下,滚筒反力式制动检验台的轴承、减速器等旋转部件及润滑油脂形成的台架内阻较大,会对阻滞力检测结果造成影响。

3. 检验方法

(1)测取被检车辆各轴的静态轮质量,并按滚筒反力式制动检验台检验方法的规定换算为静态轴荷。对于多轴及并装轴车辆应采用复合式轴重仪测取被检轴的静态轴质量。

(2)将被测轴的车轮置于制动台滚筒上,变速器置于空挡,数据采集系统清零。

(3)起动制动台左、右滚筒的驱动电动机,2s 后开始采样并保持至少 5s 的采样时间(以保证大直径轮胎转动一周),测取采样过程中各车轮阻滞力的平均值。

(4)按(2)、(3)依次检验各轴车轮的阻滞力。

(5)计算各车轮阻滞力的平均值与静态轴荷的百分比。

基于滚筒反力式制动检验台的副滚筒上母线与地面水平面存在高度差,对于多轴及并装轴车辆,计算车轮阻滞率时,静态轴荷按复合式轴重仪测取的静态轴荷计算。

车轮阻滞率的检验与滚筒反力式制动检验台制动性检验同步进行,先检验同轴车轮阻滞率,再检验该轴的行车制动和驻车制动。

四、喇叭

汽车喇叭作为一种声响信号装置,在汽车上属必备部件。为了使汽车喇叭起到警示功能,喇叭声级不能过低;但是,为了减少喇叭噪声对城市环境的影响,喇叭声级又不能过高。因此,应适当控制汽车喇叭声级。《营运车辆综合性能要求和检验方法》(GB 18565—2016)规定,喇叭应能发出连续、均匀的声响,声压级应为90~115dB(A)。

采用声级计检验喇叭声压级,检验方法如下:

(1)将声级计置于被检车辆前2m处,传声器距地高1.2 m,并指向被检车辆驾驶员位置。

(2)调整声级计到A级计权和快挡位置。声级计中的计权放大器即计权网络,它是将声音信号的低频段进行适当衰减的电路,以便使仪器的频率特征更好地适应人耳的听觉特性。计权网络分A、B、C三种。

(3)按响喇叭并保持发声3s以上,测取声压级。

课题五　在用道路运输车辆检验结果的判定与处理

按检验工艺和工位设置,在用道路运输车辆综合性能检验分为"人工检验"和"性能检验"。人工检验是以人工检查为主,仪器设备检测为辅的检验。人工检验分为"唯一性认定"、"故障信息诊断"、"外观检查"、"运行检查"和"底盘检查"等五部分。人工检验项目(见GB 18565—2016附录A)中,标记"★"的项目为"关键项"(共85项),标记"■"的项目为"一般项"(共16项),总计108项。人工检验结果按附录A的相关说明在表A.1"道路运输车辆人工检验记录单"中填写。

性能检验是以仪器设备检测为主,人工检查为辅,且在检测线内进行的检验。性能检验项目(见GB 18565—2016附录B)中,"车速表示值误差"、"前照灯光束垂直偏移"为"一般项","前照灯光束水平偏移"不参与评价,其他项目为"关键项"。性能检验结果按附录B的相关说明在表B.1"道路运输车辆性能检验记录单"中填写。

一、检验结果判定

人工检验项目及性能检验项目中,"关键项"的检验结果为合格且"一般项"的不合格项数不超过6项时,检验结果判定为合格。当有任一"关键项"的检验结果为不合格,或"一般项"的不合格项数多于6项时,检验结果判定为不合格。

当同一检验项目出现多个不合格结果时,不合格项目数记为1项。例:当同一车辆左前照灯和右前照灯的垂直照射方向均不合格时,不合格项记为1项。

二、检验结果处理

(1)检验结果为合格但存在一般项不合格时,委托人应在"检验报告单"上签字确认并及时调修。对于不合格的项目,综检机构应告知委托人及时进行调修,确保车辆各项指标符合要求。

（2）检验结果为不合格时，委托人应在规定的时间内调修并进行复检。具备条件时，对于能立即排除的故障和缺陷可在场调修。

（3）对以下不合格项进行复检时，应进行关联检验：

①对于装用压燃式发动机车辆，动力性不合格时，调修后复检动力性、燃料经济性和排放性；燃料经济性不合格时，调修后复检燃料经济性和动力性；排放性不合格时，调修后复检排放性和动力性。

②轴制动率不合格时，调修后复检轴制动率、制动不平衡率和同轴车轮阻滞率，并重新计算整车制动率。

③驻车制动率不合格时，调修后复检驻车制动率。

④同轴车轮阻滞率不合格时，调修后复检该轴的车轮阻滞率、轴制动率、制动不平衡率，并重新计算整车制动率。

单元六
汽车运行安全技术条件

 知识目标

1. 掌握汽车整车有关运行安全的基本技术要求;
2. 掌握汽车发动机有关运行安全的基本技术要求;
3. 掌握汽车底盘有关运行安全的基本技术要求;
4. 掌握汽车车身有关运行安全的基本技术要求;
5. 掌握汽车电气设备有关运行安全的基本技术要求;
6. 掌握汽车安全防护装置等有关运行安全的基本技术要求。

 技能目标

1. 掌握汽车整车有关运行安全的检验方法;
2. 掌握汽车发动机有关运行安全的检验方法;
3. 掌握汽车底盘有关运行安全的检验方法;
4. 掌握汽车车身有关运行安全的检验方法;
5. 掌握汽车电气设备有关运行安全的检验方法;
6. 掌握汽车安全防护装置等有关运行安全的检验方法。

为提高道路运行机动车安全技术性能,我国于 2012 年 9 月 1 日起开始实施国家标准《机动车运行安全技术条件》(GB 7258—2012),它是在 GB 7258—2004 的基础上进行修订的,这是新中国成立以来第四个有关机动车辆运行安全方面的标准。该标准规定了机动车的整车及主要总成、安全防护装置等有关运行安全的基本技术要求及检验方法,还规定了消防车、救护车、工程救险车和警车及残疾人专用汽车的附加要求。

课题一 整车运行安全技术条件

汽车是由自身的动力装置驱动,具有四个或四个以上车轮的非轨道承载的车辆,主要用于载运人员和/或货物(物品)、牵引载运货物(物品)的车辆或特殊用途的车辆、专项作业。汽车分为载客汽车、载货汽车、专项作业车等。

一、对机动车整车标志的规定

1. 机动车商标和厂标

机动车在车身长度 1/2 以前的部位外表面的易见部位上应至少装置一个能永久保持的商标或厂标。"永久保持"的意思是指"商标或厂标应以焊接等非经破坏性操作不能卸除的方式固定在车辆上";"商标"是指"车辆制造企业的商标或车辆产品品牌的商标";"厂标"则是指"车辆制造厂家的代表标志"。

车辆外表面装置有两个或两个以上的标志(商标或厂标)时,在至少有一个标志布置在车身前部外表面的基础上,其余的标志可布置在车身外表面其他部位。车辆制造厂家还可以在车身表面装置其他有助于识别车辆其他特征的标志。

《汽车产业政策》第二十六条规定,所有国产汽车和总成部件要标示生产企业的注册商品商标,在国内市场销售的整车产品要在车身外部显著位置标明生产企业商品商标和本企业名称或商品产地,如商品商标中已含有生产企业地理标志的,可不再标明商品产地。

2. 机动车产品标牌

机动车应至少装置一个能永久保持的产品标牌,该标牌的固定、位置及形式应符合《道路车辆产品标牌》(GB/T 18411—2011)的规定;如采用标签标示,则标签应符合《道路车辆标牌和标签》(GB/T 25978—2010)规定的标签一般性能、防篡改性能及防伪性能要求。

"能永久保持的产品标牌"是指产品标牌应以焊接等非经破坏性操作不能卸除的方式固定在车辆上;因此,原则上标牌不应以铆接方式固定在车辆上,但考虑到目前车辆产品的实际情况,近期仍允许产品标牌以铆接方式固定在车辆上。

改装车应同时具有改装后的整车产品标牌及改装前的整车(或底盘)产品标牌。改装车应有两个标牌,其中一个是底盘标牌(或改装前的整车的产品标牌),另一个是整车产品标牌,两个标牌中的"车辆识别代号"内容应一致。进口的改装车,如果只有一个产品标牌,其上标明的制造国与机动车相关凭证上记载的制造国应一致;如果有两个产品标牌,则其中一个产品标牌上标明的制造国应与机动车相关凭证上记载的制造国一致。

对于使用货车底盘改装的专用作业车(如道路清扫车辆、垃圾车、汽车起重机等),其产品标牌应标明的项目按货车要求执行;但对于使用客车底盘改装的专用作业车,其标牌应标明的项目可按客车要求执行。

机动车均应在产品标牌上标明品牌、整车型号、制造年月、生产厂名及制造国,各类机动车产品标牌应标明的其他项目见表6-1。产品标牌上标明的内容应规范、清晰耐久且易于识别,项目名称均应有中文名称。

产品标牌上标明的制造国原则上是指最后阶段制造厂所在国,应与机动车相关凭证上记载的制造国一致;对进口机动车,一般情况下还应与国家质检总局发布的《进口机动车辆制造厂名称和车辆品牌中英文对照表》上记载的对应车型的制造国一致。

专项作业车的专用功能主要技术参数根据专项作业功能的不同而有所区别,专项作业车产品标牌上标明的专用功能主要技术参数应与机动车随车资料(如产品使用说明书)中记载的专用功能主要技术参数一致。

标明的"项目名称"只要能表征出该"项目名称"所唯一对应的项目即可;并且并非产品

标牌上标明的所有项目都必须有"项目名称",有些意义明显的项目(如制造年月、生产厂名、VIN、制造国)可没有"项目名称"。

除了本标准规定应标明的项目外,车辆制造厂家还可以在标牌上标出其他项目(如汽车产品标牌仍可以保留"整车出厂编号"这一项目),但此时必须同时标出中文的"项目名称"。

对于乘用车,可标明"发动机名义排量"。

对于标签标牌而言,"永久保持"是指标牌被黏结到车辆上后,在任何情况下都不可能在不损坏标牌的整体性及蚀刻的项目内容的情形下被揭下。

各类机动车产品标牌应标明的其他项目　　　　　　表 6-1

机动车类型		应标明的其他项目
汽车①	载客汽车②	车辆识别代号、发动机型号、发动机最大净功率、最大允许总质量(以下简称为"总质量")、乘坐人数(乘员数)
	载货汽车③	车辆识别代号、发动机型号、发动机最大净功率、总质量(半挂牵引车除外)、整车整备质量(以下简称为"整备质量")、最大允许牵引质量(无牵引功能的货车除外)
	专项作业车	车辆识别代号、发动机型号、发动机最大净功率、总质量、专用功能主要技术参数
挂车		车辆识别代号④、总质量、整备质量
摩托车⑤		车辆识别代号、发动机型号、发动机实际排量或最大净功率、整备质量
轮式专用机械车		车架号(或产品识别代码、车辆识别代号)、发动机型号、发动机标定功率、整备质量、最大设计车速
组成拖拉机运输机组的拖拉机		出厂编号、发动机标定功率、使用质量
特型机动车		车辆识别代号(或车架号)、发动机型号、发动机最大净功率、总质量、整备质量、外廓尺寸

注:①非插电式混合动力汽车还应标明电动动力系统最大输出功率;纯电动汽车、插电式混合动力汽车、燃料电池汽车还应标明主驱动电机型号和功率,动力电池工作电压和容量(安时数),储氢容器形式、容积、工作压力(燃料电池汽车);纯电动汽车不标发动机相关信息。
②乘用车还应标明发动机排量,具备牵引功能时还应标明最大允许牵引质量。
③半挂牵引车还应标明牵引座最大设计静载荷。
④牵引杆挂车在未采用统一的车辆识别代号之前应标明车架号。
⑤电动摩托车应标明车辆识别代号、电动机型号、电动机最大输出功率、额定电压、整备质量;正三轮摩托车还应标明装载质量或乘坐人数,两轮普通摩托车及两轮轻便摩托车可不标车辆识别代号。

3. 车辆识别代号

通过车辆识别代号可以清楚地识别 30 年内世界上任何一辆汽车的制造国、制造厂家、生产年份、流水号和车辆结构的一些其他特征。

汽车必须具有车辆识别代号,车辆识别代号由世界制造厂识别代号(WMI)、车辆说明部分(VDS)、车辆指示部分(VIS)三部分组成,共 17 位字码。应至少有一个车辆识别代号打刻在车架(无车架的机动车为车身主要承载且不能拆卸的部件)能防止锈蚀、磨损的部位上。

乘用车的车辆识别代号应打刻在发动机舱内能防止替换的车辆结构件上,或打刻在车门立柱上,如受结构限制没有打刻空间时也可打刻在右侧除行李舱(后行李区)外的车辆其他结构件上;其他汽车的车辆识别代号应打刻在前部右侧,如受结构限制也可打刻在右侧其他车辆结构件上。其他机动车应在相应的易见位置打刻整车型号和出厂编号,型号在前,出厂编号在后,在出厂编号的两端应打刻起止标记。

打刻车辆识别代号(或整车型号和出厂编号)的部件不得采用打磨、挖补、垫片等方式处理,从上(前)方观察时打刻区域周边足够大面积的表面不应有任何覆盖物;如有覆盖物,该覆盖物的表面应明确标示"车辆识别代号"或"VIN"字样,且覆盖物在不使用任何专用工具的情况下能直接取下(或揭开)及复原,以方便地观察到足够大的包括打刻区域的表面。

"打刻区域周边足够大面积的表面"是指打刻车辆识别代号的部件的全部表面;但所暴露表面能满足查看打刻车辆识别代号的部件有无挖补、重新焊接、粘贴等痕迹的需要时,也应视为满足要求。

"所暴露表面能满足查看打刻车辆识别代号的部件有无挖补、重新焊接、粘贴等痕迹的需要时",是指检验查验时,应该至少有一个方向不借助任何工具能够清楚地观察到打刻车辆识别代号的部件与车身其他结构件固定连接的状态,以便于有效地判断被检验查验车辆打刻车辆识别代号的部件是否有挖补、打磨、重新焊接、粘贴、垫片、更换等情形。

打刻车辆识别代号的区域周边足够大的表面有覆盖物时,如该覆盖物能手动或利用简单工具(如市场上通用的螺丝刀)直接快速取下(或揭开、移开)并复原,且覆盖物取下(或揭开、移开)后不借助任何工具能方便地观察到足够大的包括打刻区域的表面,应视为满足要求。

汽车上打刻的车辆识别代号(或整车型号和出厂编号)从上(前)方应易于拓印。打刻的车辆识别代号的字母和数字的字高应大于或等于7.0mm、深度应大于或等于0.3mm(乘用车深度应大于或等于0.2mm)。打刻的整车型号和出厂编号字高应为10.0 mm,深度应大于或等于0.3mm。

车辆识别代号(或整车型号和出厂编号)一经打刻不得更改、变动。同一辆机动车的车架(无车架的机动车为车身主要承载且不能拆卸的部件)上,不得既打刻车辆识别代号,又打刻整车型号和出厂编号。同一辆车上标识的所有车辆识别代号内容应相同。

2013年3月1日起新生产的乘用车和总质量小于或等于3500kg的货车(低速汽车除外)应在靠近风窗立柱的位置设置能永久保持的车辆识别代号标识;该标识从车外应能清晰地识读,且非经破坏性操作不能被完整取下。2014年3月1日起新生产的具有发动机电子控制单元(ECU)的乘用车,其ECU应记载有车辆识别代号等特征信息,且记载的特征信息应能被取, 但如果乘用车至少有一处电子数据接口,并且通过读取工具能够获得车辆识别代号等特征信息的,应视为满足要求。

另外,2013年9月1日起生产的乘用车还应在行李舱从车外无法观察但打开后能直接观察的合适位置标示车辆识别代号,并至少在5个主要部件上标示车辆识别代号;但如制造厂家使用了能从零部件编号溯及车辆识别代号等车辆唯一性信息的生产管理系统,主要部件上可标示零部件编号。车辆识别代号或零部件编号应直接打刻或采用能永久保持的标签粘贴在制造厂家规定主要部件的目标区域内,其字码高度应保证内容能清晰确认。

4. 发动机型号和出厂编号

发动机型号和出厂编号应打刻(或铸出)在汽缸体上且应能永久保持,在出厂编号的两端应打刻起止标记(没有打刻起止标记的空间时不打刻)。如打刻(或铸出)的发动机型号和出厂编号不易见,则应在发动机易见部位增加能永久保持的发动机型号和出厂编号的标识。"发动机易见部位"是指打开发动机罩后易于观察的发动机主要部件或覆盖件。

发动机制造厂家可以根据制造工艺的需要,自行决定是否在发动机型号的两端打刻起止标记。发动机型号和出厂编号在一行内打刻不下时,允许分两行打刻:型号一行,出厂编号和起止标记一行。

纯电动汽车、插电式混合动力汽车、燃料电池汽车应在主驱动电动机壳体上打刻电动机型号和编号;如打刻的电动机型号和编号被覆盖,应留出观察口,或在覆盖件上增加能永久保持的电动机型号和编号的标识。

5. 危险货物运输车的标志

危险货物运输车的标志应符合《道路运输危险货物车辆标志》(GB 13392—2005)的规定。根据 GB 13392—2005,道路运输危险货物车辆在运输使用时必须在驾驶室顶部外表面前端中间位置端放三角形顶灯;正反面中间印有黑色"危险"字样,侧面印有黑色"!"。同时,道路运输危险货物车辆应在尾部几何中心部位附近安装标志牌;矩形标牌为铝合金板材,按规定印制图形及文字。

其中,罐式危险货物运输车还应按照《金属常压罐体技术要求》(GB 18564.1—2006)或《道路运输液体危险货物罐式车辆 第二部分》(GB 18564.2—2008)在罐体上喷涂装运货物的名称,道路运输爆炸品和剧毒化学品车辆还应符合 GB 20300—2006 的规定。根据 GB 20300—2006,道路运输爆炸品和剧毒化学品车辆还应在罐体或厢体侧面中心位置安装标志牌。罐式危险货物运输车的罐体两侧应喷涂 GB 18564.1 或 GB 18564.2 规定的常见液体危险货物介质名称。道路运输爆炸品和剧毒化学品车辆应在后部安装白底黑字的矩形安全标示牌。

6. 改装或修理时对车辆识别代号和型号的规定

对机动车进行改装或修理时,不得对车辆识别代号(或整车型号和出厂编号)、发动机型号和出厂编号、零部件编号、产品标牌、发动机标识等整车标志进行遮盖(遮挡)、打磨、挖补、垫片等处理及凿孔、钻孔等破坏性操作。

二、外廓尺寸和后悬

1. 外廓尺寸

汽车及汽车列车、挂车的外廓尺寸应符合 GB 1589—2016 的规定,根据 GB 1589—2016 规定,栏板式、仓栅式、平板式、自卸式货车及其半挂车的外廓尺寸的最大限值见表 6-2,其他汽车、挂车及汽车列车的外廓尺寸的最大限值见表 6-3。

栏板式、仓栅式、平板式、自卸式货车及其半挂车外廓尺寸的最大限值(单位:mm)　　表 6-2

车　辆　类　型			长度	宽度	高度
仓栅式货车 栏板式货车 平板式货车 自卸式货车	二轴	最大设计总质量≤3500kg	6000	2550	4000
		最大设计总质量>3500kg,且≤8000kg	7000		
		最大设计总质量>8000kg,且≤1200kg	8000		
		最大设计总质量>12000kg	9000		
	三轴	最大设计总质量≤20000kg	11000		
		最大设计总质量>20000kg	12000		
	双转向轴的四轴汽车		12000		

续上表

车辆类型		长度	宽度	高度
仓栅式半挂车 栏板式半挂车 平板式半挂车 自卸式半挂车	一轴	8600		
	二轴	10000		
	三轴	13000		

其他汽车、挂车及汽车列车外廓尺寸的最大限值（单位：mm）　　表 6-3

车辆类型			长度	宽度	高度
汽车	三轮汽车①		4600	1600	2000
	低速货车		6000	2000	2500
	货车及半挂牵引车		12000②	2550③	4000
	乘用车及客车	乘用车及二轴客车	12000	2550	4000④
		三轴客车	13700		
		单铰接客车	18000		
挂车	半挂车		13750⑤	2550③	4000
	中置轴、牵引杆挂车		12000⑥		
汽车列车	乘用车列车		14500	2550③	4000
	铰接列车		17100⑦		
	货车列车		20000⑧		

注：①当采用转向盘转向，由传动轴传递动力，具有驾驶室且驾驶员座椅后设计有物品放置空间时，长度、宽度、高度的限值分别为 5200mm、1800mm、2200mm。
②专用作业车车辆长度限值要求不适用的要求，但应符合相关标准要求。
③冷藏车宽度最大限值为 2600mm。
④定线行驶的双层城市客车高度最大限值为 4200mm。
⑤运送 45ft 集装箱的半挂车长度最大限值为 13950mm。
⑥车厢长度限值为 8000mm（中置轴车辆运输挂车除外）。
⑦长头半挂牵引车与半挂车组成的铰接列车长度限值为 18100mm。
⑧中置轴车辆运输列车长度最大限值为 22000mm。

2. 后悬

后悬是指分别过车辆后轴两轮中心和车辆最后端点（包括牵引装置、车牌及固定在车辆后部的任何刚性部件）且垂直于 Y（车辆纵向对称平面）和 X（车辆支撑平面）平面的两平面之间的距离。

客车及封闭式车厢（或罐体）的机动车后悬应小于或等于轴距的 65%。专项作业车和轮式专用机械车，在保证安全的情况下，后悬可按客车后悬要求核算，其他机动车后悬应小于或等于轴距的 55%。车长小于 16m 的发动机后置的铰接客车，在保证安全的情况下，后悬可不超过轴距的 70%。机动车的后悬均应小于或等于 3.5m。

多轴机动车的轴距按第一轴至最后轴的距离计算（对铰接客车按第一轴至第二轴的距离计算），后悬从最后一轴的中心线往后计算。客车的后悬以车身外蒙皮尺寸计算，如后保险杠凸出于后背外蒙皮，则以后保险杠尺寸计算，不计后尾梯。

对于专用作业车,其后伸(指安装在车辆上的、作业时可伸展移动的专用装置凸出车辆后部刚性部件的尺寸)不计入后悬,但应计入车辆长度;与此类似,专用作业车的前伸不计入前悬,但应计入车辆长度。

三、轴荷和质量参数

汽车及汽车列车、挂车的轴荷和质量参数应符合 GB 1589—2016 的规定。根据 GB 1589—2016 规定,汽车及挂车单轴、二轴组及三轴组的最大允许轴荷不得超过表 6-4 规定的最大限值。

汽车及挂车单轴、二轴组及三轴组的最大允许轴荷限值(单位:kg)　　表 6-4

类　　型			最大允许轴荷限值
单轴	每侧单轮胎		7000①
	每侧双轮胎	非驱动轴	10000②
		驱动轴	11500
二轴组	轴距<1000mm		11500③
	轴距≥1000mm,且<1300mm		16000
	轴距≥1300mm,且<1800mm		18000
	轴距≥1800mm(仅挂车)		18000④
三轴组	相邻两轴之间距离≤1300mm		21000
	相邻两轴之间距离>1300mm,且≤1300mm		24000

注:①安装名义断面宽度不小于 425mm 轮胎的车轴,最大允许轴荷限值为 10000kg;驱动轴安装名义断面宽度不小于 445mm 轮胎,则最大允许轴荷限值为 11500kg。
②装备空气悬架的最大允许轴荷的最大限值为 11500kg。
③二轴挂车最大允许轴荷限值为 11000kg。
④汽车驱动轴为每轴每侧双轮胎且装备空气悬架时,最大允许轴荷的最大限值为 19000kg。

汽车在空载和满载状态下,整备质量和总质量应在各轴之间合理分配,轴荷应在左右车轮之间均衡分配。"合理分配"的意思是指:在设计和制造上应尽可能使轴荷在左右车轮之间均衡分配,并且其整备质量和总质量在各轴之间的分配应尽可能保证合理的重心位置以保证转向、制动时的稳定性。

四、核载

1. 质量参数核定

(1)机动车最大允许总质量依据发动机功率、最大设计轴荷、轮胎的承载能力及正式批准的技术文件进行核算后,从中取最小值核定。

(2)机动车在空载和满载状态下,转向轴轴荷(或转向轮轮荷)分别与该车整备质量和总质量的比值应大于或等于:

①乘用车:30%。
②三轮汽车、正三轮摩托车:18%。
③其他机动车:20%。

铰接列车应在空载和满载状态下对牵引车部分进行核算,铰接客车和铰接式无轨电车应在空载和满载状态下对前车进行核算。

(3) 清障车在托举状态下,转向轴轴荷应大于或等于总质量的 15%。

(4) 汽车或汽车列车驱动轴的轴荷应大于或等于汽车或汽车列车总质量的 25%。

(5) 货车列车的挂车的最大允许装载质量应小于或等于货车的最大允许装载质量。

(6) 铰接列车的半挂车的总质量应小于或等于半挂牵引车的最大允许牵引质量。

(7) 轮式拖拉机运输机组的挂拖质量比(挂车最大允许总质量与拖拉机使用质量之比)应小于或等于 3。

2. 乘用车乘坐人数核定

(1) 前排座位按乘客舱内部宽度(指驾驶员两侧门窗下缘,并在车门后支柱内侧量取)大于或等于 1200mm 时核定 2 人,大于或等于 1650mm 时核定 3 人,但每名前排乘员的坐垫宽和坐垫深均应大于或等于 400mm,且不得作为学生座位核定乘坐人数。

(2) 除前排座位外的其他排座位,在能保证与前一排座位的间距大于或等于 600mm 且坐垫深度大于或等于 400mm(对第二排以后的可折叠座椅座间距大于或等于 570mm 且坐垫深度大于或等于 350mm)时,按坐垫宽每 400mm 核定 1 人;但作为学生座位使用时,对幼儿校车按每 280mm 核定 1 人,对小学生校车按每 350mm 核定 1 人,对中小学生校车按 380mm 核定 1 人。单人座椅坐垫宽大于或等于 400mm 时核定 1 人。

学生座位(椅)是指幼儿校车上专门供幼儿乘坐的座位(椅)、小学生校车上专门供小学生乘坐的座位(椅)及中小学生校车上专门供义务教育阶段学生使用的座位(椅)。可折叠座椅是指靠背、坐垫铰接且折叠在一起后能完全收起的座椅。座间距是指座椅坐垫和靠背均未被压陷、驾驶员座椅和前排乘员座椅处于滑轨中间位置、靠背角度可调式座椅的靠背角度及座椅其他调整量处于制造厂规定的正常使用位置时,在通过(单人)座椅中心线的垂直平面内,在坐垫上表面最高点所处平面与地板上方 620mm 高度范围内水平测量所得的座椅间距数值。

(3) 旅居车的核定乘员数应小于或等于 9 人。

(4) 车长大于或等于 6m 的乘用车设置的侧向座椅不核定乘坐人数。

3. 客车乘员数核定

(1) 按乘员质量核定,则按《客车装载质量计算方法》(GB/T 12428—2005)确定。

(2) 按坐垫宽和站立乘客有效面积核定:长条座椅(指坐垫靠背均为条形的供两人或多人乘坐的座椅)按坐垫宽每 400mm 核定 1 人,但作为学生座位使用时,对幼儿校车按每 280mm(对幼儿专用校车按每 330mm)核定 1 人,对小学生校车按每 350mm 核定 1 人,对中小学生校车按 380mm 核定 1 人;单人座椅坐垫宽大于或等于 400mm(对学生座椅为 380mm)时核定 1 人。设有乘客站立区的公共汽车,按 GB/T 12428—2005 确定的站立乘客有效面积计算,每 0.125m^2 核定站立乘客 1 人;双层客车的上层及其他客车不核定站立人数。

(3) 按卧铺铺位核定:卧铺客车的每个铺位核定 1 人,驾驶员座椅核定 1 人,乘客座椅(包括车组人员座椅)不核定乘坐人数。

(4) 可折叠的单人座椅及驾驶员座椅 R 点所处的横向垂直平面之前的座椅不得作为学生座位(椅)核定人数。

（5）幼儿校车、小学生校车和中小学生校车按（2）和（4）核定乘员数，其他客车以（1）、（2）及（3）计算的乘员数取最小值核定乘员数。幼儿校车的核定乘员数应小于或等于45人，其他校车的核定乘员数应小于或等于56人。二轴卧铺客车的核定乘员数应小于或等于36人，三轴卧铺客车的核定乘员数应小于或等于40人。

4. 有驾驶室机动车的驾驶室乘坐人数核定（摩托车除外）

（1）驾驶室的前排座位，按驾驶室内部宽度（系指驾驶室门窗下缘，并在车门后支柱内侧量取）大于或等于1200mm时核定2人，大于或等于1650mm时核定3人，但每名前排乘员的坐垫宽和坐垫深均应大于或等于400mm。

（2）双排座位驾驶室的后排座位，按坐垫中间位置测量的车身内部宽度，在能保证与前排座位的间距大于或等于650mm且坐垫深度大于或等于400mm时，每400mm核定1人。

（3）带卧铺的货车，卧铺铺位不核定乘坐人数。

（4）有驾驶室的拖拉机运输机组和使用转向盘转向的三轮汽车，除驾驶员外可再核定一名乘员，但其坐垫宽应大于或等于350mm，座椅深应大于或等于300mm，且座椅不应增加拖拉机运输机组或三轮汽车的外廓尺寸；不具备上述条件时，只准许乘坐驾驶员1人。

（5）货车核定乘坐人数应小于或等于6人。

5. 特殊规定

（1）装备有残疾人轮椅固定装置的残疾人汽车、装备有担架的救护车等用于载运特定乘客的载客汽车的乘坐人数，以及医疗车、体检医疗车等专项作业车的乘坐人数，参照2、3和4核定。

（2）旅居半挂车不核定乘坐人数。

（3）货车驾驶室（区）以外部位设置的座椅和卧铺不核定乘坐人数。

五、比功率

比功率为发动机最大净功率（或0.9倍的发动机额定功率或0.9倍的发动机标定功率）与机动车最大允许总质量之比。"净功率"是指在试验台架上，发动机安装标准规定的辅件，在曲轴端或其等效件末端相应转速下输出的功率，并按标准大气状态修正。发动机净功率的测试方法按国家标准《汽车用发动机净功率测试方法》（GB/T 17692—1999）执行。

低速汽车及拖拉机运输机组的比功率应大于或等于4.0kW/t，除无轨电车外的其他机动车的比功率应大于或等于5.0kW/t。

目前尚没有"发动机最大净功率"这一数据的机动车，可利用发动机额定功率（或标定功率）计算比功率的算法，但规定应乘以0.9的系数。0.9只是为了方便比功率的计算而给出的一个数值，并不意味着"发动机最大净功率=0.9倍的发动机额定功率（或标定功率）"，原则上应尽可能利用发动机最大净功率计算比功率。

六、侧倾稳定角

《汽车静侧翻稳定性台架试验方法》（GB/T 14172—2009）对侧倾稳定角做了相关规定。

（1）客车在乘客区满载、行李舱空载的情况下测试时，向左侧和右侧倾斜最大侧倾稳定角均应大于或等于28°（对专用校车均应大于或等于32°）；且除定线行驶的双层（公共）汽车外,在空载、静态条件下,向左侧和右侧倾斜最大侧倾稳定角均应大于或等于35°。铰接客车和铰接式无轨电车按前车考核。

(2)罐式汽车和罐式挂车在满载、静态状态下,向左侧和右侧倾斜最大侧倾稳定角应大于或等于23°。

(3)其他机动车在空载、静态状态下,向左侧和右侧倾斜最大侧倾稳定角应大于或等于:
①三轮汽车:25°。
②总质量为整备质量的1.2倍以下的机动车:30°。
③总质量不小于整备质量的1.2倍的专项作业车和轮式专用机械车:32°。
④其他机动车:35°。

目前客车相关标准中,《客车结构安全要求》(GB 13094—2007)、《卧铺客车结构安全要求》(GB/T 16887—2008)第1号修改单和《双层客车结构安全要求》(GB/T 19950—2005)对 M_2 类和 M_3 类中的Ⅰ级、Ⅱ级和Ⅲ级单层客车(不包括卧铺客车、学童客车和专用客车)、卧铺客车、双层客车的侧倾稳定性测试方法做了规定。《专用校车安全技术条件》(GB 24407—2012)对专用校车的侧倾稳定性测试方法做了规定。《轻型客车结构安全要求》(GB 1896—2003)对 M_2 类和 M_3 类中的A级和B级单层客车(不含卧铺客车)的侧倾稳定性测试方法做了规定。

侧倾稳定角应尽可能通过试验确定,但在试验条件不具备的情况下也可以通过测量车辆重心等参数与计算相结合的方法来确定。

七、图形和文字标志

(1)汽车(三轮汽车和装用单缸柴油机的低速货车除外)应按照GB 4094的规定设置操纵件、指示器及信号装置的图形标志。

(2)三轮汽车和装用单缸柴油机的低速货车的变速杆、手柄和开关等操纵机构,除作用非常明确的外,应在操纵机构上或其附近用耐久性标志明确标明其功能、操作方向等。标志用操作符号应与背景有明显的色差。

(3)机动车标注的警告性文字应有中文。

(4)旅居车和旅居挂车旅居室内的专用装备设施应明示相应的安全使用规定。

(5)低速汽车和拖拉机运输机组应对需要提醒人们注意的安全事项设置相应的安全标志。

(6)所有货车和专项作业车均应在驾驶室(区)两侧喷涂总质量(半挂牵引车为最大允许牵引质量);其中,栏板货车和自卸车还应在驾驶室两侧喷涂栏板高度,罐式汽车和罐式挂车还应在罐体上喷涂罐体容积及允许装运货物的种类。栏板挂车应在车厢两侧喷涂栏板高度。喷涂的中文及阿拉伯数字应清晰,高度应大于或等于80mm。

(7)总质量大于或等于4500kg的货车(半挂牵引车除外)、所有挂车均应在车厢后部喷涂或粘贴放大的号牌号码,放大的号牌号码字样应清晰。

(8)所有客车(专用校车和设有乘客站立区的公共汽车除外)应在乘客门附近车身外部易见位置,用高度大于或等于100mm的中文及阿拉伯数字标明该车提供给乘员(包括驾驶员)的座位数。

(9)专用校车车身外观标识应符合《校车标识》(GB 24315—2009)规定。校车运送学生时,应在前风窗玻璃右下角和后风窗玻璃适当位置各放置一块可以从车外清楚识别的校车标牌;专门用于接送学生上下学的非专用校车,车身外观标识还应符合专用校车相关规定。

(10)气体燃料汽车、两用燃料汽车和双燃料汽车应按《天然气汽车和液化石油气汽车标志》(GB/T 17676—1999)的规定标注其使用的气体燃料类型。

(11)教练车应在车身两侧及后部喷涂高度大于或等于100mm的"教练车"等字样。

(12)警车、消防车、救护车和工程救险车以外的机动车,不得喷涂和安装与警车、消防车、救护车和工程救险车相同或相类似的标志图案和灯具。

八、外观

汽车外观应整洁,各零部件应完好,连接牢固,无缺损。车体应周正,车体外缘左右对称部位高度差应小于或等于40mm。

九、漏水、漏油检查

在发动机运转及停车时,散热器、水泵、缸体、缸盖、暖风装置及所有连接部位均不得有明显渗漏现象。

机动车连续行驶距离不小于10km,停车5min后观察,不得有明显渗漏现象。

十、车速表指示误差

汽车(三轮汽车和装用单缸柴油机的低速货车除外)必须安装车速里程表。从保证行车安全的角度出发,车速表应只有上偏差,即车速表的指示值不应低于机动车的实际行驶车速。除最大设计车速不大于40km/h的汽车外,车速表指示车速V_1(单位:km/h)与实际车速V_2(单位:km/h)之间应符合公式(5-15)。

十一、行驶轨迹

汽车列车和轮式拖拉机运输机组在平坦、干燥的路面上直线行驶时,挂车后轴中心相对于牵引车前轴中心的最大摆动幅度,铰接列车、乘用车列车和中置轴挂车列车应小于或等于110mm,牵引杆挂车列车和轮式拖拉机运输机组应小于或等于220mm。

在日常检验时通常并不需要检查车辆是否满足该定量要求,仅对有疑问车辆或事故车辆进行该项检查。但是,考虑到摆动幅度的大小与牵引装置销孔的磨损程度(对新车为配合紧密程度)关系甚大,在条件具备的时候宜规定在机动车安全技术检验时检查列车牵引装置销孔的磨损程度和完好程度。

十二、驾驶员耳旁噪声要求

汽车(低速汽车除外)驾驶员耳旁噪声声级应小于或等于90dB(A)。

十三、环保要求

机动车的排气污染物排放及噪声控制应符合国家环保标准的规定。

十四、产品使用说明书

2013年3月1日起新生产的汽车必须有产品使用说明书。汽车的产品使用说明书包括随车交付给车辆使用者的正式文件,能使车辆的使用者通过阅读车辆产品使用说明书更多地了解安全驾驶车辆的相关常识,使车辆的管理者、维修者更多地知晓车辆相关的技术参数,进而加强车辆运行安全管理,提高车辆运行安全水平。要求车辆制造厂家明示汽车安全气囊等安全装置的实际防护效果,为尽可能保护消费者权益提供支撑。

1. 结构参数和技术特征

机动车的产品使用说明书应用文字标明与车型(整车型号)相一致的以下结构参数和技术特征,必要时还应用图案辅助说明:

(1)整车产品标牌、按规定打刻的车辆识别代号(或整车型号和出厂编号)、打刻(或铸出的)发动机型号和出厂编号(或电动机型号和编号)、标有发动机型号和出厂编号(或电动机型号和编号)的标识等标志的具体位置。

(2)长、宽、高等整车外廓尺寸参数,轴荷、整备质量、最大允许总质量等质量参数。

(3)发动机主要技术参数(如发动机最大净功率、额定功率/转速、额定转矩/转速),燃料种类及标号,指定试验条件下的整车燃料消耗量。

(4)罐体容积及允许装运货物的种类。

(5)机动车整车出厂时所达到的排放水平。

(6)最大设计车速、最大爬坡度等动力性能参数。

(7)起步气压的具体数值;可以使用的轮胎规格、备胎规格,以及轮胎气压等使用注意事项。

(8)钢板弹簧的形式和规格,侧面及后下部防护装置的材质、结构、尺寸、连接部位和形式、外形,封闭式货车隔离装置的承受能力及装载货物注意事项。

(9)电动转向助力装置等电气设备的安全使用要求及注意事项。

(10)最大设计车速大于100km/h的机动车的车轮动平衡要求、车轮定位值。

(11)制动踏板自由行程的合理范围、制动摩擦副的合理使用范围。

(12)涉及安全使用车辆的其他事项。

对发动机最大净功率、额定功率/转速等发动机主要技术参数,以及车轮动平衡要求、车轮定位值、制动踏板自由行程的合理范围、制动摩擦副的合理使用范围等主要用于车辆维修的技术参数,在其他随车正式文件上有说明的,也视为满足要求。

2. 安全装置

汽车的产品使用说明书应对其装备的安全气囊、电子稳定控制系统、防抱死制动系统等安全装置的功能、用法和注意事项等加以说明,装备有安全气囊的汽车,还应在产品使用说明书中明确安全气囊展开的条件和情形。

3. 儿童座椅

乘用车的产品使用说明书应对适合安装的儿童座椅的类型及固定方法加以说明。

4. 其他

(1)旅居挂车的产品使用说明书应明示车辆行驶过程中旅居室内不得载人。

（2）三轮汽车和装用单缸柴油机的低速货车的产品使用说明书应明示所有操纵机构的操作说明。

（3）轮式专用机械车、特型机动车的产品使用说明书应明示其制造时所执行的相关国家标准和/或行业标准的标准顺序号和年号。

（4）2013年3月1日起新进口车的产品使用说明书的所有文字性内容均应有中文的要求。

十五、其他要求

专项作业车和轮式专用机械车的特殊结构和专用装置不得影响机动车的安全运行。"影响"有两方面的含义，一是特殊结构和专用装置影响了专用作业车（轮式专用机械车）自身驾驶员的安全驾驶，如驾驶视野不良、驾驶操作空间得不到保证等；二是特殊结构和专用装置给其他机动车的正常驾驶带来了不利的影响，如影响其他机动车的驾驶员对专用作业车（轮式专用机械车）行驶状态的判别等。是否"影响机动车的安全运行"应由相关技术人员组成的专家组根据相关法律法规及车辆的实际运行情况确定。

轮式专用机械车的外廓尺寸、轴荷及质量参数、转向系统、制动系统、外部照明和信号装置及电气设备、车身、安全防护装置等要求按土方机械相关强制性标准实施。

课题二 发动机运行安全技术条件

发动机运行安全技术条件包括发动机动力性能、发动机起动性能、柴油机停机装置、发动机其他系统等方面的要求。

一、发动机动力性能

发动机应动力性能良好，运转平稳，怠速稳定。

在道路上运行的车辆随着使用时间和运行里程的增加，发动机零部件磨损以及点火系统、供油系统、冷却系统及润滑系统工作不良，都会引起发动机的功率下降。发动机功率的变化可以表明发动机技术状况的好坏。在正常情况下，发动机功率下降，一般说明零部件磨损，特别是汽缸、活塞组零件磨损，因而配合间隙增大，汽缸漏气量增加，致使发动机功率下降。这可通过汽缸压力或曲轴箱漏气量的测定来进一步诊断。气门与气门座磨损烧毁、密合性变差或配气相位改变，也会影响发动机功率，这可通过汽缸密封性试验进行检查。此外，点火系统和供油系统失调，以及冷却系统、润滑系统工作不正常等因素，都将导致发动机动力性能下降，甚至发生技术故障。所以，为保证车辆在道路上正常运行，要求发动机保持良好的动力性能。一般当发动机功率下降到一定程度时，不宜继续使用，需通过修理以恢复发动机的动力性能。

发动机怠速是否稳定，影响到交通畅通和行车安全。例如，车辆行至交叉路口等候放行时，发动机处于怠速运转状态，如果发动机怠速不稳定，致使发动机熄火，车辆不能迅速起步，而需要重新起动，则影响后面的车辆迅速放行。若在车辆运行中，需降低行驶速度，直到发动机怠速运转，如果怠速不稳定，则会影响车辆在低速下稳定行驶，甚至造成熄火，又需重新起动。

不同的车型的发动机有不同的怠速稳定转速。可按车辆使用说明书的规定进行检验。

发动机应无异响,机油压力应正常,发动机功率不允许小于标牌(或产品使用说明书)标明的发动机功率的75%。

二、发动机起动性能

发动机应有良好的起动性能,汽车(三轮汽车和装用单缸柴油机的低速货车除外)发动机应能由驾驶员在驾驶座位上起动。发动机的起动性能是车辆在道路上安全运行应具有的性能之一。车辆在运行中停车或行驶至交叉路口,发动机熄火等候放行,欲起步运行,需重新起动发动机。如果发动机起动性能不佳,长时间起动不起来,将会阻碍车辆通行,严重者造成交通阻塞。同时也影响运输效率。

检验发动机的起动性能。将车辆置于汽油发动机在不低于-5℃、柴油发动机在不低于5℃的环境条件下,用起动机起动时,应在3次起动中至少有1次可在5s内起动,在做重复起动试验时,每次间隔2min。

三、柴油机停机装置

柴油机停机装置必须灵活有效。汽油发动机可以用关断点火开关达到使发动机熄火、停止运转的目的。装有柴油发动机的汽车若使发动机停机与汽油发动机不同,它必须操作有效的停机装置以停止发动机的工作。如果停机装置失灵,可能引发"飞车"现象,所以要求柴油机的停机装置必须灵活有效。

四、发动机其他系统

发动机点火、燃料供给、润滑、冷却和排气等系统的机件应齐全,性能良好。发动机在各种不同的工况下,需要根据发动机工作的点火次序适时地供给强的电火花,以点燃混合气而产生动力。如果点火系统发生故障,不仅使发动机的动力性和经济性变坏,甚至会熄火或不能起动,为了保障车辆的正常运行,点火系统必须保持良好的工作性能。

燃料供给系统是供给发动机在各种不同转速和负荷条件下所需要不同量的燃料的装置。车辆运行中要求它既要保证发动机的动力性,又要达到一定的经济性和良好的起动性能。如果燃料供给系统出了故障,就会使发动机功率降低,油耗增加,起动性能变坏,直接影响车辆的正常运行。因此,燃料供给系统出现故障时,必须及时、准确地予以排除,以保持良好的技术状态。

发动机润滑系统的工作状况是否良好是保证发动机正常运转的重要条件,如果润滑系统出现漏油、堵塞或机油压力不足等,将会导致发动机运动零部件磨损加剧,严重的可能导致发动机损坏。

发动机冷却系统如果失常、过热,发动机容易爆震;过冷,燃油挥发和雾化不良,均会使油耗增加,同时会使发动机起动困难。因此,发动机的润滑系统和冷却系统应零部件齐全,性能良好,以使发动机正常、平稳地运转。

发动机的排气系统的作用是汇集各汽缸的废气,从排气消声器排出。排气系统的技术状况影响发动机的输出功率。同时,在排气管口处装有排气消声器,可以减少排气噪声和消除废气中的火焰及火星。排气系统中装有废气净化器,以减少发动机排出废气的有害成分。所以,排气系统应保持良好的性能,以使发动机正常运转和减少排气噪声和污染。

课题三　底盘运行安全技术条件

底盘运行安全技术条件包括对汽车转向系统、制动系统、行驶系统、传动系统的技术要求及检验方法。

一、对汽车转向系统的要求

汽车(三轮汽车除外)的转向盘应设置于左侧,专项作业车、教练车按需要可设置左右两个转向盘。汽车的转向盘应转动灵活,操纵方便,无卡滞现象。汽车应设置转向限位装置。转向系统在任何操作位置上,不得与其他部件有干涉现象。汽车正常行驶时,转向轮转向后应有一定的回正能力(允许有残余角),以使汽车具有稳定的直线行驶能力。汽车转向系统同时还应符合国家标准《汽车转向系 基本要求》(GB 17675—1999)的规定。根据GB17675—1999,汽车不得单独以后轮作为转向车轮,且不得装用全动力转向机构(即只由专用机构提供动力的转向)。

最大设计车速大于或等于100km/h的机动车,转向盘的最大自由转动量应小于或等于15°,三轮汽车小于或等于35°,其他机动车小于或等于25°。"转向盘最大自由转动量"是指"转向轮对正前方时,在转向轮保持不动的情况下,转向盘从极左到极右转过的角度"。

汽车(三轮汽车除外)应具有适度的不足转向特性。"不足转向特性"是指汽车转向过程中,在驾驶员转动转向盘至一定角度并维持不变的情形下,使汽车由低速逐渐提高车速加速行驶时,汽车行驶转弯半径应逐步加大。不足转向特性是汽车操纵稳定性的最基本、最重要的特性。

三轮汽车的转向轮向左或向右转角应小于或等于45°。

机动车在平坦、硬实、干燥和清洁的道路上行驶不应跑偏,其转向盘(或转向把)不应有摆振、路感不灵或其他异常现象。机动车在平坦、硬实、干燥和清洁的混凝土或沥青道路上行驶,以10km/h的速度在5s之内沿螺旋线从直线行驶过渡到外圆直径为25m的车辆通道圆行驶,施加于转向盘外缘的最大切向力应小于或等于245N。测量施加于转向盘外缘的最大切向力时,机动车应为满载状态。对于装有转向助力装置的机动车,试验时施加于转向盘外缘的最大切向力还应符合相关标准的规定;根据《汽车转向系基本要求》(GB 17675—1999)标准的规定,在转向助力装置失效时,最大切向力不应大于588N。

专用校车应采用转向助力装置;其他机动车转向轴最大设计轴荷大于4000kg时,也应采用转向助力装置。装有转向助力装置的机动车,转向时其转向助力功能不得出现时有时无的现象,且转向助力装置失效时仍应具有用转向盘控制机动车的能力。装有电动转向助力装置的汽车,在产品使用说明书规定的正常使用状态下,应保证转向助力装置的电能供应。

汽车应能在同一个车辆通道圆内通过,车辆通道圆的外圆直径 D_1 为 25.00m,车辆通道

圆的内圆直径 D_2 为 10.60m。汽车由直线行驶过渡到上述圆周运动时，任何部分超出直线行驶时的车辆外侧面垂直面的值（外摆值）应小于或等于 0.80m（对铰接客车和铰接式无轨电车外摆值应小于或等于 1.20m），其试验方法见 GB 1589—2016。

汽车（三轮汽车除外）的车轮定位应与该车型的技术要求一致。对前轴采用非独立悬架的汽车（前轴采用双转向轴时除外），其转向轮的横向侧滑量，用侧滑台检验时侧滑量值应在 ±5m/km，转向侧滑量的检验方法参见本书单元五相关内容。采用前轴独立悬架的汽车，转向轮横向侧滑量的数值与制造厂家的产品设计理论及产品技术原理相关，难以统一要求，且缺乏基础数据和试验数据，从目前了解的情况下，前轴采用独立悬架的汽车的转向轮横向侧滑量值宜规定为 $(A±5)$m/km，其中 A 为制造厂家提供的与各类产品对应的基准值。

转向节及臂，转向横、直拉杆及球销不得有裂纹和损伤，并且转向球销不应松旷。对机动车进行改装或修理时，横、直拉杆不得拼焊。转向节及臂、转向横、直拉杆及球销是转向机构的重要部件，一旦损坏将使转向操纵失灵而导致重大恶性事故。

三轮汽车的前减振器、上下联板和转向把不应有变形和裂损。

二、对制动系统的要求

1. 基本要求

（1）机动车应设置足以使其减速、停车和驻车的制动系统或装置，且行车制动的控制装置与驻车制动的控制装置应相互独立。

（2）制动系统的机构和装置应经久耐用，不得因振动或冲击而损坏。

（3）制动踏板（包括教练车的副制动踏板）及其支架、制动主缸及其活塞、制动总阀、制动气室、轮缸及其活塞、制动臂及凸轮轴总成之间的连接杆件等零部件应易于维修。

（4）制动系统的各种杆件不得与其他部件在相对位移中发生干涉、摩擦，以防杆件变形、损坏。

（5）制动管路应为专用的耐腐蚀的高压管路，安装应保证具有良好的连续功能、足够的长度和柔性，以适应与之相连接的零件所需要的正常运动，而不致造成损坏；制动管路应有适当的安全防护，以避免擦伤、缠绕或其他机械损伤，同时应避免安装可能与机动车排气管或任何高温源接触的地方。制动软管不得与其他部件干涉且不应有老化、开裂、被压扁等现象。其他气动装置在出现故障时不得影响制动系统的正常工作，其他气动装置（如气喇叭）应使用单独的管路。

（6）两轴汽车制动完全释放时间（从松开制动踏板到制动消除所需要的时间）应小于或等于 0.80s，三轴及三轴以上汽车应小于或等于 1.2s。

（7）机动车在运行过程中不得有自行制动现象，但属于设计和制造上为保证车辆安全运行的除外。当挂车（由轮式拖拉机牵引的装载质量 3000kg 以下的挂车除外）与牵引车意外脱离后，挂车应能自行制动，牵引车的制动仍应有效。

2. 行车制动装置要求

行车制动装置应保证机动车以规定的车速在符合规定的路面上行驶时，在不超过最大允许装载质量的任意载荷下，实施制动不会偏出规定宽度的试车道并能达到规定的制动距离（或制动减速度和制动协调时间）要求。

(1)汽车应具有完好的行车制动系统,应采用双回路或多回路。

(2)行车制动装置应保证驾驶员在行车过程中能控制汽车安全、有效地减速和停车。行车制动应是可控制的,且除残疾人专用汽车外,应保证驾驶员在其座位上双手无须离开转向盘(或转向把)就能实现制动。汽车在实施行车制动时驾驶员应仍能用双手控制转向盘(或转向把)的运动。部分残疾人专用车安装的是制动迁延控制手柄,需借助手进行控制。

(3)行车制动应作用在汽车(三轮汽车除外)的所有车轮上。

(4)行车制动的制动力应在各轴之间合理分配。行车制动的制动力在各轴之间分配合理与否是机动车高速制动稳定性的主要决定因素之一。合理设计车辆的轴制动力分配,可避免机动车制动时因后轴先于前轴抱死而发生侧滑。

(5)汽车行车制动的制动力应在同一车轴左右轮之间相对机动车纵向中心平面合理分配。

(6)汽车(三轮汽车除外)的所有车轮应装备制动器。其中,所有专用校车和危险货物运输车的前轮及车长大于9m的其他客车的前轮应装备盘式制动器。

盘式制动器(又称为碟式制动器)由液压控制,主要零部件有制动盘、轮缸、制动钳、油管等,其制动盘用合金钢制造并固定在车轮上,随车轮转动。盘式制动器沿制动盘两侧面施力,制动轴不受弯矩,径向尺寸小,制动性能稳定。同时,盘式制动器散热快、质量轻、构造简单、调整方便,特别是高负载时耐高温性能好,制动效果稳定,而且不怕泥水侵袭,水稳定性也好。此外,盘式制动器制动盘的热膨胀不会像制动鼓热膨胀那样引起制动踏板行程损失,可以简化间隙自动调整装置的设计。汽车前轮采用盘式制动器并与后轮的鼓式制动器配合,可保证较好的制动时的方向稳定性。

(7)制动器应有磨损补偿装置。制动器磨损后,制动间隙应易于通过手动或自动调节装置来补偿。制动控制装置及其部件以及制动器总成应具备一定的储备行程,当制动器发热或制动衬片的磨损达到一定程度时,在不必立即作调整的情况下,仍应保持有效的制动。

(8)制动踏板的自由行程应与该车型的技术要求一致。

(9)行车制动在产生最大制动效能时的踏板力或手握力:乘用车应小于或等于500N,其他汽车应小于或等于700N。

(10)汽车列车行车制动系统的设计和制造应保证挂车最后轴制动动作滞后于牵引车前轴制动动作的时间小于或等于0.2s。其目的是尽可能避免因牵引车和挂车制动不协调而导致车辆发生侧滑、甩尾等情形。

(11)车长大于9m的公路客车、旅游客车和未设置乘客站立区的公共汽车,所有专用校车、危险货物运输车和半挂牵引车,总质量大于或等于12000kg的货车和专项作业车及总质量大于10000kg的挂车应安装符合《机动车和挂车防抱死制动性能和试验方法》(GB/T 13594—2003)规定的防抱死制动装置。半挂车的总质量是指半挂车在满载并且和牵引车相连的情况下,通过半挂车的所有车轴垂直作用于地面的静载荷,不包括转移到牵引车牵引座的静载荷。

(12)教练车(三轮汽车除外)的行车制动应装备有副制动踏板。副制动踏板应安装牢固、动作可靠,保证教练员在行车过程中能有效地控制机动车减速和停车。

3. 应急制动装置要求

(1)汽车(三轮汽车除外)应具有应急制动功能。应急制动应保证在行车制动只有一处失效的情况下,在规定的距离内将汽车停住。

(2)应急制动应是可控制的,其布置应使驾驶员容易操作,驾驶员在座位上至少用一只手握住转向盘的情况下(对乘用车为双手不离开转向盘的情况下),就可以实现制动。应急制动可以是行车制动系统具有应急特性或是与行车制动分开的系统。它的控制装置可以与行车制动的控制装置结合,也可以与驻车制动的控制装置结合。

(3)采用助力制动系统的行车制动系统,当助力装置失效后,仍应能保持规定的应急制动性能。

4. 驻车制动装置要求

(1)汽车应具有驻车制动装置。驻车制动应能使汽车即使在没有驾驶员的情况下,也能停在上、下坡道上。驾驶员应在座位上就可以实现驻车制动。

(2)驻车制动应通过纯机械装置把工作部件锁止,并且驾驶员施加于操纵装置上的力:手操纵时,乘用车应小于或等于400N,其他机动车应小于或等于600N;脚操纵时,乘用车应小于或等于500N,其他机动车应小于或等于700N。

(3)驻车制动控制装置的安装位置应适当,操纵装置应有足够的储备行程(开关类操作装置除外),一般应在操纵装置全行程的2/3以内产生规定的制动效能;驻车制动机构装有自动调节装置时允许在全行程的3/4以内达到规定的制动效能。驻车制动使用电子控制装置时,锁止装置应为纯机械装置,发生断电情况锁止装置仍应持续有效。棘轮式制动操纵装置应保证在达到规定的驻车制动效能时,操纵杆往复拉动的次数不得超过3次。

(4)采用弹簧储能制动装置做驻车制动时,应保证在失效状态下能方便地解除驻车状态;如需使用专用工具,应随车配备。

5. 辅助制动装置要求

辅助制动装置包括缓速器和排气制动器等;其中,缓速器包括液力缓速器和电涡流缓速器。液力缓速器尽管结构较为复杂,但质量轻,且能与传动系统成为一个整体,其制动力矩不受温度的影响;电涡流缓速器虽然结构较简单但是质量大,且制动力矩会随温度升高而降低。

车长大于9m的客车(对专用校车为车长大于8m)、总质量大于或等于12000kg的货车和专项作业车、所有危险货物运输车,应装备缓速器或其他辅助制动装置。无论采取何种辅助制动装置,机动车制造厂家均应在机动车产品使用说明书中说明辅助制动装置的类型、安装位置、安全操作要求等相关事项,以保证辅助制动装置的安全使用。

机动车检验查验时,通过查看车辆产品《公告》和车辆产品使用说明书等方式,确认车辆是否装备了辅助制动装置。辅助制动装置的性能要求应使汽车能通过GB 12676—2014规定的Ⅱ型或ⅡA型试验。

6. 液压制动的特殊要求

(1)采用液压制动的机动车,制动管路不应存在渗漏(包括外泄和内泄)现象,在保持踏板力为700N(摩托车为350N)达到1min时,踏板不得有缓慢向前移动的现象。

(2)液压行车制动在达到规定的制动效能时,踏板行程应小于或等于踏板全行程的3/4,制动器装有自动调整间隙装置的机动车踏板行程应小于或等于踏板全行程的4/5,且乘用车应小于或等于120mm,其他机动车应小于或等于150mm。踏板全行程是指在无制动状态下制动踏板从完全释放状态到不能踩动的行程。

(3)液压行车制动系统不得因制动液对制动管路的腐蚀或由于发动机及其他热源的作用形成气阻而影响行车制动系统的功能。

7. 气压制动的特殊要求

(1)采用气压制动的汽车,在气压升至600kPa且不使用制动的情况下,停止空气压缩机工作3min后,其气压的降低值应小于或等于10kPa。在气压为600kPa的情况下,停止空气压缩机工作(发动机熄火),将制动踏板踩到底,待气压稳定后观察3min,气压降低值应小于或等于20kPa。

(2)采用气压制动的汽车,发动机在75%的额定转速下,4min内气压表的指示气压应从零开始升至起步气压。起步气压是指车辆制造厂家标明的车辆(起步后)能够满足正常(制动)工作要求的储气筒最小压力。

(3)气压制动系统应装有限压装置,以确保储气筒内气压不超过允许的最高气压。

(4)气压制动系统应安装保持压缩空气干燥、油水分离的装置,以防止因大气温度下降,储气筒及管道内的高压气体因湿度而结冰,造成管道堵塞的现象。

8. 储气筒的要求

(1)装备储气筒或真空罐的机动车应采用止回阀或相应的保护装置,以保证在筒(罐)与压缩空气(真空源)连接失效或漏损的情况下,筒(罐)内的压缩空气(真空度)不致全部丧失。

(2)储气筒的容量应保证在调压阀调定的最高气压下,且在不继续充气的情况下,机动车在连续5次踩到底的全行程制动后,气压不低于起步气压。

(3)储气筒应有排污阀。

(4)为防止因储气筒内表面的锈层或漆层脱落而堵塞气管,车辆制造厂家应选用内表面经过防腐处理且不涂漆的储气筒。

9. 制动报警装置的要求

安装制动报警装置的目的是使驾驶员能够更加清楚地掌握制动系统和防抱死制动装置的工作状态,根据道路交通实际状况采取相应的驾驶动作,确保道路交通安全。

(1)采用液压制动的机动车,其储液器的加注口应易于接近,从结构设计上应保证在不打开容器的条件下就能很容易地检查液面。如不能满足此条件,则应安装制动液面过低报警装置。

(2)采用液压制动的汽车(三轮汽车和装用单缸柴油机的低速货车除外),如液压传能装置任一部件失效,应通过红色报警信号灯警示驾驶员。只要失效继续存在且点火开关处在开(运行)的位置,该信号灯应保持发亮。报警信号灯即使在白天也应很醒目,驾驶员在其座位上应能很容易地观察报警信号灯工作是否正常。"驾驶员在其座位上应能很容易地观察报警信号灯工作是否正常"是指驾驶员在保持正常驾驶姿态的情况下就可以清晰地识别红色报警灯处于"报警"状态。

报警装置的失效不应导致制动系统完全丧失制动效能。

(3)采用气压制动的机动车,当制动系统的气压低于起步气压时,报警装置应能连续向驾驶员发出容易听到或看到的报警信号。

(4)安装具有防抱死制动装置的汽车,当防抱死制动装置失效时,报警装置应能连续向驾驶员发出容易听到或看到的报警信号。

如果报警装置使用的是视觉信号,也必须保证驾驶员在正常的驾驶姿态下就能够清晰地识别报警灯处于"报警"状态。

10. 路试检验制动性能

(1)基本要求。

机动车行车制动性能和应急制动性能检验应在平坦、硬实、清洁、干燥且轮胎与地面间的附着系数大于或等于0.7的混凝土或沥青路面上进行。检验时发动机应与传动系统脱开,但对于采用自动变速器的机动车,其变速器换挡装置应位于驱动挡("D"挡)。

(2)行车制动性能检验。

①用制动距离检验行车制动性能。汽车在规定的初速度下的制动距离和制动稳定性要求应符合表6-5的规定。对空载检验的制动距离有质疑时,可用表6-5规定的满载检验制动距离要求进行。

制动距离和制动稳定性要求　　　　　　　　　表6-5

机动车类型	制动初速度 (km/h)	空载检验制动距离要求 (m)	满载检验制动距离要求 (m)	试验通道宽度 (m)
三轮汽车	20	≤5.0		2.5
乘用车	50	≤19.0	≤20.0	2.5
总质量不大于3500kg的低速货车	30	≤8.0	≤9.0	2.5
其他总质量不大于3500kg的汽车	50	≤21.0	≤22.0	2.5
铰接客车、铰接式无轨电车、汽车列车	30	≤9.5	≤10.5	3.0
其他汽车	30	≤9.0	≤10.0	3.0

制动距离是指机动车在规定的初速度下急踩制动踏板时,从脚接触制动踏板(或手触动制动手柄)时起至机动车停住时止机动车驶过的距离。

制动稳定性要求是指制动过程中机动车的任何部位(不计入车宽的部位除外)不超出规定宽度的试验通道的边缘线。

②用充分发出的平均减速度检验行车制动性能。汽车、汽车列车在规定的初速度下急踩制动踏板时充分发出的平均减速度及制动稳定性要求应符合表6-6的规定,且制动协调时间对液压制动的汽车应小于或等于0.35s,对气压制动的汽车应小于或等于0.60s,对汽车列车、铰接客车和铰接式无轨电车应小于或等于0.80s。对空载检验的充分发出的平均减速度有质疑时,可用表6-6规定的满载检验充分发出的平均减速度进行。

充分发出的平均减速度MFDD可按下式计算。

$$MFDD = \frac{V_b^2 V_e^2}{25.92(S_e S_b)}$$

式中:MFDD——充分发出的平均减速度,m/s^2;

V_0——试验车制动初速度,km/h;

V_b——$0.8V_0$,试验车速,km/h;

V_e——$0.1V_0$,试验车速,km/h;

S_b——试验车速从 V_0 到 V_0' 之间车辆行驶的距离,m;

S_e——试验车速从 V_0 到 V_0' 之间车辆行驶的距离,m。

制动协调时间是指在急踩制动踏板时,从脚接触制动踏板(或手触动制动手柄)时起至机动车减速度(或制动力)达到表6-6规定的机动车充分发出的平均减速度的75%时所需的时间。

制动减速度和制动稳定性要求　　　　　　　　　表6-6

机 动 车 类 型	制动初速度(km/h)	空载检验充分发出的平均减速度(m/s²)	满载检验充分发出的平均减速度(m/s²)	试验通道宽度(m)
三轮汽车	20	≥3.8		2.5
乘用车	50	≥6.2	≥5.9	2.5
总质量不大于3500kg的低速货车	30	≥5.6	≥5.2	2.5
其他总质量不大于3500kg的汽车	50	≥5.8	≥5.4	2.5
铰接客车、铰接式无轨电车、汽车列车	30	≥5.0	≥4.5	3.0
其他汽车	30	≥5.4	≥5.0	3.0

③制动踏板力或制动气压要求。进行制动性能检验时的制动踏板力或制动气压应符合以下要求:

满载检验时,气压制动系统气压表的指示气压应小于或等于额定工作气压;采用液压制动系统的乘用车踏板力应小于或等于500N,其他机动车应小于或等于700N。

空载检验时,气压制动系统气压表的指示气压应小于或等于600kPa;采用液压制动系统的乘用车踏板力应小于或等于400N,其他机动车应小于或等于450N。

三轮汽车和拖拉机运输机组检验时,踏板力应小于或等于600N。

④合格判定要求。汽车、汽车列车在符合③规定的制动踏板力或制动气压下的路试行车制动性能如符合①或②即为合格。

(3)应急制动性能检验。应急制动性能主要由汽车的制动系统结构及行车制动系统的性能决定,新车注册登记检验和在用车安全技术性能检验等环节不宜进行应急制动性能检验。事故车辆安全性能检验根据需要可进行应急制动性能检验。

汽车(三轮汽车除外)在空载和满载状态下,按表6-7所列初速度进行应急制动性能检验,应急制动性能应符合表6-7的要求。

应急制动性能要求　　　　　　　　　表6-7

机动车类型	制动初速度(km/h)	制动距离(m)	充分发出的平均减速度(m/s²)	允许操纵力应小于或等于(N)	
				手操纵	脚操纵
乘用车	50	≤38.0	≥2.9	400	500
客车	30	≤18.0	≤2.5	600	700
其他汽车(三轮汽车除外)	30	≤20.0	≤2.2	600	700

(4)驻车制动性能检验。在空载状态下,驻车制动装置应能保证机动车在坡度为20%(对总质量为整备质量的1.2倍以下的机动车为15%)、轮胎与路面间的附着系数大于或等

于0.7的坡道上正、反两个方向保持固定不动,时间应大于或等于5min。检验汽车列车时,应使牵引车和挂车的驻车制动装置均起作用。检验时操纵力应符合驻车制动装置要求。

在规定的测试状态下,机动车使用驻车制动装置能停在坡度值更大且附着系数符合要求的试验坡道上时,应视为达到了驻车制动性能检验规定的要求。

在不具备试验坡道的情况下,在用车可参照相关标准使用符合规定的仪器测试驻车制动性能。

11. 台试检验制动性能

(1)行车制动性能检验。

①制动力百分比要求。台试检验行车制动性能时,其他汽车(指除三轮汽车、乘用车外的总质量大于或等于3500kg的汽车)后轴制动力空载检测时应大于或等于50%,但用平板制动检验台检验时应大于或等于35%;其中,对总质量大于3500kg的客车,空载用反力滚筒式制动试验台测试时应大于或等于40%,用平板制动检验台检验时应大于或等于30%。汽车、汽车列车在制动检验台上测出的制动力应符合表6-8的要求。对空载检验制动力有质疑时,可用表6-8规定的满载检验制动力要求进行检验。使用转鼓试验台检测时,可通过测得制动减速度值计算得到最大制动力。检验时制动踏板力或制动气压与路试检验规定相同。

台试检验制动力要求　　　　　　　　　　　表6-8

机动车类型	制动力总和与整车质量的百分比(%)		轴制动力与轴荷①的百分比(%)	
	空载	满载	前轴②	后轴②
三轮汽车	≥60	—	—	≥60③
乘用车、其他总质量不大于3500kg的汽车	≥60	≥50	≥60③	≥20③
铰接客车、铰接式无轨电车、汽车列车	≥55	≥45	—	—
其他汽车	≥60	≥50	≥60③	≥50④

注:①用平板制动检验台检验乘用车时应按左右轮制动力最大时刻所分别对应的左右轮动态轮荷之和计算。
②机动车(单车)纵向中心线中心位置以前的轴为前轴,其他轴为后轴;挂车的所有车轴均按后轴计算;用平板制动试验台测试并装轴制动力时,并装轴可视为一轴。
③空载和满载状态下测试均应满足此要求。
④满载测试时后轴制动力百分比不做要求;空载用平板制动检验台检验时应大于或等于35%;总质量大于3500kg的客车,空载用反力滚筒式制动试验台测试时应大于或等于40%,用平板制动检验台检验时应大于或等于30%。

②制动力平衡要求。台试检验行车制动性能时,对在用车,在制动力增长全过程中同时测得的左右轮制动力差的最大值,与全过程中测得的该轴左右轮最大制动力中大者(当后轴及其他轴,制动力小于该轴轴荷的60%时为与该轴轴荷)之比,前轴应小于或等于24%,后轴应小于或等于最大制动力的30%或轴荷的10%。

在制动力增长全过程中同时测得的左右轮制动力差的最大值,与全过程中测得的该轴左右轮最大制动力中大者(当后轴及其他轴,制动力小于该轴轴荷的60%时为与该轴轴荷)之比,对新注册车和在用车应分别符合表6-9的要求。

台试检验制动力平衡要求　　　　　　　　　　　表6-9

车型	前轴	后轴(及其他轴)	
		轴制动力大于或等于该轴轴荷60%时	制动力小于该轴轴荷60%时
新注册车	≤20%	≤24%	≤8%
在用车	≤24%	≤30%	≤10%

③制动协调时间要求。汽车的制动协调时间,对液压制动的汽车应小于或等于0.35s,对气压制动的汽车应小于或等于0.60s;汽车列车和铰接客车、铰接式无轨电车的制动协调时间应小于或等于0.80s。目前,用滚筒检验制动力时,制动协调时间实际上难以准确检测,机动车安全技术检验时,并不是对所有汽车均需检验制动协调时间。

④车轮阻滞率要求。进行制动力检验时,汽车、汽车列车各车轮的阻滞力均应小于或等于轮荷的10%。

⑤合格判定要求。台试检验汽车、汽车列车行车制动性能时,检验结果同时满足①~④的,方为合格。

(2)驻车制动性能检验。当采用制动检验台检验汽车的制动力时,汽车空载,乘坐一名驾驶员,使用驻车制动装置,驻车制动力的总和应大于或等于该车在测试状态下整车质量的20%,但总质量为整备质量1.2倍以下的机动车应大于或等于15%。

(3)检验结果的复核。对机动车台架检验制动性能结果有异议的,在空载状态下按路试检验制动性能复检。对空载状态复检结果有异议的,以满载路试复检结果为准

三、对行驶系统的要求

1. 轮胎要求

轿车轮胎规格的命名通常由轮胎名义断面宽度(mm)/轮胎名义高宽比、子午线结构代号R、轮辋名义直径(in)、负荷指数、速度级别等五部分组成,具体参见国家标准《轿车轮胎规格、尺寸、气压与负荷》(GB/T 2978—2008);货车(载货汽车)轮胎规格的表示方法根据轮胎结构、形式和载货的吨位有所区别,其中中型载重子午线无内胎米制系列轮胎的轮胎规格的命名与轿车轮胎规格类似,具体可参见国家标准《载重汽车轮胎规格、尺寸、气压与负荷》(GB/T 2977—2008)。

(1)机动车所装用轮胎的速度级别不应低于该车最大设计车速的要求,但装用雪地轮胎时除外。轮胎速度级别与最高行驶速度的对应关系见表6-10。

轮胎速度级别与最高行驶速度的对应关系　　　　表6-10

速度级别	最高行驶速度(km/h)	速度级别	最高行驶速度(km/h)	速度级别	最高行驶速度(km//h)
A1	5	D	65	Q	160
A2	10	E	70	R	170
A3	15	F	80	S	180
A4	20	G	90	T	190
A5	25	J	100	U	200
A6	30	K	110	H	210
A7	35	L	120	V	240
A8	40	M	130	W	270
B	50	N	140	Y	300
C	60	P	150		

轮胎最高行驶速度与轮辋名义直径也有一定关系,如速度级别为S的子午线轮胎,轮辋

名义直径为10in、12in时,最高行驶速度分别规定为135km/h、145km/h,当轮辋名义直径大于或等于13in时,轮胎最高行驶速度才为160km/h。

(2)公路客车、旅游客车和校车的所有车轮及其他机动车的转向轮不得装用翻新轮胎;其他车轮如使用翻新轮胎,应符合相关标准的规定。

(3)同一轴上的轮胎规格和花纹应相同,轮胎规格应符合整车制造厂的出厂规定。

(4)乘用车用轮胎应有胎面磨耗标志。"胎面磨耗标记"是指每条轮胎应沿周向等距离地设置不少于4个能观察到花纹沟的剩余深度为1.6mm的标志。轮胎两侧肩部处必须模刻出指明胎面磨耗标志位置的标记。

乘用车备胎规格与该车其他轮胎不同时,应在备胎附近明显位置(或其他适当位置)装置能永久保持的标识,以提醒驾驶员正确使用备胎。

(5)专用校车和卧铺客车应装用无内胎子午线轮胎,危险货物运输车及车长大于9m的其他客车应装用子午线轮胎。

子午线轮胎是轮胎的一种结构形式,区别于斜交轮胎、拱形轮胎、调压轮胎等,国际代号为"R"。

危险货物运输车和车长大于9m的客车强制要求装用子午线轮胎,主要是为了提高车辆行驶安全性,因为子午线轮胎结构合理,与斜交胎相比具有耐磨及耐刺穿性能好、缓冲性能好、行驶温度低、稳定及安全性能好、行驶里程及经济效益高等优点。

专用校车和卧铺客车应装用无内胎子午线轮胎,因为无内胎子午线轮胎通过胎里气密层及胎圈与轮辋的密合作用来保持内压,空气直接压入到外胎中,不需要内胎,因此只有在爆破时才会失效;同时,无内胎子午线轮胎的热量从轮辋中直接散出,不会产生内、外胎之间的摩擦,工作温度低,更有利于高速行驶;并且无内胎子午线轮胎结构简单、质量较小。

(6)乘用车和挂车轮胎胎冠上花纹深度应大于或等于1.6mm,其他汽车转向轮的胎冠花纹深度应大于或等于3.2mm;其余轮胎胎冠花纹深度应大于或等于1.6mm。

(7)轮胎胎面不得因局部磨损而暴露出轮胎帘布层。轮胎不得有影响使用的缺损、异常磨损和变形。

(8)轮胎的胎面和胎壁上不得有长度超过25mm或深度足以暴露出轮胎帘布层的破裂和割伤。

(9)轮胎负荷不应大于该轮胎的额定负荷,轮胎气压应符合该轮胎承受负荷时规定的压力。具有轮胎气压自动充气装置的汽车,其自动充气装置应能确保轮胎气压符合出厂规定。

(10)双式车轮的轮胎的安装应便于轮胎充气,并且轮胎之间应无夹杂的异物。

2. 车轮总成

(1)轮胎螺母和半轴螺母应完整齐全,并按规定力矩紧固。为保证轮胎安装牢固性,确保车辆运行安全,机动车检验查验时,要实车查看车轮在可视范围内是否存在明显的装配或使用缺陷。

(2)对轮胎进行测量,总质量小于或等于3500kg的汽车车轮总成的横向摆动量和径向跳动量应小于或等于5mm,其他汽车应小于或等于8mm。

(3)最大设计车速大于100km/h的机动车,车轮的动平衡要求应与该车型的技术要求一致。

3. 悬架系统

(1)悬架系统各球关节的密封件不得有切口或裂纹,稳定杆应连接可靠,结构件不得有变形或残损。

(2)钢板弹簧不得有裂纹和断片现象,同一轴上的弹簧形式和规格应相同,其弹簧形式和规格应符合产品使用说明书中的规定。中心螺栓和U形螺栓应紧固、无裂纹且不得拼焊。钢板弹簧卡箍不得拼焊或残损。

(3)空气弹簧应无裂损、变形及漏气,控制系统应齐全有效。

(4)减振器应齐全有效、无明显渗漏油现象。

(5)最大设计车速大于或等于100km/h且轴荷小于或等于1500kg的乘用车,悬架特性应符合 GB 18565—2016 相关规定。

4. 其他要求

(1)车架不应有变形、锈蚀和裂纹,螺栓和铆钉不应缺少或松动。

(2)前、后桥不应有变形和裂纹。

(3)车桥与悬架之间的各种拉杆和导杆不应变形,各接头和衬套不应松旷或移位。

(4)三轴公路客车的随动轴应具有随动转向或主动转向的功能。

四、对传动系统的要求

1. 离合器

(1)汽车的离合器应接合平稳,分离彻底,工作时不应有异响、抖动或不正常打滑等现象。

(2)踏板自由行程应与该车型的技术要求一致。

(3)离合器彻底分离时,踏板力应小于或等于300N(拖拉机运输机组应小于或等于350N),手握力应小于或等于200N。

2. 变速器和分动器

(1)换挡时齿轮应啮合灵便,互锁、自锁和倒挡锁装置应有效,不得有乱挡和自行跳挡现象;运行中应无异响;换挡杆及其传动杆件不应与其他部件干涉。

采用自动变速器的机动车,应通过设计保证只有当变速器换挡装置处于驻车挡("P"挡)或空挡("N"挡)时方可起动发动机(具有自动起停功能时,在驱动挡"D""也可起动发动机);变速器换挡装置换入或经过倒车挡"R"挡,以及由驻车挡"P"挡位置换入其他挡位时,应通过驾驶员的不同方向的两个动作完成。自动起停功能指在车辆行驶过程中临时停车(例如等红灯)的时候自动熄火,当需要继续前进的时候系统自动重启发动机的功能,是近来发展最迅猛的汽车环保技术,特别适用于走走停停的城市路况。

自动变速器换挡装置设计的相关要求,可以从设计和制造上减少因机动车驾驶员误操作而改变自动变速器挡位、导致发生行车危险的情形。其中的"驾驶员的不同方向的两个动作"包括由一只手和一只脚分别完成的情形,也包括由一只手同时完成的情形。

(2)在换挡装置上应有驾驶员在驾驶座位上即可容易识别变速器和分动器挡位位置的标志。如换挡装置上难以布置,则应布置在换挡杆附近易见部位或仪表板上。

(3)有分动器的机动车,应在挡位位置标牌或产品使用说明书上说明连通分动器的操作步骤。

(4) 如果电动汽车是通过改变电动机旋转方向来实现倒车行驶,且前进和倒车两个行驶方向的转换仅通过驾驶员的一个操作动作来完成,应通过设计保证只有在车辆静止或低速时才能够实现转换。

3. 传动轴

传动轴在运转时不得发生振抖和异响,中间轴承和万向节不得有裂纹和/或松旷现象。发动机前置后驱动的客车传动轴在车厢地板的下面沿纵向布置时,应有防止传动轴滑动连接(花键或其他类似装置)脱落或断裂等故障而引起危险的防护装置。

4. 驱动桥

驱动桥壳、桥管不得有变形和裂纹,驱动桥工作应正常且不得有异响。

5. 超速报警和限速功能

车长大于或等于6m的客车应具有超速报警功能,当行驶速度超过允许的最大行驶速度(允许的最大行驶速度应小于或等于100km/h)时,能通过视觉或声觉信号报警。车速报警功能,可以通过汽车行驶记录仪、具有行驶记录功能的卫星定位装置等车载动态监管装置实现。

为从设计和制造上防止重点车辆超速行驶,公路客车、旅游客车和危险货物运输车及车长大于9m的未设置乘客站立区的公共汽车应具有限速功能,否则应配备限速装置。限速功能或限速装置应符合GB/T 24545—2009的要求,且限速功能或限速装置调定的最大车速对公路客车、旅游客车和未设置乘客站立区的公共汽车不得大于100km/h,对危险货物运输车不得大于80km/h。专用校车应安装符合GB/T 24545—2009要求的限速装置,且调定的最大车速不得大于80km/h。

6. 车速受限汽车的特殊要求

低速汽车等车速受限车辆应在设计及技术特性上确保其实际最大行驶速度在满载状态下不会超过其最大设计车速,在空载状态下不会超过其最大设计车速的110%。

实际最大行驶速度是指车辆在平坦良好路面行驶时能达到的最大速度。

课题四 电气设备运行安全技术条件

电气设备的运行安全技术条件包括对照明、信号装置和其他电气设备的基本要求、照明和信号装置的一般要求、照明和信号装置的数量等要求、车身反光标识和车辆尾部标志板要求、前照灯的技术要求、其他电气设备和仪表等的安全技术条件。

一、对照明、信号装置和其他电气设备的基本要求

(1) 汽车的灯具应安装牢靠、完好有效,不得因汽车振动而松脱、损坏、失去作用或改变光照方向;所有灯光开关的位置应便于驾驶员操纵,并且安装牢固、开关自如,不得因汽车振动而自行开关。

(2) 汽车不得安装遮挡外部照明和信号装置透光面的装置。货车和挂车不得在外部灯具(特别是后部灯具)上加装"防护栅栏"而影响外部灯具的最小几何可见度和视认性。

除转向信号灯、危险警告信号、紧急制动信号、校车标志灯及消防车、救护车、工程救险车和警车安装使用的标志灯外,其他外部灯具不得闪烁。"紧急制动信号"是指向车后的

道路其他使用者发出的车辆正在实施高减速度的紧急制动减速的警示信号,规定其为琥珀色或红色,明确了只有转向信号灯、危险警告信号、紧急制动信号和符合规定的侧标志灯是闪烁的。

(3)用户不得对外部照明和信号装置进行改装,也不得加装强制性标准以外的外部照明和信号装置。

当前,汽车所有人非法改装汽车灯具的情形较为普遍,比如,许多用户为了美观考虑,在车上加装了不断闪烁的制动灯或牌照灯,给其他车辆的驾驶员正确辨认交通环境带来不利的影响;有的重型车出于"防盗"考虑,在车辆中部位于后轮前方安装了向侧后下方照射的灯具,给后方行驶车辆的驾驶员带来极其不利的影响。

二、照明和信号装置的数量、位置、光色和最小几何可见度

(1)汽车(三轮汽车和装用单缸柴油机的低速货车除外)及挂车的外部照明和信号装置的数量、位置、光色、最小几何可见度应符合《汽车及挂车外部照明和光信号装置的安装规定》(GB 4785—2007)的规定。总质量大于或等于4500kg的货车、专项作业车和挂车的每一个后位灯、后转向信号灯和制动灯,透光面面积应大于或等于一个80mm直径圆的面积;如属非圆形的,透光面的形状还应能将一个40mm直径的圆包含在内。

三轮汽车、装用单缸柴油机的低速货车应设置前照灯、前位灯、后位灯、制动灯、后牌照灯、后反射器和前、后转向信号灯,其光色应符合 GB 4785—2007 相关规定。

(2)机动车应装置后反射器。反射器应与机动车牢固连接,且后反射器应能保证夜间在机动车正后方150m处,用符合规定的汽车前照灯照射时,在照射位置就能确认其反射光。

挂车及车长大于或等于6m的机动车应安装侧反射器和侧标志灯。侧标志灯能够提示其他道路使用者大型车辆(客车、货车、列车等)的轮廓,在夜间转弯时有效防止侧面钻撞事故。

对于汽车列车,因挂车必须安装侧反射器和侧标志灯,若牵引车车长不大于6m,则可不安装侧反射器和侧标志灯。

(3)宽度大于2100mm的机动车均应安装示廓灯。

(4)牵引杆挂车应在挂车前部的左右各装一只前白后红的标志灯,其高度应比牵引杆挂车的前栏板高出 300~400mm,距车厢外侧应小于150mm。

(5)校车应配备统一的校车标志灯和停车指示标志。

三、照明和信号装置的一般要求

(1)汽车的前位灯、后位灯、示廓灯、侧标志灯、挂车标志灯、牌照灯和仪表灯应能同时启闭,当前照灯关闭和发动机熄火时仍应能点亮。汽车和挂车的电路连接应保证前位灯、后位灯、示廓灯、侧标志灯和牌照灯只能同时打开或关闭,但前位灯、后位灯、侧标志灯作为驻车灯使用(复合或混合)的除外。

(2)汽车的前、后转向信号灯、危险警告信号及制动灯白天在距其100m处应能观察到其工作状况,侧转向信号灯白天在距30m处应能观察到其工作状况;前位置灯、后位置灯、示廓灯、挂车标志灯夜间能见度良好时在距其300m处应能观察到其工作状况;后牌照灯夜

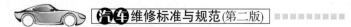

间能见度良好时在距其 20m 处应能看清号牌号码。制动灯的发光强度应明显大于后位灯。

(3) 对称设置、功能相同的灯具的光色和亮度不应有明显差异。

(4) 汽车照明和信号装置的任一条线路出现故障,不得干扰其他线路的正常工作。

(5) 驾驶区的仪表板应采用不反光的面板或护板,车内照明装置及其在风窗玻璃、视镜、仪表板等处的反射光线不应使驾驶员炫目。

(6) 仪表板上应设置仪表灯。仪表灯点亮时,应能照清仪表板上所有的仪表且不应炫目。

(7) 汽车(三轮汽车和装用单缸柴油机的低速货车除外)仪表板上应设置蓝色远光指示信号和与行驶方向相适应的转向指示信号。

(8) 汽车(三轮汽车除外)应具有危险警告信号装置,其操纵装置不应受灯光总开关的控制。对于牵引挂车的汽车,危险警告信号控制开关也应能打开挂车上的所有转向信号灯,即使在发动机不工作的情况下,仍应能发出危险警告信号。危险警告信号和转向信号灯的闪光频率应为 $1.5Hz \pm 0.5Hz$,起动时间应小于或等于 1.5s。如某一转向灯发生故障(短路除外)时,其他转向灯应继续工作,但闪光频率可以不同于上述规定的频率。

(9) 客车应设置车厢灯和门灯。车长大于 6m 的客车应至少有两条车厢照明电路,仅用于进出口处的照明电路可作为其中之一。当一条电路失效时,另一条仍应能正常工作,以保证车内照明。车厢灯和门灯不应影响本车驾驶员的视线和其他机动车的正常行驶。

四、车身反光标识和车辆尾部标志板

(1) 总质量大于或等于 12000kg 的货车(半挂牵引车除外)和货车底盘改装的专业作业车、车长大于 8.0m 的挂车及所有最大设计车速小于或等于 40km/h 的汽车和挂车,应设置符合《车辆尾部标志版》(GB 25990—2010)规定的车辆尾部标志板。

根据 GB 25990—2010,车辆尾部标志板分为 1 类低速车辆标志板、2 类低速车辆标志板、1 类重型车辆标志板、2 类长型车辆标志板、3 类重型车辆标志板和 4 类长型车辆标志板。其中,重型车辆标志板由红色荧光材料(1 类)或红色回复反射材料(3 类)和黄色回复反射材料带交替构成,为矩形状;长型车辆标志板是边框由红色荧光材料(2 类)或红色回复反射材料(4 类)构成、中心由黄色回复反射材料带构成、形状为矩形的标志板。标志板的形状、尺寸和结构见 GB 25990—2010。标志板固定在车辆后部的方式应稳定、持久,如使用螺钉连接或铆接。机动车检验查验时,应检验查验尾部标志板的形状、颜色、尺寸、结构和固定是否符合规定;并且,在检验查验时发现标志板明显不具有反光性能的,应按照违规车型逐级上报。

半挂牵引车应在驾驶室后部上方设置能体现驾驶室的宽度和高度的车身反光标识,其他货车、货车底盘改装的专项作业车和挂车(设置有符合规定的车辆尾部标志板的除外)应在后部设置车身反光标识。后部的车身反光标识应能体现机动车后部的高度和宽度,对厢式货车和挂车应能体现货厢轮廓。

车身反光标识属于国家强制性认证产品,未通过国家强制性认证的车身反光标识产品不得在车辆上安装/粘贴、使用。目前市场上假冒伪劣的车身反光标识产品较多,而假冒伪劣产品的反光性能与正品差异较大,无法起到预期的反光效果。为更好地保证货车和挂车

安装/粘贴、使用符合规定的车身反光标识产品,机动车安全技术检验机构应配备和使用手持式逆反射系数检测仪或类似设备,对有疑问的车身反光标识定性检验其反光性能。

根据国家标准《货车及挂车 车身反光标识》(GB 23254—2009),后部反射器型车身反光标识应横向水平布置,红白单元相间并且数量相当,相邻反射器的边缘距离不得大于100mm;侧面反射器型车身反光标识应横向水平布置,红白单元相间并且数量相当,相邻反射器的边缘距离不得大于150mm。机动车检验查验时,应检验查验反射器型车身反光标识是否有符合规定的3G认证标识、布置是否符合规定以及是否能保证在车辆上可靠固定。

(2)所有货车(半挂牵引车除外)、货车底盘改装的专项作业车和挂车应在侧面设置车身反光标识。侧面的车身反光标识长度应大于或等于车长的50%,对三轮汽车应大于或等于1.2m,对侧面车身结构无连续平面的专项作业车应大于或等于车长的30%,对货厢长度不足车长50%的货车应为货厢长度。

(3)道路运输爆炸品和剧毒化学品车辆,除应按(1)、(2)设置车身反光标识外,还应在后部和两侧粘贴能标示出车辆轮廓、宽度为150mm±20mm的橙色反光带。

(4)货车、专项作业车的车身反光标识材料应符合GB 23254—2009的规定,其中厢式货车应装备反射器型车身反光标识。

(5)货车设置的车身反光标识被遮挡的,应在被遮挡的车身后部和侧面至少水平固定一块2000mm×150mm的柔性反光标识。

五、前照灯

1. 基本要求

(1)汽车装备的前照灯应有远、近光变换功能;当远光变为近光时,所有远光应能同时熄灭。同一辆汽车上的前照灯左、右的远、近光灯不得交叉开亮。

(2)所有前照灯的近光均不应炫目,汽车(三轮汽车和装用单缸柴油机的低速货车除外)的前照灯应分别符合GB 4599—2007、GB 21259—2007、GB 25991—2010、GB 5948—1998及GB 19152—2003的规定。

(3)机动车前照灯光束照射位置在正常使用条件下应保持稳定。

2. 远光光束发光强度要求

汽车每只前照灯的远光光束发光强度应达到表6-11的要求;并且,同时打开所有前照灯(远光)时,其总的远光光束发光强度应符合GB 4785—2007的规定。测试时,电源系统应处于充电状态。

前照灯远光光束发光强度最小值要求(cd)　　　表6-11

汽车类型	检查项目					
	新注册车			在用车		
	一灯制	二灯制	四灯制[①]	一灯制	二灯制	四灯制[①]
三轮汽车	8000	6000	—	6000	5000	—
最大设计车速小于70km/h的汽车	—	10000	8000	—	8000	6000
其他汽车	—	18000	15000	—	15000	12000

注:①四灯制是指前照灯具有四个远光光束;采用四灯制的机动车其中两只对称的灯达到两灯制的要求时视为合格。

3. 光束照射位置要求

（1）检验前照灯近光光束照射位置时，前照灯照射在距离 10m 的屏幕上，乘用车前照灯近光光束明暗截止线转角或中点的高度应为 $0.7H \sim 0.9H$（H 为前照灯基准中心高度），其他机动车（拖拉机运输机组除外）应为 $0.6H \sim 0.8H$。机动车（装用一只前照灯的机动车除外）前照灯近光光束水平方向位置向左偏应小于或等于 170mm，向右偏应小于或等于 350mm。

（2）检验前照灯远光照射位置时，对于能单独调整远光光束的前照灯，前照灯照射在距离 10m 的屏幕上时，要求在屏幕光束中心离地高度，对乘用车为 $0.85H \sim 0.95H$（但不得低于前照灯近光光束明暗截止线转角或中点的高度），对其他机动车为 $0.8H \sim 0.95H$；机动车（装用一只前照灯的机动车除外）前照灯远光光束水平位置要求，左灯向左偏应小于或等于 170mm，向右偏应小于或等于 350mm，右灯向左或向右偏均应小于或等于 350mm。

六、其他电气设备和仪表

（1）汽车应设置具有连续发声功能的喇叭，在距车前 2m、离地高 1.2m 处测量时，喇叭声级为 $90 \sim 115 dB(A)$。教练车（三轮汽车除外）还应设置辅助喇叭开关，其工作应可靠。

（2）发电机技术性能应良好。蓄电池应能保持常态电压。电器导线应具有阻燃性能；客车发动机舱内和其他热源附近的线束应采用耐温不低于 125℃ 的阻燃电线，其他部位的线束应采用耐温不低于 105℃ 的阻燃电线，波纹管应达到《塑料燃烧性能的测定水平法和垂直法》(GB/T 2408—2008) 表 1 规定的 V-0 级。所有电器导线均应捆扎成束、布置整齐、固定卡紧、接头牢固并在接头处装设绝缘套，在导线穿越孔洞时应装设阻燃耐磨绝缘套管。电子元件应连接可靠；乘员舱外部的接插件应有防水要求。

汽车检验时，检验员应检查发动机舱内和底盘处可视的电器导线是否均捆扎成束、布置整齐、固定卡紧、接头牢固并在接头处装设有绝缘套，在导线穿越孔洞时是否装设有阻燃耐磨绝缘套管；检查乘员舱外部的接插件能否防水。

（3）三轮汽车、装用单缸柴油机的低速货车和轮式拖拉机运输机组应装有冷却液温度表（蒸发式水冷却系统除外）、机油压力表或机油压力指示器、电流表或充电指示器；其他汽车应装有燃料表（气体燃料汽车为气量显示装置，纯电动汽车、插电式混合动力汽车和燃料电池汽车为可充电储能系统（RESS）低电量显示装置），并能显示冷却液温度或冷却液温度报警信息、机油压力或油压报警信息、电流或电压或充电指示信息、车速、里程等信息；采用气压制动的机动车，还应能显示气压。汽车装备的仪表应完好，规定信息的显示功能应有效、内容应准确。

（4）专用校车应设置电源总开关，车长大于或等于 6m 的客车应设置电磁式电源总开关；但如在蓄电池端对所有供电线路均设置了保护装置，或车辆用电设备由电子控制单元直接驱动且具有负载监控功能、电子控制单元供电线路和个别直接供电的线路均设置有保护装置时，可不设电磁式电源总开关。车长大于或等于 6m 的客车，还应设置能切断蓄电池和所有电路连接的手动机械断电开关。该要求也适用于车长大于或等于 6m 的新能源客车。

（5）所有校车、公路客车和旅游客车、未设置乘客站立区的公共汽车、危险货物运输车、半挂牵引车和总质量大于或等于 12000kg 的货车应安装具备记录、存储、显示、打印或输出车辆行驶速度、时间、里程等车辆行驶状态信息的行驶记录仪；行驶记录仪的显示部分应易于观察,数据接口应便于移动存储介质的插拔;安装数字式电子记录装置,其技术要求应符合 GB/T 19056—2012 相关规定。

汽车行驶记录仪属于国家强制性认证产品,未通过国家强制性认证的汽车行驶记录仪产品不得在车辆上安装和使用。

安装具有行驶记录功能的卫星定位装置,如行驶记录功能的技术要求符合标准及 GB/T 19056—2012 相关规定,应视为满足要求。行驶记录功能包括自检功能、数据(行驶速度、事故疑点、超时驾驶、位置信息、驾驶员身份、里程、安装参数、日志)记录功能、数据通信功能、安全警示功能、显示功能和打印输出功能。

三类以上班线客车、旅游包车、道路运输危险货物车辆("两客一危")和校车应安装使用具有行驶记录功能的卫星定位装置。根据交通运输部相关文件的规定,三类以上班线客车、旅游包车、道路运输危险货物车辆安装的具有行驶记录功能的卫星定位装置终端应符合交通行业标准《道路运输车辆卫星定位系统车载终端技术要求》(JT/T 794—2011)的要求。

专用校车和卧铺客车还应安装车内外录像监控系统,使相关管理部门和运输企业能够通过汽车行驶记录仪等动态监管装置加强对重点车辆的运行安全监管。

(6)汽车装备以及加装的所有电气设备不得影响《机动车运行安全技术条件》(GB 7258—2012)规定的制动、转向、照明和信号装置等运行安全要求。

课题五 车身运行安全技术条件

车身运行安全技术条件包括对车身的基本要求、客车车身的特殊要求、货运机动车车身的特殊要求、车门和车窗的要求、座椅的要求、内饰材料和隔声、隔热材料的要求、号牌板(架)等要求。

一、车身的基本要求

(1)车身的技术状况应能保证驾驶员有正常的工作条件和客货安全,其外部不应产生明显的镜面反光。

(2)机动车驾驶室应保证驾驶员的前方视野和侧方视野。汽车驾驶员的前方视野应满足国家标准 GB 11562—1994 的规定。

(3)车身和驾驶室应坚固耐用,覆盖件无开裂和锈蚀。车身和驾驶室在车架上的安装应牢固,不得因机动车振动而引起松动。

(4)车身外部和内部乘员可能触及的任何部件、构件都不应有任何可能使人致伤的尖锐凸起物(如尖角、锐边等)。

二、客车车身的特殊要求

(1)客车的上部结构应具有足够的强度和刚度,专用校车、公路客车、旅游客车和未设置乘客站立区的公共汽车的上部结构强度应符合 GB/T 17578—2013 的规定。车长大于 6m 的专用校车必须为车身骨架结构,同一横截面上的顶梁、立柱和底架主横梁应形成封闭环(轮罩与顶风窗处除外),从侧窗上纵梁到底横梁之间的车身立柱应采用整体结构,中间不得通

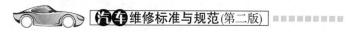

过拼焊连接；车长小于或等于6m的专用校车未采用上述结构的，应采用覆盖件与加强梁共同承载。立柱的主体结构不得采用焊接，但允许上面焊接垫板、线卡等结构件。

车长大于11m的公路客车和旅游客车及所有卧铺客车，车身应为全承载整体式框架结构。

（2）客车车身及地板应密合并有足够强度，座椅及其车辆固定件的强度应符合GB 13057—2014的规定。

（3）客车应设置乘客通道或无障碍通路，并保证在不拆卸或手动翻转任何部件的情况下，符合规定的通道测量装置能顺利通过。"无障碍通路"是指对于最大设计总质量不超过3500kg和座位数不大于12座的B级客车，如果每个座椅均有可抵达至少2个车门的无阻碍通路，则不需要通道。

幼儿专用校车乘客区应采用平地板结构。"幼儿专用校车的乘客区"不包括位于副驾驶位置的照管人员乘坐的区域，也不包括固定后排座椅的区域。

"符合规定的通道测量装置"，对 M_2 类和 M_3 类中的Ⅰ级、Ⅱ级和Ⅲ级单层客车（不包括卧铺客车、专用校车），应符合国家标准《客车结构安全要求》(GB 13094—2007) 的规定；对 M_2 类和 M_3 类中的A级、B级单层客车（不包括卧铺客车），其乘客通道的宽度和高度应符合国家标准《轻型客车结构安全要求》(GB 18986—2003) 的规定；对双层客车，应符合国家标准《双层客车结构安全要求》(GB/T 19950—2005) 的规定。

（4）车长大于或等于6m的公共汽车的乘客门的一级踏步高应小于或等于400mm；如采用钢板悬架，则后乘客门的一级踏步高应小于或等于430mm。车长大于或等于6m的其他客车乘客门的一级踏步高应小于或等于430mm。对专用校车，在空载状态下，第一级踏步离地高应小于或等于350mm（允许使用伸缩踏步达到要求），其他各级踏步的高度应小于或等于250mm。

（5）车长大于7.5m的客车和所有校车不得设置车外顶行李架。其他客车需设置车外顶行李架时，行李架高度应小于或等于300mm、长度不得超过车长的1/3。专用校车如有行李舱体，则行李舱体顶部离地面高度应小于1000mm。

（6）专用校车前部应设置碰撞安全结构。若为前横置发动机，则发动机曲轴中心线应位于前风窗玻璃最前点以前；若为前纵置发动机，则发动机第一缸和第二缸的中心线应位于前风窗玻璃最前点以前；对车长大于6m的专用校车，若其前部碰撞性能不低于前两种结构，可以不限定发动机布置形式。

（7）幼儿校车、小学生校车的侧窗下边缘距其下方座椅上表面的高度应大于或等于250mm，否则应加装防护装置。

三、货运机动车车身的特殊要求

（1）货厢应安装牢固可靠，货厢的栏板和底板应规整且具有足够的强度。"货厢的栏板和底板应具有足够的强度"是指栏板及底板的设计和构造须能承受车身及地板在实际行驶中相当可能遇到的冲击或运载任何负载物的质量。

（2）货厢或其他载货装置，其构造应保证安全、稳妥地装载货物。集装箱运输车和集装箱运输半挂车的构造应保证集装箱运输过程中始终安全、稳妥地固定在车辆上。

(3) 货车和挂车的载货部分不得设置乘客座椅。

(4) 货车和挂车的载货部分不得设计成可伸缩的结构。

(5) 货车驾驶室(区)最后一排座位后平面(前后位置可调座椅应处于滑轨中间位置,靠背角度可调式座椅的靠背角度及座椅其他调整量应处于制造厂规定的正常使用位置)与驾驶室后壁(驾驶区隔板)平面的间距对带卧铺的货车应小于或等于950mm,对其他货车应小于或等于450mm。此项规定从设计和制造源头上禁止货车制造厂家为便于在驾驶室(区)载货而将驾驶室越做越大,避免形成事实上的驾驶室(区)人货混装、不利于交通安全的现象。

四、车门和车窗

(1) 车门和车窗应启闭轻便,不得有自行开启现象,门锁应牢固可靠。门窗应密封良好,无漏水现象。

(2) 除设计上专门用于运送特定类型的人员且使用上有特殊需求的乘用车外,乘用车应保证每个乘员至少能从两个不同的车门上下车;并且,当乘用车静止时,所有供乘员上下车的车门(安装的儿童锁锁止时除外)均应能从车内开启。"专门用于运送特定类型的人员且使用上有特殊需求的乘用车"是指囚车等专用乘用车。

(3) 客车除驾驶员门和应急门外,不得在车身左侧开设车门。但对只在沿道路中央车道设置的公共汽车专用道上运营使用的公共汽车,由于公交站台位置的原因须在车身左侧上下乘客时,允许在车身左侧开设乘客门;此类公共汽车不得在车身右侧开设乘客门。对既在沿道路中央车道设置的公共汽车专用道上运营,同时又在普通道路上运营使用的公共汽车,允许在车身左右两侧均开设乘客门,但在设计和制造上应保证车身的强度和刚度达到使用要求,并且一侧乘客门开启时,另一侧乘客门应同时可靠锁止。车长大于9m的公路客车、旅游客车和未设置乘客站立区的公共汽车,应设置两个乘客门;但如其车身两侧所有应急窗均为外推式应急窗,也可只设一个乘客门。

(4) 当客车静止时,乘客门应易于从车内开启。在正常使用情况下,乘客门向车内开启时,其结构应保证开启运动不致伤害乘客,必要时应装有适当的防护装置;紧急情况下,乘客门还应能从车外开启。车外开门装置离地高度应小于或等于1800mm。

(5) 客车采用动力开启的乘客门,在有故障或意外的情况下,仍应能通过车门应急控制器简便地从车内打开;车门应急控制器应能让临近车门的乘客容易看见并清楚识别,并应有醒目的标志和使用方法。公共汽车及车长大于或等于6m的其他客车,还应在驾驶员座位附近驾驶员易于操作部位设置乘客门应急开关。

(6) 机动车的门窗应使用符合GB 9656—2003规定的安全玻璃。汽车的前风窗玻璃应采用夹层玻璃或塑玻复合材料,不以载人为目的的机动车(如货车)可使用区域钢化玻璃,最大设计车速小于40km/h时可使用钢化玻璃;其他车窗可采用夹层玻璃、钢化玻璃、中空安全玻璃或塑玻复合材料,但作为击碎玻璃式应急窗的车窗应使用厚度小于或等于5mm的钢化玻璃或每层厚度不超过5mm的中空钢化玻璃,保证客车在发生紧急情况时乘员能顺利砸破应急窗玻璃并从应急窗逃生。

(7) 前风窗玻璃及风窗以外玻璃用于驾驶员视区部位的可见光透射比应大于或等于

70%。所有车窗玻璃不得张贴镜面反光遮阳膜。风窗以外玻璃驾驶员视区部位是指驾驶员驾驶时用于观察后视镜的部位。镜面反光遮阳膜是指外表面具有镜面反光现象,张贴后极有可能使得车辆周围的其他交通参与者炫目的的遮阳膜。

公路客车、旅游客车和校车所有车窗玻璃的可见光透射比均应大于或等于50%,且不得张贴有不透明和带任何镜面反光材料的色纸或隔热纸。"可见光透射比"是指通过玻璃材料的可见透射光的光通量和入射光通量的比值。机动车安全技术检验时,在必要的情况下应采用透光率计测量风窗玻璃的可见光透射比。

(8)对于厢式货车和封闭式货车,驾驶室(区)两旁应设置车窗,货厢部位不得设置车窗(但驾驶室内用于观察货物状态的观察窗除外)。

(9)装有电动窗的机动车,其控制装置应确保车窗玻璃在上升过程中能在任意位置可靠停住或遇障碍可自动下降。

五、座椅(卧铺)

(1)驾驶员座椅应具有足够的强度和刚度,固定可靠,汽车(三轮汽车除外)驾驶员座椅的前后位置应可以调整。驾驶区各操作机件应布置合理,操作方便。"驾驶员座椅的前后位置应可以调整"的要求从设计上保证汽车驾驶员可以根据自身的身高、腿长及驾驶习惯等因素选择最佳的驾驶位置,尽可能避免驾驶疲劳。

(2)载客汽车的乘员座椅应符合相关规定,布置合理,无特殊要求时应尽量均匀分布,不得因座椅的集中布置而形成与车辆设计功能不相适应的、明显过大的行李区(但行李区与乘客区用隔板或隔栅有效隔离的除外)。

(3)车长小于6m的乘用车不得设置侧向座椅和后向座椅。车长小于6m的乘用车,如其座位可以旋转,只要座位能可靠固定在前向布置的位置,应视为符合要求。设计和制造上有特殊使用需求的专用客车,其部分乘员座椅(如专用校车上的照管人员座椅)可以设计和制造成侧向布置或反向布置,但侧向布置时应采取措施保证紧急制动等情形时的乘员乘坐安全。

(4)除设有乘客站立区的公共汽车及设计和制造上有特殊使用需求的专用客车外,其他客车的座椅均应纵向布置(与车辆前进的方向相同)。

(5)客车的车组人员座椅如为折叠座椅,应固定可靠并用适当方式清晰标示该座椅仅供车组人员使用,且坐垫深度和坐垫宽均应大于或等于400mm;如位于踏步区域,车组人员离开坐垫时座椅应能自动回到折叠位置,并确保此时座椅毗邻的通道(或引道)宽度符合规定。

(6)幼儿专用校车和小学生专用校车学生座椅的座间距应分别大于或等于500mm和550mm;其他客车同方向座椅的座间距应大于或等于650mm,相向座椅的座间距应大于或等于1200mm。专用校车的学生座椅在车辆横向上最多采用"2+3"布置。

(7)卧铺客车的卧铺应纵向布置(与汽车前进方向相同),卧铺宽度应大于或等于450mm,卧铺纵向间距应大于或等于1600mm,相邻卧铺的横向间距应大于或等于350mm;卧铺不得布置为三层或三层以上,双层布置时上铺高应大于或等于780mm、铺间高应大于或等于750mm。

(8)校车应至少设置一个照管人员座位。对小学生校车和中小学生校车,当学生座位数大于或等于40个时,应设置两个或三个照管人员座位。对幼儿校车,当学生座位数大于或等于20且小于40个时,应设置两个或三个照管人员座位;当学生座位数大于或等于40个时,应设置三个或四个照管人员座位。对专用校车及专门用于接送学生上下学的非专用校车,照管人员座位应有永久性标识,标识不会因偶然因素而缺失,且在正常使用情况下不易损毁。专用校车座椅及其车辆固定件的强度应符合 GB 24406—2012 的要求。

(9)专用校车靠近通道的学生座椅应在通道一侧设置座椅扶手;扶手和把手应有足够的强度,其扶手应使乘客易于抓紧,每个扶手的表面应防滑。

六、内饰材料和隔音、隔热材料

(1)汽车驾驶室和乘员舱所用的内饰材料应采用阻燃性符合 GB 8410—2006 规定的阻燃材料,其中客车内饰材料的燃烧速度应小于或等于 70mm/min。

(2)发动机舱或其他热源(如缓速器或车内采暖装置,但不包括热水循环装置)与车辆其他部分之间应安装隔热材料,用于连接隔热材料的固定夹、垫圈等也应防火。对公共汽车和发动机后置的公路客车、旅游客车,其发动机舱使用的隔声、隔热材料应达到 GB 8410—2006 的 4.6 规定的 A 级的要求。

七、号牌板(架)

(1)汽车应设置能满足号牌安装要求的号牌板(架)。前号牌板(架)应设于前面的中部或右侧(按机动车前进方向),后号牌板(架)应设于后面的中部或左侧。"满足号牌安装要求"是指号牌板(架)应能保证符合公共安全行业标准《中华人民共和国机动车号牌》(GA 36—2007)规定的号牌在汽车上规范安装。

若汽车通过增加设置号牌架来保证号牌的安装符合规定,则原则上增加设置的号牌架应与车身永久性地固定连接在一起,非经破坏性操作不能被取下,即事实上号牌架应构成车身的一部分。但是,受前部造型的限制,许多乘用车只能通过增加设置单独的号牌架来保证前号牌的安装达到本标准规定的要求。此时,前号牌与号牌板架之间通过 4 个号牌安装孔用 M6 的螺栓连接,号牌板架则通过另外设置的两个孔或多个孔用螺栓固定在乘用车上。鉴于规定号牌板(架)设有 4 个号牌安装孔的目的是为了保证号牌安装的牢固可靠,如果乘用车制造厂家保证号牌按其设计的安装方式能牢固、可靠的安装(号牌架与车辆的连接螺栓的连接深度应足够长),且在号牌安装在乘用车上后非经破坏性操作不能将号牌连同号牌板从乘用车上整体拆卸(号牌架与乘用车的连接孔应被安装的号牌遮挡,从外部不可见),可视为符合规定。

(2)每面号牌板(架)上应设有 4 个号牌安装孔(三轮汽车前号牌板(架)应设有 2 个号牌安装孔),以保证能用 M6 的螺栓将号牌直接牢固可靠地安装在车辆上。

八、其他要求

(1)乘用车应装有护轮板,挂车后轮应有挡泥板,其他机动车的所有车轮均应有挡泥板。

(2)乘用车(三厢车除外)行李区的纵向长度应小于或等于车长的 30%。

(3)客车车内行李架应能防止物件跌落,其承载能力应大于或等于 $40kg/m^2$。

(4)客车台阶踏板(包括伸缩踏板)应有防滑功能,前缘应清晰可辨,有效深度(从该台阶前缘到下一个台阶前缘的水平距离)应大于或等于200mm。

(5)对于可翻转驾驶室,应有驾驶室锁止附加安全装置(如安全钩),并且在翻转操纵机构附近易见部位应有提醒驾驶员如何正确使用该操纵机构的文字。

(6)自卸车等装有液压举升装置的机动车,应装备有车厢举升的声响报警装置和(车厢举升状态下)防止车厢自降保险装置;并且,在设计和制造上应保证机动车在行驶过程中不会出现车厢自动举升现象。

课题六 其他装置安全技术条件

其他装置安全技术条件包括汽车安全带、后视镜和前下视镜、前风窗玻璃刮水器、应急出口、燃料系统的安全保护、气体燃料专用装置的安全防护、牵引车与被牵引车的连接装置、货车、专项作业车和挂车侧面及后下部防护装置等安全防护装置的要求,客车、货车、危险货物运输车等特殊要求,消防车、救护车、工程救险车和警车、残疾人专用汽车的附加要求等。

一、安全防护装置

1. 汽车安全带

(1)乘用车、公路客车、旅游客车、未设置乘客站立区的公共汽车、专用校车和旅居车的所有座椅、其他汽车(低速汽车除外)的驾驶员座椅和前排乘员座椅均应装置汽车安全带。

(2)所有驾驶员座椅、前排乘员座椅(货车前排乘员座椅的中间位置及设有乘客站立区的公共汽车除外)、客车位于踏步区的车组人员座椅以及乘用车除第二排及第二排以后的中间位置座椅外的所有座椅,装置的汽车安全带均应为三点式(或四点式)汽车安全带。

2012年9月1日起新生产的乘用车,其第三排及第三排以后的可折叠座椅也应装置符合规定的汽车安全带。并且,驾驶员座椅、前排乘员座椅、第二排及第二排以后的外侧座椅,装置的汽车安全带应为符合规定的三点式(或四点式)汽车安全带。

(3)专用校车和专门用于接送学生上下学的非专用校车的每个学生座位(椅)及卧铺客车的每个铺位均应安装两点式汽车安全带。

(4)汽车安全带应可靠有效,安装位置应合理,固定点应有足够的强度。

(5)乘用车应装备驾驶员汽车安全带佩戴提醒装置。当驾驶员未按规定佩戴汽车安全带时,应能通过视觉或声觉信号报警。

(6)乘用车(单排座的乘用车除外)应至少有一个座椅配置符合规定的ISOFIX儿童座椅固定装置,或至少有一个后排座椅能使用汽车安全带有效固定儿童座椅。

2. 后视镜和前下视镜

(1)汽车左右至少各设置一面后视镜,总质量大于7500kg的货车和货车底盘改装的专项作业车还应在右侧至少设置广角后视镜和补盲后视镜各一面。

(2)汽车外后视镜的安装位置和角度,应保证驾驶员能在水平路面上看见车身左侧宽度为2.5m、车后10m以外区域及车身右侧宽度为4.0m、车后20m以外区域的交通情况;专用校车应保证驾驶员能看清乘客门关闭后乘客门车外附近的情况及后窗玻璃后下方地面上长

3.6m、宽2.5m范围内的情况,并且在正常驾驶状态下能通过内视镜观察到车内所有乘客区。对于汽车列车,当所牵引挂车的宽度超过牵引车宽度时,牵引车应加装后视镜加长架(延长支架)以保证其后视镜的视野仍满足要求。

(3)汽车及车身部分的后视镜的性能和安装要求应符合 GB 15084—2013 的规定。

(4)车长大于或等于6m的平头汽车车前应至少设置一面前下视镜或相应的监视装置,以保证驾驶员能看清风窗玻璃前下方长1.5m、宽3m范围内的情况。

(5)车外后视镜和前下视镜应易于调节,并能有效保持其位置。

(6)安装在外侧距地面1.8m以下的后视镜,当行人等接触该镜时,应具有能缓和冲击的功能。

(7)教练车应安装有符合规定的辅助后视镜,以使教练员能有效观察到车辆周围的交通状态。

3. 前风窗玻璃刮水器

(1)汽车的前风窗玻璃应装备刮水器,刮水器应能正常工作,其刮刷面积应确保驾驶员具有良好的前方视野。

(2)刮水器关闭时,刮水片应能自动返回至初始位置。

4. 应急出口

(1)车长小于6m的客车,在乘坐区的两侧应具有紧急时乘客易于逃生或救援的侧窗。车长大于或等于6m的客车,如车身右侧仅有一个乘客门且在车身左侧未设置驾驶员门,应在车身左侧设置应急门,提高紧急情况下乘员的逃生速度。对车长大于或等于6m的专用校车,若设置的应急门位于车身后部,应视为符合要求。

车长大于7m的客车应设置撤离舱口。卧铺客车的卧铺布置为上、下双层时,侧窗洞口应为上下两层。

(2)应急门。

①应急门的净高应大于或等于1250mm,净宽应大于或等于550mm;但车长小于或等于7m的客车,应急门的净高应大于或等于1100mm,如自门洞最低处向上400mm以内有轮罩凸出,则在轮罩凸出处应急门净宽可减至300mm。

②车辆侧面的铰接式应急门应铰链于前端,向外开启角度应大于或等于100°,并能在此角度下保持开启。如在应急门打开时能提供大于或等于550mm的自由通道,则开度大于或等于100°的要求可不满足。

③通向应急门的引道宽度应大于或等于300mm,不足300mm时允许采用迅速翻转座椅的方法加宽引道。专用校车沿引道侧面设有折叠座椅时,在折叠座椅打开的情况下(对在不使用时能自动折叠的座椅,在座椅处于折叠位置时),引道宽度仍应大于或等于300mm。

④应急门应有锁止机构且锁止可靠。应急门关闭时应能锁止,且在车辆正常行驶情况下不会因车辆振动、颠簸、冲撞而自行开启。当车辆停止时,应急门不用工具应能从车内外很方便打开,并设有车门开启声响报警装置。允许从车外将门锁住,但应保证始终能用正常开启装置从车内将其打开,门外手柄应设保护套,且离地面高度(空载时)应小于或等于1800mm。

(3)应急窗和撤离舱口。

①应急窗和撤离舱口的面积应大于或等于（$3×10^5$）mm²，且能内接一个 400mm×600mm（对车长小于或等于 7m 的客车为 330mm×500mm）的椭圆；如应急窗位于客车后端面，则能内接一个 350mm×1550mm、四角曲率半径小于或等于 250mm 的矩形时也视为满足要求。

②应急窗应采用易于迅速从车内、外开启的装置；或在钢化玻璃上标明易击碎的位置，并在每个应急窗的邻近处提供一个应急锤以方便地击碎车窗玻璃，且应急锤取下时应能通过声响信号实现报警，避免应急锤丢失或在不需要使用的时候被取下。设有乘客站立区的公共汽车车身两侧的车窗如面积能达到设置为应急窗的要求，均应设置为推拉式应急窗或外推式应急窗。

③安全顶窗应易于从车内、外开启或移开或用应急锤击碎。安全顶窗开启后，应保证从车内外进出的畅通。弹射式安全顶窗应能防止误操作。

（4）每个应急出口应在其附近设有"应急出口"字样。乘客门和应急出口的应急控制器（包括用于击碎应急窗车窗玻璃的工具）应在其附近标有清晰的符号或字样，并注明其操作方法，字体高度应大于或等于 10mm。

5. 燃料系统的安全保护

（1）燃料箱及燃料管路应坚固并固定牢靠，不会因振动和冲击而发生损坏和漏油现象。不准许用户改动或加装燃料箱，不准许用户改动燃料管路。

（2）燃料箱的加注口及通气口应保证在汽车晃动时不泄漏。

（3）汽车（装用单缸柴油机的汽车除外）的燃料系统不得用重力或虹吸方法直接向化油器或喷油器供油。

（4）燃料箱的加注口和通气口不得对着排气管的开口方向，且应距排气管的出气口端 300mm 以上，否则应设置有效的隔热装置。燃料箱的加注口和通气口应距裸露的电气接头及外部可能产生火花的电气开关 200mm 以上。车长大于 6m 的客车的燃料箱的加注口和通气口应距排气管的任一部位 300mm 以上。

（5）汽车燃料箱各部分不得前伸至前置汽油发动机的前端面，以减少汽车发生碰撞交通事故（尤其是正面碰撞交通事故）时因燃料箱碰撞受损而起火爆炸的概率。车长大于 6m 的客车燃料箱距客车前端面应大于或等于 600mm，距客车后端面应大于或等于 300mm。发动机后置的公路客车和旅游客车，其燃料箱的前端面应位于前轴之后。

（6）机动车燃料箱的通气口和加注口不得设置在有乘员的车厢内。

6. 气体燃料专用装置的安全防护

（1）气体燃料的供给系统应有有效的安全保护结构措施，以防止气体泄漏，每一个钢瓶阀出口端都应安装高压过流保护装置。

（2）对于两用燃料汽车，应设置燃料转换系统并安装燃料转换开关。在燃料控制上，应具有当发动机突然停止运转时，即使点火开关打开也能自动切断气体燃料供给的功能。燃料转换开关的安装位置应便于驾驶员操作，其挡位标记应明显，能分别控制供油、供气两种状态。气体燃料和汽油电磁阀的操作均应由燃料转换开关统一控制；当电流被切断时，电磁阀应处于"关闭"位置。

（3）压缩天然气管路应采用不锈钢管或其他车用高压天然气专用管路，高压液化石油气管路应采用专用管路。不准许用户改动或加装钢瓶。

(4)钢瓶应被可靠地固定在车上,安装钢瓶的固定座应具有阻止钢瓶旋转、移动的能力,固定座应便于拆装工作。钢瓶安装在车上后,钢瓶编号应易见,钢瓶的强度和刚度不得下降,车架(车身)结构强度也不应受影响。

(5)钢瓶安装位置应远离热源,必要时应采取隔热措施。任何情况下,钢瓶及其所有高压管路和高压接头与发动机排气管和传动轴的任何部位之间的距离应大于或等于100mm;当钢瓶及其所有高压管路和高压接头与发动机排气管的距离为100~200mm时,应设置固定可靠的隔热装置。

(6)钢瓶应安装在通风位置或采取有效的通风措施,阀门渗漏的气体不应进入驾驶室或载人车厢。

(7)钢瓶与汽车后轮廓边缘的距离应大于或等于200mm。钢瓶安装在汽车车架下时,钢瓶下方和后方应采取有效防护措施且钢瓶及其附件不得布置在汽车前轴之前。

(8)钢瓶不得直接安装在驾驶室、载人车厢和货厢内。当不得不安装在上述位置时,应用密封盒、波纹管及通气接口将瓶口阀及连接的高压接头与驾驶室、载人车厢或货厢安全隔离。密封盒等隔离装置应有很强的防护功能,当车辆受到冲撞时应能有效地防止钢瓶冲入驾驶室、载人车厢或货厢内。

(9)通气接口排气方向应指向车尾方向并与地面成45°圆锥的范围内,能将泄漏气体排出车外,通气接口至排气管和其他热源距离应大于或等于250mm,通气总面积应大于或等于450mm^2。

(10)钢瓶的安装和保护罩的设置,应能保证钢瓶集成阀的正常操作和检查。

(11)手动截止阀应安装在钢瓶到调压器之间易于操作的位置,阀体不得直接安装在驾驶室内。

(12)钢瓶至调压器之间应安装滤清装置,并易于检查、清洗和更换。

(13)高压管路的特殊部位(如相对移动的部件之间)应采用柔性管线,其余部位应采用刚性管线。刚性高压管路应排列整齐、布置合理、固定有效,不得与相邻部件碰撞和摩擦,所有高压管路和高压管接头应得到有效的保护,高压管接头应安装在能看得见且操作者易于接近的位置。

(14)气体燃料车辆应安装泄漏报警装置,所有管路接头处均不应出现漏气现象。

7. 牵引车与被牵引车的连接装置

连接装置应坚固耐用。牵引车和被牵引车连接装置的结构应能确保相互牢固的连接,并装有防止机动车在行驶中因振动和撞击而使连接脱开的安全装置。

8. 货车、专项作业车和挂车侧面及后下部防护装置

(1)总质量大于3500kg的货车(半挂牵引车除外)、货车底盘改装的专项作业车和挂车应提供防止人员卷入的侧面防护,其技术条件应符合GB 11567.1—2001的规定。

(2)货车列车的货车和挂车之间应提供防止人员卷入的侧面防护。

(3)总质量大于3500kg的货车(半挂牵引车除外)、货车底盘改装的专项作业车和挂车(长货挂车除外)的后下部应装备符合GB 11567.2—2001规定的后下部防护装置,该装置对追尾碰撞的机动车应具有足够的阻挡能力,以防止发生钻入碰撞。长货挂车是指为搬运无法分段的长货物而专门设计和制造的特殊用途车,如运输木材、钢材棒料等货物的车辆。

9. 客车的特殊要求

为了减少因发动机舱起火而导致的燃烧事故,客车在设计和制造上应保证发动机排气不会进入客厢,同时应装备灭火器,灭火器在车上应安装牢靠并便于取用。仅有一个灭火器时,应设置在驾驶员附近;当有多个灭火器时,应在客厢内按前、后,或前、中、后分布,其中一个应靠近驾驶员座椅。

所有专用校车和发动机后置的其他客车应装备发动机舱自动灭火装置,其灭火剂喷射范围应包括发动机舱至少两处具有着火隐患的热源(如增压器、排气管等),工作时应能通过声觉信号向驾驶员报警。

10. 货车的特殊要求

(1)货车货厢(自卸车、装载质量 1000kg 以下的货车除外)前部应安装比驾驶室高至少 70mm 的安全架。

(2)无驾驶室的三轮汽车货厢前部应安装具有足够强度的安全架,其高度应高出驾驶员坐垫平面至少 800mm。

(3)封闭式货车在最后排座位的后方应安装具有足够强度的隔离装置。

11. 危险货物运输车的特殊要求

(1)专门用于运送易燃和易爆物品的危险货物运输车,配备的消防器材应当适用,且应与其所装载的易燃和易爆物品的种类和数量相匹配,同时应具有相应的安全措施。排气管应装在罐体/箱体前端面之前、不高于车辆纵梁上平面的区域,并安装符合 GB 13365—2005 规定的机动车排气火花熄灭器,机动车尾部应安装搭铁装置。

(2)罐式危险货物运输车的罐体顶部应设置具有足够强度的倾覆保护装置,且该装置应装备有能将积聚在其内部的液体排出的排放阀;罐体顶部的管接头、阀门及其他附件的最高点应低于倾覆保护装置的最高点至少 20mm。

(3)罐式危险货物运输车的罐体及罐体上的管路和管路附件不得超出车辆的侧面及后下部防护装置,罐体后封头及罐体后封头上的管路和管路附件与后下部防护装置的纵向距离应大于或等于 150mm。

12. 其他要求

(1)汽车驾驶室内应设置防止阳光直射而使驾驶员产生炫目的装置,且该装置在汽车碰撞时,不应对驾驶员造成伤害。

(2)汽车(无驾驶室的三轮汽车除外)应装备符合 GB 19151—2003 规定的三角警告牌,三角警告牌在车上应妥善放置。

(3)乘用车、专用校车和车长小于 6m 的其他客车前后部应设置保险杠,货车(三轮汽车除外)和货车底盘改装的专项作业车应设置前保险杠。车辆设置的保险杠应能通过吸收能量起到缓和冲击、保护车身的作用,乘用车的前后保险杠应满足国家标准《汽车前、后端保护装置》(GB 17354—1998)规定的要求。

(4)乘用车、专用校车的前风窗玻璃应装有除雾、除霜装置。

(5)校车应配备急救箱,急救箱应放置在便于取用的位置并确保有效适用。

(6)对装备有辅助正面和/或侧面防撞安全气囊系统的汽车,驾乘人员如已按照制造厂家规定正确使用了安全带等安全装置,在发生正面或侧面碰撞时不应由于安全气囊系统未正常展开而遭受不合理伤害。

驾乘人员在发生碰撞交通事故时所受的伤害是否为"不合理伤害"不能由生产厂家单独界定,应由相关部门组织专家研讨确定。

(7)汽车发动机的排气管口不得指向车身右侧(如受结构限制排气管口必须偏向右侧时,排气管口中心线与机动车纵向中心线的夹角应小于或等于15°)和正下方;客车的排气尾管如为直式的,排气管口应伸出车身外蒙皮。

二、消防车、救护车、工程救险车和警车的附加要求

1. 颜色要求

消防车的车身颜色应符合相关标准的规定。救护车的车身颜色应为白色,左、右侧及车后正中应喷涂符合规定的图案。工程救险车的车身颜色应为符合 GB/T 3181—2008 规定的 Y07 中黄色,其车身两侧应喷"工程救险"字样。

2. 其他要求

(1)警车的外观制式应分别符合 GA 524—2004 和 GA 525—2004 的规定。

(2)消防车、救护车、工程救险车和警车应装备与其功能相适应的装置,各装置应布局合理、固定可靠、便于使用。

(3)消防车、救护车、工程救险车和警车安装使用的警报器应符合 GB 8108—2014 的规定,安装使用的标志灯具应符合 GB 13954—2009 的规定,警报器和标志灯具应固定可靠。

三、残疾人专用汽车的附加要求

应根据驾驶员的残疾类型,在采用自动变速器的乘用车上,加装相应类型的、符合相关规定的驾驶辅助装置。加装的驾驶辅助装置安装应牢固可靠,位置应适宜操纵,且不应与车辆的其他操纵指示系统冲突或妨碍车辆其他操纵指示系统的操作。

驾驶辅助装置加装后,不应改变原车结构的完整性和安全性及影响原车操纵件的电器功能、机械性能,且不应使驾驶员驾驶时受到视野内产品部件的反光炫目。

加装的转向盘控制辅助手柄应间隙适当,操纵灵活、方便,无阻滞现象。

加装的制动和加速辅助装置应具有制动、加速互锁功能并保证制动灵活、方便,不会发生失效现象。制动和加速迁延控制手柄传动到制动踏板表面的正压力达到 500N 时,控制手柄表面的正压力应小于或等于 300N。

加装的转向信号迁延开关及驻车制动辅助手柄应刚性固定。转向信号迁延开关应开关自如,功能可靠,不会因振动和其他外力条件而自行开关;驻车制动辅助手柄应操纵轻便、锁止可靠,操纵力应小于或等于 200N。

加装的驾驶辅助装置的各部件应完好有效,表面不应有影响使用的凹凸、划伤、返锈等,在接触人体的表面部位不得有毛刺、刃口、棱角或其他有害使用者的缺陷。

残疾人专用汽车应设置符合规定的残疾人机动车专用标志。根据公安部令第 111 号,残疾人驾驶机动车时,应当在车身前部和后部分别设置专用标志。专用标志应当设置在车身距离地面 0.4m 以上 1.2m 以下的位置。

附录
机动车维修管理规定

机动车维修管理规定

(交通运输部令2016年第37号)

(2005年6月24日交通部发布 根据2015年8月8日《交通运输部关于修改〈机动车维修管理规定〉的决定》第一次修正,根据2016年4月19日《交通运输部关于修改〈机动车维修管理规定〉的决定》第二次修正。)

第一章 总 则

第一条 为规范机动车维修经营活动,维护机动车维修市场秩序,保护机动车维修各方当事人的合法权益,保障机动车运行安全,保护环境,节约能源,促进机动车维修业的健康发展,根据《中华人民共和国道路运输条例》及有关法律、行政法规的规定,制定本规定。

第二条 从事机动车维修经营的,应当遵守本规定。

本规定所称机动车维修经营,是指以维持或者恢复机动车技术状况和正常功能,延长机动车使用寿命为作业任务所进行的维护、修理以及维修救援等相关经营活动。

第三条 机动车维修经营者应当依法经营,诚实信用,公平竞争,优质服务,落实安全生产主体责任和维修质量主体责任。

第四条 机动车维修管理,应当公平、公正、公开和便民。

第五条 任何单位和个人不得封锁或者垄断机动车维修市场。

托修方有权自主选择维修经营者进行维修。除汽车生产厂家履行缺陷汽车产品召回、汽车质量"三包"责任外,任何单位和个人不得强制或者变相强制指定维修经营者。

鼓励机动车维修企业实行集约化、专业化、连锁经营,促进机动车维修业的合理分工和协调发展。

鼓励推广应用机动车维修环保、节能、不解体检测和故障诊断技术,推进行业信息化建设和救援、维修服务网络化建设,提高机动车维修行业整体素质,满足社会需要。

鼓励机动车维修企业优先选用具备机动车检测维修国家职业资格的人员,并加强技术培训,提升从业人员素质。

第六条 交通运输部主管全国机动车维修管理工作。

县级以上地方人民政府交通运输主管部门负责组织领导本行政区域的机动车维修管理工作。

县级以上道路运输管理机构负责具体实施本行政区域内的机动车维修管理工作。

第二章 经营许可

第七条 机动车维修经营依据维修车型种类、服务能力和经营项目实行分类许可。

机动车维修经营业务根据维修对象分为汽车维修经营业务、危险货物运输车辆维修经营业务、摩托车维修经营业务和其他机动车维修经营业务四类。

汽车维修经营业务、其他机动车维修经营业务根据经营项目和服务能力分为一类维修经营业务、二类维修经营业务和三类维修经营业务。

摩托车维修经营业务根据经营项目和服务能力分为一类维修经营业务和二类维修经营业务。

第八条 获得一类、二类汽车维修经营业务或者其他机动车维修经营业务许可的,可以从事相应车型的整车修理、总成修理、整车维护、小修、维修救援、专项修理和维修竣工检验工作;获得三类汽车维修经营业务(含汽车综合小修)、三类其他机动车维修经营业务许可的,可以分别从事汽车综合小修或者发动机维修、车身维修、电气系统维修、自动变速器维修、轮胎动平衡及修补、四轮定位检测调整、汽车润滑与养护、喷油泵和喷油器维修、曲轴修磨、汽缸镗磨、散热器维修、空调维修、汽车美容装潢、汽车玻璃安装及修复等汽车专项维修工作。具体有关经营项目按照《汽车维修业开业条件》(GB/T 16739)相关条款的规定执行。

第九条 获得一类摩托车维修经营业务许可的,可以从事摩托车整车修理、总成修理、整车维护、小修、专项修理和竣工检验工作;获得二类摩托车维修经营业务许可的,可以从事摩托车维护、小修和专项修理工作。

第十条 获得危险货物运输车辆维修经营业务许可的,除可以从事危险货物运输车辆维修经营业务外,还可以从事一类汽车维修经营业务。

第十一条 申请从事汽车维修经营业务或者其他机动车维修经营业务的,应当符合下列条件:

(一)有与其经营业务相适应的维修车辆停车场和生产厂房。租用的场地应当有书面的租赁合同,且租赁期限不得少于1年。停车场和生产厂房面积按照国家标准《汽车维修业开业条件》(GB/T 16739)相关条款的规定执行。

(二)有与其经营业务相适应的设备、设施。所配备的计量设备应当符合国家有关技术标准要求,并经法定检定机构检定合格。从事汽车维修经营业务的设备、设施的具体要求按照国家标准《汽车维修业开业条件》(GB/T 16739)相关条款的规定执行;从事其他机动车维修经营业务的设备、设施的具体要求,参照国家标准《汽车维修业开业条件》(GB/T 16739)执行,但所配备设施、设备应与其维修车型相适应。

(三)有必要的技术人员:

1.从事一类和二类维修业务的应当各配备至少1名技术负责人员、质量检验人员、业务接待人员以及从事机修、电器、钣金、涂漆的维修技术人员。技术负责人员应当熟悉汽车或者其他机动车维修业务,并掌握汽车或者其他机动车维修及相关政策法规和技术规范;质量检验人员应当熟悉各类汽车或者其他机动车维修检测作业规范,掌握汽车或者其他机动车维修故障诊断和质量检验的相关技术,熟悉汽车或者其他机动车维修服务收费标准及相关政策法规和技术规范,并持有与承修车型种类相适应的机动车驾驶证;从事机修、电器、钣金、涂漆的维修技术人员应当熟悉所从事工种的维修技术和操作规范,并了解汽车或者其他机动车维修及相关政策法规。各类技术人员的配备要求按照《汽车维修业开业条件》(GB/T 16739)相关条款的规定执行。

2. 从事三类维修业务的,按照其经营项目分别配备相应的机修、电器、钣金、涂漆的维修技术人员;从事汽车综合小修、发动机维修、车身维修、电气系统维修、自动变速器维修的,还应当配备技术负责人员和质量检验人员。各类技术人员的配备要求按照国家标准《汽车维修业开业条件》(GB/T 16739)相关条款的规定执行。

(四)有健全的维修管理制度。包括质量管理制度、安全生产管理制度、车辆维修档案管理制度、人员培训制度、设备管理制度及配件管理制度。具体要求按照国家标准《汽车维修业开业条件》(GB/T 16739)相关条款的规定执行。

(五)有必要的环境保护措施。具体要求按照国家标准《汽车维修业开业条件》(GB/T 16739)相关条款的规定执行。

第十二条 从事危险货物运输车辆维修的汽车维修经营者,除具备汽车维修经营一类维修经营业务的开业条件外,还应当具备下列条件:

(一)有与其作业内容相适应的专用维修车间和设备、设施,并设置明显的指示性标志;

(二)有完善的突发事件应急预案,应急预案包括报告程序、应急指挥以及处置措施等内容;

(三)有相应的安全管理人员;

(四)有齐全的安全操作规程。

本规定所称危险货物运输车辆维修,是指对运输易燃、易爆、腐蚀、放射性、剧毒等性质货物的机动车维修,不包含对危险货物运输车辆罐体的维修。

第十三条 申请从事摩托车维修经营的,应当符合下列条件:

(一)有与其经营业务相适应的摩托车维修停车场和生产厂房。租用的场地应有书面的租赁合同,且租赁期限不得少于1年。停车场和生产厂房的面积按照国家标准《摩托车维修业开业条件》(GB/T 18189)相关条款的规定执行。

(二)有与其经营业务相适应的设备、设施。所配备的计量设备应符合国家有关技术标准要求,并经法定检定机构检定合格。具体要求按照国家标准《摩托车维修业开业条件》(GB/T 18189)相关条款的规定执行。

(三)有必要的技术人员:

1. 从事一类维修业务的应当至少有1名质量检验人员。质量检验人员应当熟悉各类摩托车维修检测作业规范,掌握摩托车维修故障诊断和质量检验的相关技术,熟悉摩托车维修服务收费标准及相关政策法规和技术规范。

2. 按照其经营业务分别配备相应的机修、电器、钣金、涂漆的维修技术人员。机修、电器、钣金、涂漆的维修技术人员应当熟悉所从事工种的维修技术和操作规范,并了解摩托车维修及相关政策法规。

(四)有健全的维修管理制度。包括质量管理制度、安全生产管理制度、摩托车维修档案管理制度、人员培训制度、设备管理制度及配件管理制度。具体要求按照国家标准《摩托车维修业开业条件》(GB/T 18189)相关条款的规定执行。

(五)有必要的环境保护措施。具体要求按照国家标准《摩托车维修业开业条件》(GB/T 18189)相关条款的规定执行。

第十四条　申请从事机动车维修经营的,应当向所在地的县级道路运输管理机构提出申请,并提交下列材料:

(一)《交通行政许可申请书》、有关维修经营申请者的营业执照原件和复印件;

(二)经营场地(含生产厂房和业务接待室)、停车场面积材料、土地使用权及产权证明原件和复印件;

(三)技术人员汇总表,以及各相关人员的学历、技术职称或职业资格证明等文件原件和复印件;

(四)维修检测设备及计量设备检定合格证明原件和复印件;

(五)按照汽车、其他机动车、危险货物运输车辆、摩托车维修经营,分别提供本规定第十一条、第十二条、第十三条规定条件的其他相关材料。

第十五条　道路运输管理机构应当按照《中华人民共和国道路运输条例》和《交通行政许可实施程序规定》规范的程序实施机动车维修经营的行政许可。

第十六条　道路运输管理机构对机动车维修经营申请予以受理的,应当自受理申请之日起15日内作出许可或者不予许可的决定。符合法定条件的,道路运输管理机构作出准予行政许可的决定,向申请人出具《交通行政许可决定书》,在10日内向被许可人颁发机动车维修经营许可证件,明确许可事项;不符合法定条件的,道路运输管理机构作出不予许可的决定,向申请人出具《不予交通行政许可决定书》,说明理由,并告知申请人享有依法申请行政复议或者提起行政诉讼的权利。

机动车维修经营者应当在取得相应工商登记执照后,向道路运输管理机构申请办理机动车维修经营许可手续。

第十七条　申请机动车维修连锁经营服务网点的,可由机动车维修连锁经营企业总部向连锁经营服务网点所在地县级道路运输管理机构提出申请,提交下列材料,并对材料真实性承担相应的法律责任:

(一)机动车维修连锁经营企业总部机动车维修经营许可证件复印件;

(二)连锁经营协议书副本;

(三)连锁经营的作业标准和管理手册;

(四)连锁经营服务网点符合机动车维修经营相应开业条件的承诺书。

道路运输管理机构在查验申请资料齐全有效后,应当场或在5日内予以许可,并发给相应许可证件。连锁经营服务网点的经营许可项目应当在机动车维修连锁经营企业总部许可项目的范围内。

第十八条　机动车维修经营许可证件实行有效期制。从事一、二类汽车维修业务和一类摩托车维修业务的证件有效期为6年;从事三类汽车维修业务、二类摩托车维修业务及其他机动车维修业务的证件有效期为3年。

机动车维修经营许可证件由各省、自治区、直辖市道路运输管理机构统一印制并编号,县级道路运输管理机构按照规定发放和管理。

第十九条 机动车维修经营者应当在许可证件有效期届满前 30 日到作出原许可决定的道路运输管理机构办理换证手续。

第二十条 机动车维修经营者变更经营资质、经营范围、经营地址、有效期限等许可事项的,应当向作出原许可决定的道路运输管理机构提出申请;符合本章规定许可条件、标准的,道路运输管理机构依法办理变更手续。

机动车维修经营者变更名称、法定代表人等事项的,应当向作出原许可决定的道路运输管理机构备案。

机动车维修经营者需要终止经营的,应当在终止经营前 30 日告知作出原许可决定的道路运输管理机构办理注销手续。

第三章 维 修 经 营

第二十一条 机动车维修经营者应当按照经批准的行政许可事项开展维修服务。

第二十二条 机动车维修经营者应当将机动车维修经营许可证件和《机动车维修标志牌》(见附件一)悬挂在经营场所的醒目位置。

《机动车维修标志牌》由机动车维修经营者按照统一式样和要求自行制作。

第二十三条 机动车维修经营者不得擅自改装机动车,不得承修已报废的机动车,不得利用配件拼装机动车。

托修方要改变机动车车身颜色,更换发动机、车身和车架的,应当按照有关法律、法规的规定办理相关手续,机动车维修经营者在查看相关手续后方可承修。

第二十四条 机动车维修经营者应当加强对从业人员的安全教育和职业道德教育,确保安全生产。

机动车维修从业人员应当执行机动车维修安全生产操作规程,不得违章作业。

第二十五条 机动车维修产生的废弃物,应当按照国家的有关规定进行处理。

第二十六条 机动车维修经营者应当公布机动车维修工时定额和收费标准,合理收取费用。

机动车维修工时定额可按各省机动车维修协会等行业中介组织统一制定的标准执行,也可按机动车维修经营者报所在地道路运输管理机构备案后的标准执行,也可按机动车生产厂家公布的标准执行。当上述标准不一致时,优先适用机动车维修经营者备案的标准。

机动车维修经营者应当将其执行的机动车维修工时单价标准报所在地道路运输管理机构备案。

机动车生产厂家在新车型投放市场后六个月内,有义务向社会公布其维修技术信息和工时定额。具体要求按照国家有关部门关于汽车维修技术信息公开的规定执行。

第二十七条 机动车维修经营者应当使用规定的结算票据,并向托修方交付维修结算清单。维修结算清单中,工时费与材料费应当分项计算。维修结算清单标准规范格式由交通运输部制定。

机动车维修经营者不出具规定的结算票据和结算清单的,托修方有权拒绝支付费用。

第二十八条 机动车维修经营者应当按照规定,向道路运输管理机构报送统计资料。

道路运输管理机构应当为机动车维修经营者保守商业秘密。

第二十九条　机动车维修连锁经营企业总部应当按照统一采购、统一配送、统一标识、统一经营方针、统一服务规范和价格的要求,建立连锁经营的作业标准和管理手册,加强对连锁经营服务网点经营行为的监管和约束,杜绝不规范的商业行为。

第四章　质　量　管　理

第三十条　机动车维修经营者应当按照国家、行业或者地方的维修标准和规范进行维修。尚无标准或规范的,可参照机动车生产企业提供的维修手册、使用说明书和有关技术资料进行维修。

第三十一条　机动车维修经营者不得使用假冒伪劣配件维修机动车。

机动车维修配件实行追溯制度。机动车维修经营者应当记录配件采购、使用信息,查验产品合格证等相关证明,并按规定留存配件来源凭证。

托修方、维修经营者可以使用同质配件维修机动车。同质配件是指,产品质量等同或者高于装车零部件标准要求,且具有良好装车性能的配件。

机动车维修经营者对于换下的配件、总成,应当交托修方自行处理。

机动车维修经营者应当将原厂配件、同质配件和修复配件分别标识,明码标价,供用户选择。

第三十二条　机动车维修经营者对机动车进行二级维护、总成修理、整车修理的,应当实行维修前诊断检验、维修过程检验和竣工质量检验制度。

承担机动车维修竣工质量检验的机动车维修企业或机动车综合性能检测机构应当使用符合有关标准并在检定有效期内的设备,按照有关标准进行检测,如实提供检测结果证明,并对检测结果承担法律责任。

第三十三条　机动车维修竣工质量检验合格的,维修质量检验人员应当签发《机动车维修竣工出厂合格证》(见附件二);未签发机动车维修竣工出厂合格证的机动车,不得交付使用,车主可以拒绝交费或接车。

第三十四条　机动车维修经营者应当建立机动车维修档案,并实行档案电子化管理。维修档案应当包括:维修合同(托修单)、维修项目、维修人员及维修结算清单等。对机动车进行二级维护、总成修理、整车修理的,维修档案还应当包括:质量检验单、质量检验人员、竣工出厂合格证(副本)等。

机动车维修经营者应当按照规定如实填报、及时上传承修机动车的维修电子数据记录至国家有关汽车电子健康档案系统。机动车生产厂家或者第三方开发、提供机动车维修服务管理系统的,应当向汽车电子健康档案系统开放相应数据接口。

机动车托修方有权查阅机动车维修档案。

第三十五条　道路运输管理机构应当加强机动车维修从业人员管理,建立健全从业人员信用档案,加强从业人员诚信监管。

机动车维修经营者应当加强从业人员从业行为管理,促进从业人员诚信、规范从业维修。

第三十六条　道路运输管理机构应当加强对机动车维修经营的质量监督和管理,采用定期检查、随机抽样检测检验的方法,对机动车维修经营者维修质量进行监督。

道路运输管理机构可以委托具有法定资格的机动车维修质量监督检验单位，对机动车维修质量进行监督检验。

第三十七条 机动车维修实行竣工出厂质量保证期制度。

汽车和危险货物运输车辆整车修理或总成修理质量保证期为车辆行驶20000公里或者100日；二级维护质量保证期为车辆行驶5000公里或者30日；一级维护、小修及专项修理质量保证期为车辆行驶2000公里或者10日。

摩托车整车修理或者总成修理质量保证期为摩托车行驶7000公里或者80日；维护、小修及专项修理质量保证期为摩托车行驶800公里或者10日。

其他机动车整车修理或者总成修理质量保证期为机动车行驶6000公里或者60日；维护、小修及专项修理质量保证期为机动车行驶700公里或者7日。

质量保证期中行驶里程和日期指标，以先达到者为准。

机动车维修质量保证期，从维修竣工出厂之日起计算。

第三十八条 在质量保证期和承诺的质量保证期内，因维修质量原因造成机动车无法正常使用，且承修方在3日内不能或者无法提供因非维修原因而造成机动车无法使用的相关证据的，机动车维修经营者应当及时无偿返修，不得故意拖延或者无理拒绝。

在质量保证期内，机动车因同一故障或维修项目经两次修理仍不能正常使用的，机动车维修经营者应当负责联系其他机动车维修经营者，并承担相应修理费用。

第三十九条 机动车维修经营者应当公示承诺的机动车维修质量保证期。所承诺的质量保证期不得低于第三十七条的规定。

第四十条 道路运输管理机构应当受理机动车维修质量投诉，积极按照维修合同约定和相关规定调解维修质量纠纷。

第四十一条 机动车维修质量纠纷双方当事人均有保护当事车辆原始状态的义务。必要时可拆检车辆有关部位，但双方当事人应同时在场，共同认可拆检情况。

第四十二条 对机动车维修质量的责任认定需要进行技术分析和鉴定，且承修方和托修方共同要求道路运输管理机构出面协调的，道路运输管理机构应当组织专家组或委托具有法定检测资格的检测机构作出技术分析和鉴定。鉴定费用由责任方承担。

第四十三条 对机动车维修经营者实行质量信誉考核制度。机动车维修质量信誉考核办法另行制定。

机动车维修质量信誉考核内容应当包括经营者基本情况、经营业绩（含奖励情况）、不良记录等。

第四十四条 道路运输管理机构应当建立机动车维修企业诚信档案。机动车维修质量信誉考核结果是机动车维修诚信档案的重要组成部分。

道路运输管理机构建立的机动车维修企业诚信信息，除涉及国家秘密、商业秘密外，应当依法公开，供公众查阅。

第五章 监督检查

第四十五条 道路运输管理机构应当加强对机动车维修经营活动的监督检查。

道路运输管理机构应当依法履行对维修经营者所取得维修经营许可的监管职责，定期核对许可登记事项和许可条件。对许可登记内容发生变化的,应当依法及时变更;对不符合法定条件的,应当责令限期改正。

道路运输管理机构的工作人员应当严格按照职责权限和程序进行监督检查,不得滥用职权、徇私舞弊,不得乱收费、乱罚款。

第四十六条 道路运输管理机构应当积极运用信息化技术手段,科学、高效地开展机动车维修管理工作。

第四十七条 道路运输管理机构的执法人员在机动车维修经营场所实施监督检查时,应当有2名以上人员参加,并向当事人出示交通运输部监制的交通行政执法证件。

道路运输管理机构实施监督检查时,可以采取下列措施:

(一)询问当事人或者有关人员,并要求其提供有关资料;

(二)查询、复制与违法行为有关的维修台账、票据、凭证、文件及其他资料,核对与违法行为有关的技术资料;

(三)在违法行为发现场所进行摄影、摄像取证;

(四)检查与违法行为有关的维修设备及相关机具的有关情况。

检查的情况和处理结果应当记录,并按照规定归档。当事人有权查阅监督检查记录。

第四十八条 从事机动车维修经营活动的单位和个人,应当自觉接受道路运输管理机构及其工作人员的检查,如实反映情况,提供有关资料。

第六章 法 律 责 任

第四十九条 违反本规定,有下列行为之一,擅自从事机动车维修相关经营活动的,由县级以上道路运输管理机构责令其停止经营;有违法所得的,没收违法所得,处违法所得2倍以上10倍以下的罚款;没有违法所得或者违法所得不足1万元的,处2万元以上5万元以下的罚款;构成犯罪的,依法追究刑事责任:

(一)未取得机动车维修经营许可,非法从事机动车维修经营的;

(二)使用无效、伪造、变造机动车维修经营许可证件,非法从事机动车维修经营的;

(三)超越许可事项,非法从事机动车维修经营的。

第五十条 违反本规定,机动车维修经营者非法转让、出租机动车维修经营许可证件的,由县级以上道路运输管理机构责令停止违法行为,收缴转让、出租的有关证件,处以2000元以上1万元以下的罚款;有违法所得的,没收违法所得。

对于接受非法转让、出租的受让方,应当按照第四十九条的规定处罚。

第五十一条 违反本规定,机动车维修经营者使用假冒伪劣配件维修机动车,承修已报废的机动车或者擅自改装机动车的,由县级以上道路运输管理机构责令改正,并没收假冒伪劣配件及报废车辆;有违法所得的,没收违法所得,处违法所得2倍以上10倍以下的罚款;没有违法所得或者违法所得不足1万元的,处2万元以上5万元以下的罚款,没收假冒伪劣配件及报废车辆;情节严重的,由原许可机关吊销其经营许可;构成犯罪的,依法追究刑事责任。

第五十二条 违反本规定,机动车维修经营者签发虚假或者不签发机动车维修竣工出厂合格证的,由县级以上道路运输管理机构责令改正;有违法所得的,没收违法所得,处以违

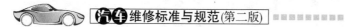

法所得2倍以上10倍以下的罚款;没有违法所得或者违法所得不足3000元的,处以5000元以上2万元以下的罚款;情节严重的,由许可机关吊销其经营许可;构成犯罪的,依法追究刑事责任。

第五十三条 违反本规定,有下列行为之一的,由县级以上道路运输管理机构责令其限期整改;限期整改不合格的,予以通报:

(一)机动车维修经营者未按照规定执行机动车维修质量保证期制度的;

(二)机动车维修经营者未按照有关技术规范进行维修作业的;

(三)伪造、转借、倒卖机动车维修竣工出厂合格证的;

(四)机动车维修经营者只收费不维修或者虚列维修作业项目的;

(五)机动车维修经营者未在经营场所醒目位置悬挂机动车维修经营许可证件和机动车维修标志牌的;

(六)机动车维修经营者未在经营场所公布收费项目、工时定额和工时单价的;

(七)机动车维修经营者超出公布的结算工时定额、结算工时单价向托修方收费的;

(八)机动车维修经营者未按规定建立电子维修档案,或者未及时上传维修电子数据记录至国家有关汽车电子健康档案系统的;

(九)违反本规定其他有关规定的。

第五十四条 违反本规定,道路运输管理机构的工作人员有下列情形之一的,由同级地方人民政府交通运输主管部门依法给予行政处分;构成犯罪的,依法追究刑事责任:

(一)不按照规定的条件、程序和期限实施行政许可的;

(二)参与或者变相参与机动车维修经营业务的;

(三)发现违法行为不及时查处的;

(四)索取、收受他人财物或谋取其他利益的;

(五)其他违法违纪行为。

第七章 附 则

第五十五条 外商在中华人民共和国境内申请中外合资、中外合作、独资形式投资机动车维修经营的,应同时遵守《外商投资道路运输业管理规定》及相关法律、法规的规定。

第五十六条 机动车维修经营许可证件等相关证件工本费收费标准由省级人民政府财政部门、价格主管部门会同同级交通运输主管部门核定。

第五十七条 本规定自2005年8月1日起施行。经商国家发展和改革委员会、国家工商行政管理总局同意,1986年12月12日交通部、原国家经委、原国家工商行政管理局发布的《汽车维修行业管理暂行办法》同时废止,1991年4月10日交通部颁布的《汽车维修质量管理办法》同时废止。

参考文献

[1] 杨承明.汽车维修标准与规范[M].北京:人民交通出版社,2007.
[2] 交通运输部运输服务司.《道路运输车辆技术管理规定》释义[M].北京:人民交通出版社,2016.
[3] 仝晓平,刘元鹏.交通运输部公路科学研究院.道路运输车辆综合性能检验与技术等级评定[M].北京:人民交通出版社股份有限公司,2016.
[4] 公安部交通管理科学研究所公安部道路交通管理标准化技术委员会.国家标准GB 7258—2012《机动车运行安全技术条件》实施指南[M].北京:中国质检出版社,中国标准出版社,2012.
[5] 浙江省交通厅道路运输管理局.汽车维修行业管理[M].北京:人民交通出版社,2002.
[6] 胡建军.汽车维修企业创新管理[M].北京:机械工业出版社,2005.
[7] 马立峰.汽车维修标准与规范[M].北京:机械工业出版社,2005.
[8] 范瑞亭,苗泽青.汽车维修行业管理指南[M].北京:人民交通出版社,2001.
[9] 李保良.汽车维修管理[M].北京:人民交通出版社,1999.

人民交通出版社汽车类技工教材部分书目

一、全国交通技工院校汽车运输类专业规划教材（第五轮）

书号	书名	作者	定价	出版时间	课件
978-7-114-10637-8	汽车文化	杨雪茹	35.00	2016.08	有
978-7-114-10648-4	钳工工艺	李永吉	17.00	2014.08	有
978-7-114-10459-6	汽车机械基础	刘根平	22.00	2016.07	有
978-7-114-10458-9	汽车发动机结构与拆装	程晟	27.00	2015.06	有
978-7-114-10456-5	汽车底盘结构与拆装	王健	39.00	2015.06	有
978-7-114-10686-6	汽车电器结构与拆装	许云珍	30.00	2016.05	有
978-7-114-10604-0	汽车使用与日常维护	李春生	25.00	2016.02	有
978-7-114-10527-2	汽车发动机检修	王忠良	39.00	2015.06	有
978-7-114-10573-9	汽车变速器与驱动桥检修	戴良鸿	28.00	2016.05	有
978-7-114-10454-1	汽车转向、悬架和制动系统检修	樊海林	24.00	2015.05	有
978-7-114-10627-9	汽车实用英语	杨意品	17.00	2013.07	有
978-7-114-10518-0	汽车服务企业管理	应建明	19.00	2016.07	有
978-7-114-10536-4	汽车结构与拆装	邢春霞	40.00	2015.07	有
978-7-114-10457-2	汽车钣金基础	姚秀驰	32.00	2013.05	有
978-7-114-10444-2	汽车车身碰撞估损	石琳	23.00	2017.07	有
978-7-114-10612-5	汽车美容	彭本忠	20.00	2015.06	有
978-7-114-10758-0	汽车装饰与改装	梁登	32.00	2013.08	有
978-7-114-10580-7	汽车营销	郑超文	25.00	2016.05	有
978-7-114-10477-0	汽车配件管理	卫云贵	25.00	2015.02	
978-7-114-10597-5	汽车营销法规	邵伟军	23.00	2013.06	有
978-7-114-10528-9	汽车保险与理赔	刘冬梅	22.00	2016.05	有
978-7-114-10999-7	汽车电器与空调系统检修	潘承炜	45.00	2015.05	有
978-7-114-11135-8	汽车车身涂装	曾志安	32.00	2014.03	有
978-7-114-10881-5	汽车营销礼仪	吴晓斌	30.00	2015.08	有

二、全国中等职业技术学校汽车类专业通用教材

书号	书名	作者	定价	出版时间	课件
978-7-114-13417-3	汽车发动机构造与维修（第二版）	吕秋霞	43.00	2016.12	有
978-7-114-13818-8	汽车发动机构造与维修习题集及习题集解（第二版）	吕秋霞	15.00	2017.06	
978-7-114-13016-8	汽车底盘构造与维修（第二版）	徐华东	32.00	2016.07	有
978-7-114-13479-1	汽车底盘构造与维修习题集及习题集解	徐华东	21.00	2016.12	
978-7-114-13007-6	汽车电气设备构造与维修（第二版）	张茂国	42.00	2016.07	有
978-7-114-13521-7	汽车电气设备构造与维修习题集及习题集解	张茂国	23.00	2016.12	
978-7-114-13227-8	机械识图（第二版）	冯建平	25.00	2016.12	
978-7-114-13350-3	机械识图习题集及习题集解（第二版）	冯建平	25.00	2016.11	
978-7-114-12997-1	电工与电子技术基础（第二版）	窦敬仁	34.00	2016.07	有
978-7-114-12891-2	汽车专业英语（第二版）	王蕾	15.00	2016.05	有
978-7-114-13014-4	汽车故障诊断与检测技术（第二版）	王囤	36.00	2016.07	有
978-7-114-13169-1	汽车维修基础（第二版）	毛兴中	24.00	2016.08	有
978-7-114-13136-3	汽车运用基础（第二版）	冯宝山	29.00	2016.07	有

书 号	书 名	作 者	定 价	出版时间	课件
978-7-114-13200-1	汽车电路识图（第二版）	田小农	21.00	2016.09	有
978-7-114-13162-2	钳工与焊接工艺（第二版）	宋庆阳	22.00	2016.07	有
978-7-114-13296-4	汽车维修企业管理（第二版）	杨建良	19.00	2016.09	有
978-7-114-11750-3	汽车安全驾驶技术（第二版）	范 立	39.00	2016.05	有
即将出版	汽车故障诊断与综合检测（第二版）	杨永先			有
978-7-114-13738-9	发动机与汽车理论（第二版）	徐华东	16.00	2017.06	有
即将出版	汽车维修案例分析（第二版）	王 征			有
即将出版	汽车维修标准与规范（第二版）	杨承明			有
即将出版	汽车服务工程（第二版）	王旭荣			有
即将出版	公差配合与技术测量（第二版）	刘 涛			有
即将出版	新能源汽车概论	樊海林			有
即将出版	汽车单片机及车载网络系统（第二版）	林为群			有
即将出版	专业技术论文与科研报告撰写（第二版）	裘玉平			有

三、国家示范性中职院校工学结合一体化课程改革教材

书 号	书 名	作 者	定 价	出版时间	课件
978-7-114-11778-7	汽车电学基础	梁 勇、唐李珍	18.00	2016.05	有
978-7-114-11757-2	汽车检测与维修技术（初级学习领域一）	赵晚春、李爱萍	28.00	2016.05	有
978-7-114-11766-4	汽车检测与维修技术（初级学习领域二）	刘小强、黄 磊	21.00	2016.02	有
978-7-114-11779-4	汽车检测与维修技术（中级学习领域一）	梁 华、何弘亮	28.00	2015.01	有
978-7-114-11820-3	汽车检测与维修技术（中级学习领域二）	莫春华、雷 冰	32.00	2015.02	有
978-7-114-11933-0	汽车检测与维修技术（高级学习领域一）	潘利丹、李宣菪	23.00	2015.03	有
978-7-114-11944-6	汽车检测与维修技术（高级学习领域二）	张东山、韦 坚	34.00	2015.03	有
978-7-114-11880-7	汽车车身修复基础	冯培林、韦军新	42.00	2016.05	有
978-7-114-11844-9	汽车车身修复技术	冯培林、韦军新	39.00	2015.03	有
978-7-114-11885-2	汽车商务口语	郑超文、林柳波	23.00	2016.05	有
978-7-114-11973-6	二手车销售实务	陆向华	26.00	2015.04	有
978-7-114-12087-9	运输实务管理	谢毅松	22.00	2015.05	有
978-7-114-12098-5	仓储与配送	谢毅松、罗 莎	24.00	2015.05	有

四、全国交通中等职业技术学校通用教材（第四轮）

书 号	书 名	作 者	定 价	出版时间	课件
978-7-114-05244-6	汽车发动机构造与维修	张弟宁	45.00	2014.07	
978-7-114-05184-5	汽车底盘构造与维修	崔振民	32.00	2015.06	
978-7-114-05188-3	汽车电气设备构造与维修	张茂国	36.00	2015.04	
978-7-114-05176-0	汽车故障诊断与检测技术	杨海泉	30.00	2016.02	
978-7-114-05207-1	汽车运用基础	冯宝山	18.00	2015.07	
978-7-114-05243-9	汽车维修基础	毛兴中	18.00	2015.01	
978-7-114-05208-8	计算机应用基础	王骁勇	28.00	2008.03	
978-7-114-05190-6	机械识图	冯建平	18.00	2016.07	
978-7-114-05162-3	机械识图习题集及习题集解	冯建平	28.00	2016.06	
978-7-114-05193-7	钳工与焊接工艺	宋庆阳	19.00	2015.12	

咨询电话：010-85285962 010-85285977. 咨询QQ：616507284；99735898